中等职业教育课程改革规划教材

"互联网+教育"新形态教材

数　学

（基础模块）

下册

主编　淳武　张磊

航空工业出版社

北　京

内 容 提 要

《数学（基础模块）》是根据教育部2009年颁布的《中等职业学校数学教学大纲》（简称《教学大纲》）编写的中职数学教材.

《数学（基础模块）》分为上、下两册. 本书为下册，主要内容包括：数列、平面向量、直线和圆的方程、立体几何、概率与统计初步. 本书立足于中职数学教学实际，在突出基础性的同时加强了层次性，形式灵活，结构合理，内容与现代信息技术紧密结合，可供各类中等职业学校的教师和学生使用.

图书在版编目（CIP）数据

数学：基础模块. 下册 / 淳武，张磊主编. -- 北京：航空工业出版社，2019.9
ISBN 978-7-5165-2021-5

Ⅰ. ①数… Ⅱ. ①淳… ②张… Ⅲ. ①数学课－中等专业学校－教材 Ⅳ. ①G634.601

中国版本图书馆CIP数据核字(2019)第197129号

数学（基础模块）下册
Shuxue（Jichu Mokuai）Xiace

航空工业出版社出版发行
（北京市朝阳区北苑2号院　100012）
发行部电话：010-59773006　010-85672462

北京同文印刷有限责任公司印刷　　全国各地新华书店经售
2019年9月第1版　　2019年9月第1次印刷
开本：787×1092　1/16　　印张：11.75　　字数：256千字
印数：1－3000　　定价：35.00元

前言

PREFACE

《数学（基础模块）》是根据教育部2009年颁布的《中等职业学校数学教学大纲》（简称《教学大纲》）编写的中职数学教材．本教材坚持《教学大纲》对课程教学目标的定位，在知识内容的选取上，严格遵循《教学大纲》对认知要求和技能与能力培养要求的规定．

在编写过程中，我们紧密结合了中等职业学校的教学实际和学生特点，旨在使学生在九年义务教育的基础上，进一步掌握工作和生活中必备的数学基础知识，并具备一定的数学思维能力、计算能力及信息技术使用能力．

我们在充分研究和理解《教学大纲》的基础上，总结了市面上同类教材的优缺点，取长补短，积极创新，同时结合领域内多位专家、学者的建议，编写了本教材．本教材主要有以下几方面的特色．

1．结构清晰，层次鲜明．本教材每节按照“生活中的数学→知识精讲→学以致用→课堂练习→小试牛刀”的思路展开，达到“引导→讲解→运用→练习→巩固”的目的；每章最后设有“总章复习”，整体结构清晰、内容丰富、有条理．在习题设置上，各部分习题难易度层次鲜明，能够适应不同层次学生的需求．

2．结合生活，寓教于“思”．本教材注重知识与实际生活的结合，每节都以“生活中的数学”引出相关知识，同时例题、习题也与日常生活紧密结合．例如，第6章6.2.1节，用我国的生肖纪年法引出一个数列，并结合该数列总结出等差数列的规律；第6章6.3.3节，用孙悟空与猪八戒之间的小故事引出等比数列前 n 项和公式，让学生感受到等比数列的神奇．

3．体例多样，开拓思维．本教材体例丰富，形式多样，如“头脑风暴”“跃跃欲试”“鉴错小能手”等．这些体例可以帮助学生开拓思维，同时也能活跃课堂气氛，提升学生的学习兴趣．例如，“鉴错小能手”可以锻炼学生的逆向思维，让学生通过辨别错误加深对正确概念的理解；在辨别错误的过程中，学生还可以互相讨论，交流想法，活跃课堂气氛.

4. 整合信息技术，紧跟时代. 本教材充分落实了《教学大纲》对计算器及计算机软件的使用要求，将教学内容与信息技术整合在一起，设有“计算器辅助”及“数学的现代化”模块，体现出了鲜明的时代特征. 同时，在这些内容的讲解上，本教材采用了以实例为引导、操作步骤为主体的模式，步骤清晰详细，旨在使学生更易理解和操作.

5. 微课辅助，宜教易学. 本教材配备了大量的微课，既方便老师教学，也能帮助学生更轻松地学习. 微课内容包括重难点讲解、计算机软件应用教学、趣味小实验等，学生可以通过微课跳出文字的局限，更直观地理解所学内容.

本教材分为上、下两册，本书为下册. 完成本书的教学需要 68 学时，学时分配可以参照下表.

《数学（基础模块）下册》学时分配表

章内容	学时数
第 6 章　数列	10
第 7 章　平面向量	10
第 8 章　直线和圆的方程	18
第 9 章　立体几何	14
第 10 章　概率与统计初步	16

本书由淳武、张磊担任主编，刘楠、许先果、万荣担任副主编. 在编写过程中，编者参考了大量的文献资料，在此向其原作者表示感谢；同时编者还得到了许多专家、学者的支持和帮助，在此致以诚挚的谢意.

由于编者水平有限，书中不妥与疏漏之处在所难免，恳请广大专家和读者提出宝贵意见，以便我们进行修订和完善.

本书配有丰富的教学资源包，读者可以登录网站（http://www.bjjqe.com）下载.

目录

CONTENTS

第 6 章

数　列

不积跬步无以至千里，
不积小流无以成江海.

引言

数学来源于生活，存在于生活，应用于生活. 每一个对数学感兴趣并善于运用数学知识解决实际问题的人都会从中受益.

随着我国经济水平的提高和人们对高品质生活的追求，大众的消费观念发生了巨大变化，分期付款等方式刺激了消费者的购买欲望，也促进了社会经济的繁荣. 数列作为一种反映现实生活的数学模型，在现代经济生活中广泛应用，如分期付款买房买车、投资理财利息计算、超市商品陈列展示等，都会用到数列的一些知识.

要求

1. 了解数列的概念;
2. 掌握等差数列的定义与公式;
3. 掌握等比数列的定义与公式;
4. 理解等差数列与等比数列的应用.

6.1 数列的概念

6.1.1 数列的定义

生活中的数学

某同学假期到某公司实习，该公司提供了三种生活补贴方案：一是每天补贴 40 元；二是第一天补贴 5 元，第二天补贴 10 元，第三天补贴 15 元，第四天补贴 20 元，依次类推；三是第一天补贴 0.5 元，第二天补贴 1 元，第三天补贴 2 元，第四天补贴 4 元，依次类推．请你写出三种方案前 10 天中每天的生活补贴金额．

方案一：＿＿＿＿＿＿＿＿＿＿＿＿＿＿＿＿＿＿＿＿；

方案二：＿＿＿＿＿＿＿＿＿＿＿＿＿＿＿＿＿＿＿＿；

方案三：＿＿＿＿＿＿＿＿＿＿＿＿＿＿＿＿＿＿＿＿．

观察上述结果，这三列数都可以看成数列吗？应如何定义数列呢？

头脑风暴

假如是你，你会选择哪种补贴方案？

知识精讲

观察下面按照一定顺序排成的一列数．

1984—2019 年，我国运动员共参加了 9 次奥林匹克运动会，获得的金牌数排成一列数为

$$15,5,16,16,28,32,48,38,26. \quad ①$$

2013—2019 年，某省初级中学在校生人数（单位：万人）排成一列数为

$$82,93,105,119,129,130,132. \quad ②$$

全体自然数从小到大排成一列数为

$$0,1,2,3,4,\cdots. \quad ③$$

无穷多个 6 排成一列数为

$$6,6,6,6,6,\cdots. \quad ④$$

像这样，按照一定次序排成的一列数称为**数列**．数列中的每一个数称为这个数列的**项**．数列中的每一项都与它所在的位置有关，排在第一位的数称为这个数列的第 1 项（或**首项**），排在第二位的数称为这个数列的第 2 项，……，排在第 n 位的数称为这个数列的第 n 项．

所以，数列的一般形式可以写成

$$a_1,a_2,a_3,\cdots,a_n,\cdots,(n\in\mathbf{N}^*),$$

简记为 $\{a_n\}$．其中，反映各项在数列中位置的数字 $0,1,2,3,\cdots,n$ 分别称为对应各项的**项数**．通常把第 n 项 a_n 称为数列的**通项**或**一般项**．

提示

数列的“项”与这一项的“项数”是两个不同的概念．例如，数列①中第 7 项为 48，而这一项的项数为 7．

项数有限的数列称为**有穷数列**；项数无限的数列称为**无穷数列**．上面的例

子中，数列①②为有穷数列，数列③④为无穷数列.

课堂练习

1. 请写出 2 的正整数指数幂从小到大排成的数列.
2. 数列$1,3,5,7,9,\cdots$中，首项$a_1=$______，第 6 项$a_6=$______.
3. 数列“0,2,4,6,8”与数列“8,6,4,2,0”是同一个数列吗？

6.1.2 数列的通项公式

生活中的数学

在两千多年前的战国时期，《庄子·天下篇》惠施说：“一尺之棰，日取其半，万世不竭”. 请你用一列数表示这句话的含义.

____

思考：这个数列有什么规律？每一项与该项的项数之间有什么关系？

知识精讲

如果数列$\{a_n\}$的第 n 项与项数 n 之间的关系可以用一个式子来表示，那么这个式子就称为这个数列的**通项公式**.

例如，数列③的通项公式为

$$a_n=n-1，n\in\mathbf{N}^*.$$

数列④的通项公式为

$$a_n=6，n\in\mathbf{N}^*.$$

像数列④这样各项都相等的数列称为**常数列**.

已知数列的通项公式，不仅可以求出这个数列中的任意一项，还可以求出已知项的项数.

> **注意**
>
> 1. 并不是每个数列都有通项公式. 例如，数列①和②就没有通项公式.
>
> 2. 如果不加特别说明，本章中项数的字母 n 都表示正整数，即 $n\in\mathbf{N}^*$.

学以致用

例 1 写出下列数列的一个通项公式，使其前 4 项分别是下列各数.

（1）$\frac{1}{2},-\frac{1}{4},\frac{1}{6},-\frac{1}{8}$；（2）$3,6,9,12$；

（3）$-2,2,-2,2$；（4）$\frac{1}{2},\frac{3}{4},\frac{5}{6},\frac{7}{8}$.

解（1）观察发现，数列的前 4 项与其项数的关系为

$$a_1=\frac{(-1)^{1+1}}{2\times1},\quad a_2=\frac{(-1)^{2+1}}{2\times2},$$

$$a_3=\frac{(-1)^{3+1}}{2\times3},\quad a_4=\frac{(-1)^{4+1}}{2\times4}.$$

由此可知，该数列的通项公式为

$$a_n=\frac{(-1)^{n+1}}{2n}.$$

（2）观察发现，数列的前4项中，每一项恰好是其项数的3倍，故该数列的通项公式为

$$a_n=3n.$$

（3）观察发现，数列的前4项中，每一项的绝对值都是2，但正负交叉出现，故该数列的通项公式为

$$a_n=2\cdot(-1)^n.$$

（4）观察发现，数列的前4项与其项数的关系为

$$a_1=\frac{2\times1-1}{2\times1},\qquad a_2=\frac{2\times2-1}{2\times2},$$

$$a_3=\frac{2\times3-1}{2\times3},\qquad a_4=\frac{2\times4-1}{2\times4}.$$

由此可知，该数列的通项公式为

$$a_n=\frac{2n-1}{2n}=1-\frac{1}{2n}.$$

注意

根据数列的有限项推导通项公式时，答案不一定是唯一的. 例如，$a_n=2\cdot(-1)^n$ 和 $a_n=2\cos n\pi$ 都是例1（3）中数列的通项公式.

例 2 已知数列$\{a_n\}$的通项公式为$a_n=2^n+1$，求：

（1）数列的前4项；（2）数列的第10项.

解 （1）$a_1=2+1=3$，$a_2=2^2+1=5$，

$a_3=2^3+1=9$，$a_4=2^4+1=17$.

所以，数列的前4项是3，5，9，17.

（2）数列的第10项是

$$a_{10}=2^{10}+1=1\,025.$$

例 3 某乳制品厂商生产牛奶，今年的产量为18万吨，由于技术改造和规模扩大，计划每年增产15%，写出从今年开始5年内每年产量排成的数列，并写出通项公式.

解 $a_1=18$；

$a_2=18\times(1+0.15)=18\times1.15$；

$a_3=18\times1.15\times(1+0.15)=18\times1.15^2$；

$a_4=18\times1.15^2\times(1+0.15)=18\times1.15^3$；

$a_5=18\times1.15^3\times(1+0.15)=18\times1.15^4$.

故该数列为

$$18,18\times1.15,18\times1.15^2,18\times1.15^3,18\times1.15^4.$$

其通项公式为

$$a_n=18\times1.15^{n-1},\ n\in\{1,2,3,4,5\}.$$

课堂练习

1．写出下列数列的一个通项公式，使其前 4 项分别是下列各数．

（1）$-5,-2,1,4$；　　（2）$1,4,9,16$．

2．根据下列数列的通项公式，写出数列的前 5 项．

（1）$a_n=n^2+1$；　　（2）$a_n=(-1)^n\cdot n$

3．判断 38 和 83 是否为数列 $\{n^2-2n+3\}$ 的项，若是，请计算其项数．

小试牛刀 6.1

细心观察是为了理解，透彻理解是为了行动．
——罗曼罗兰

A 组

1．已知数列的前 4 项，写出它们的一个通项公式．

（1）$-3,-3,-3,-3$；　　（2）$\dfrac{1}{2},\dfrac{2}{3},\dfrac{3}{4},\dfrac{4}{5}$；

（3）$1,8,27,64$；　　（4）$\dfrac{1}{1\times2},-\dfrac{1}{2\times3},\dfrac{1}{3\times4},-\dfrac{1}{4\times5}$．

2．根据下面数列 $\{a_n\}$ 的通项公式，写出它们的前 5 项．

（1）$a_n=3\times(-1)^{n+1}$；　　（2）$a_n=n(n+2)$；

（3）$a_n=\dfrac{n}{2n+1}$；　　（4）$a_n=\dfrac{(-2)^n}{3}$．

3．观察下面数列的特点，用适当的数填空，并写出每个数列的一个通项公式．

（1）$6,12,18,(\quad),30,(\quad),42$；

（2）$3,8,(\quad),18,23,(\quad),33$；

（3）$1,\sqrt{3},(\quad),\sqrt{7},3,(\quad),\sqrt{13}$．

4．已知数列 $\{a_n\}$ 的通项公式为 $a_n=2n^2-1$，写出该数列的前 4 项，并判断 99 和 241 是否为该数列中的项，若是，请计算其项数．

B 组

1．根据下面数列 $\{a_n\}$ 的通项公式，写出它们的前 5 项．

（1）$a_n=(n-1)(n+2)$；　　（2）$a_n=(-2)^n\dfrac{1}{n+3}$．

2．已知数列的前 5 项，写出它们的一个通项公式．

（1）$-\dfrac{1}{2},\dfrac{1}{9},-\dfrac{1}{28},\dfrac{1}{65},-\dfrac{1}{126}$；

（2）$\dfrac{1}{3},1,\dfrac{9}{5},\dfrac{8}{3},\dfrac{25}{7}$．

6.2 等差数列

6.2.1 等差数列的定义

生活中的数学

我国有用十二生肖纪年的习俗，每年用一种动物来命名，12 年轮回一次．十二生肖是十二地支的形象化代表，即子（鼠）、丑（牛）、寅（虎）、卯（兔）、辰（龙）、巳（蛇）、午（马）、未（羊）、申（猴）、酉（鸡）、戌（狗）、亥（猪），是我国历史悠久的民俗文化符号．2019 年（农历己亥年）是 21 世纪第二个猪年，请依次写出 21 世纪所有猪年的年份．

____

思考：这个数列有什么规律？相邻各项之间有什么关系？

知识精讲

观察下面数列的规律．

某阶梯教室共有 10 排座位，各排座位数按照从前向后的顺序组成的数列为

$$12,14,16,18,20,22,24,26,28,30. \quad ①$$

某小区住宅楼，从第 1 层开始，每一层的楼板高度组成的数列为

$$0,3,6,9,12,15,18,\cdots. \quad ②$$

购买衣服时，衣服标签上的尺码从小到大组成的数列为

$$155,160,165,170,175,180,\cdots. \quad ③$$

通过观察可以发现：

数列①，从第 2 项起，每一项与前一项的差都等于 2；

数列②，从第 2 项起，每一项与前一项的差都等于 3；

数列③，从第 2 项起，每一项与前一项的差都等于 5．

这三个数列有一个共同特点，就是从第 2 项起，每一项与其前一项的差都等于一个常数．

一般地，如果一个数列从第 2 项起，每一项与其前一项的差都等于同一个常数，那么，这个数列称为**等差数列**，这个常数称为等差数列的**公差**，用字母 d 表示．

根据定义可知，若数列 $\{a_n\}$ 是等差数列，公差为 d，则

$$a_{n+1}-a_n=d. \quad (6\text{-}1)$$

如果三个数 a, A, b 构成等差数列，则 $A-a=b-A$，即

$$A=\frac{a+b}{2},$$

跃跃欲试

请按照从小到大的顺序，依次写出小于 50 的正整数中由 5 的倍数所组成的数列．

此时，A 就称为 a 与 b 的等差中项.

等差数列中，从第 2 项起，每一项（有穷数列的末项除外）都是它的前一项与后一项的等差中项.

学以致用

例 1 求等差数列 $8,5,A,-1,\cdots$ 的公差 d 和等差中项 A.

解 因 $a_1=8$，$a_2=5$，$a_4=-1$，所以该数列的公差为

$$d=a_2-a_1=5-8=-3.$$

等差中项 A 为

$$A=\frac{a_2+a_4}{2}=\frac{5+(-1)}{2}=2.$$

课堂练习

1. 请依次写出 21 世纪所有马年年份构成的等差数列.
2. 写出等差数列 $-1,6,13,20,\cdots$ 的第 10 项.
3. 写出下列等差数列中的未知项.

（1）$-8,A,12$；（2）$B,39,77$.

4. 陈强一家三口的体重恰好构成一个等差数列，已知他们三人的体重之和为 195 kg，陈强的体重是其父母体重之和的一半，母亲体重为 55 kg．求他们一家三口的体重.

提示

将构成等差数列的三个数设成 $a-d$，a，$a+d$ 是求解等差数列问题的常用方法.

6.2.2 等差数列的通项公式

生活中的数学

在一次绘画展览活动中，工作人员对每幅画进行编号，依次为 $7,13,19,25,\cdots$，你能很快说出第 23 幅画的编号吗？

显然，根据公式（6-1）计算第 23 幅画的编号是比较麻烦的，但如果知道各幅画的编号所组成的等差数列的通项公式，就可以直接求出第 23 幅画的编号，即该数列的第 23 项.

知识精讲

设等差数列 $\{a_n\}$ 的首项为 a_1，公差为 d，则

$$a_1=a_1+0d,$$

$$a_2=a_1+d,$$

$$a_3=a_2+d=(a_1+d)+d=a_1+2d,$$

$$a_4=a_3+d=(a_1+2d)+d=a_1+3d,$$

$$\cdots\cdots$$

依次类推，最终可推导出等差数列的通项公式为

$$a_n = a_1 + (n-1)d\ . \tag{6-2}$$

因此，已知等差数列的首项和公差，利用公式（6-2），可以直接计算出数列的任意一项.

学以致用

例 2　求等差数列$10, 6, 2, \cdots$的第 15 项.

解　因 $a_1 = 10$，$a_2 = 6$，$d = a_2 - a_1 = -4$，所以该数列的通项公式为

$$\begin{aligned} a_n &= a_1 + (n-1)d = 10 + (n-1)\times(-4) \\ &= -4n + 14 . \end{aligned}$$

该数列的第 15 项为

$$a_{15} = -4n + 14 = -4\times 15 + 14 = -46 .$$

例 3　等差数列$2, 5, 8, \cdots$的第几项是 59？

解　因 $a_1 = 2$，$a_2 = 5$，$d = a_2 - a_1 = 3$，所以该数列的通项公式为

$$\begin{aligned} a_n &= a_1 + (n-1)d = 2 + (n-1)\times 3 \\ &= 3n - 1 . \end{aligned}$$

设该数列的第 n 项为 59，则

$$59 = 3n - 1 ,$$

解得

$$n = 20 .$$

因此，该数列的第 20 项为 59.

例 4　在等差数列$\{a_n\}$中，公差$d = 5$，$a_9 = 38$，求首项a_1.

解　由于$d = 5$，所以设该等差数列的通项公式为

$$a_n = a_1 + 5(n-1) .$$

因为$a_9 = 38$，故

$$a_9 = a_1 + 5\times(9-1) = 38 .$$

解得

$$a_1 = -2 .$$

例 5　某市出租车的计价标准为 2.3 元/km，起步价为 13 元，即最初的 3 km 计价 13 元．如果某人在该市乘坐出租车的行驶里程为 14 km，则他需要支付多少车费？

解　根据题意可知，当在该市乘坐出租车的行驶里程大于 3 km 时，每增加 1 km，乘客需支付 2.3 元．所以，可以建立一个等差数列$\{a_n\}$来计算车费.

令$a_1 = 13 + 2.3 = 15.3$，表示 4 km 处的车费，公差$d = 2.3$．那么，当出租车行驶 14 km 时，$n = 11$，此时需要支付的车费为

$$a_{11} = 15.3 + (11-1)\times 2.3 = 38.3\,(\text{元}) .$$

头脑风暴

在等差数列的通项公式中，有a_n，a_1，n，d 四个量．一般，只要知道其中的三个量，就可以求出第四个量．现在请大家思考，当所求的量不同时，应分别采用什么样的计算方法？

提示

由例题我们可以总结出，在等差数列的通项公式中，字母 n 的系数即为等差数列的公差．例如，例 3 中，通项公式为$a_n = 3n - 1$，n 的系数 3 即为该等差数列的公差.

课堂练习

1．求等差数列$\frac{3}{7},\frac{5}{7},1,\cdots$的通项公式与第 10 项.

2．在等差数列$\{a_n\}$中，$a_4=2$，$a_7=-49$，求该数列的通项公式.

3．已知三个数之和为 18，且这三个数构成公差为 3 的等差数列，求这三个数.

6.2.3　等差数列的前 n 项和公式

卡尔·弗里德里希·高斯，德国著名数学家、物理学家、天文学家、大地测量学家，近代数学的奠基者之一，在历史上影响巨大，可以和阿基米德、牛顿、欧拉并列，有“数学王子”之称.

生活中的数学

著名数学家高斯在上小学的时候就显示出了惊人的天赋．高斯十岁那年，老师在课上出了一道题目，要求将 1 到 100 的所有整数加起来．当其他同学忙于把 100 个数逐个相加时，高斯却迅速算出了正确答案，其计算方法为

$$(1+100)+(2+99)+\cdots+(50+51)=101\times50=5\,050.$$

高斯的算法实际上解决了求等差数列$1,2,3,\cdots,n,\cdots$前 100 项和的问题．此数列的首项为 1，第 100 项为 100，公差为 1，根据高斯的算法可知，该数列的前 100 项和为

$$\frac{(1+100)\times100}{2}.$$

知识精讲

扫一扫

等差数列的前 n 项公式

下面我们将高斯的算法推广到求一般等差数列的前 n 项和.

等差数列$\{a_n\}$的前 n 项和可用 S_n 表示，即

$$S_n=a_1+a_2+a_3+\cdots+a_n.$$

根据高斯算法的启示，对于公差为 d 的等差数列，其前 n 项和可表示为

$$S_n=a_1+(a_1+d)+(a_1+2d)+\cdots+[a_1+(n-1)d], \quad ①$$

$$S_n=a_n+(a_n-d)+(a_n-2d)+\cdots+[a_n-(n-1)d]. \quad ②$$

将①②两式相加可得

$$2S_n=\underbrace{(a_1+a_n)+(a_1+a_n)+(a_1+a_n)+\cdots+(a_1+a_n)}_{n}$$
$$=n(a_1+a_n).$$

由此可得等差数列$\{a_n\}$的前 n 项和公式为

$$S_n=\frac{n(a_1+a_n)}{2}. \quad (6\text{-}3)$$

将等差数列的通项公式$a_n=a_1+(n-1)d$代入上式，可得

$$S_n=na_1+\frac{n(n-1)}{2}d. \quad (6\text{-}4)$$

提示

数列$\{a_n\}$的通项公式 a_n 与它的前 n 项和公式 S_n 有如下关系：

$$a_n=\begin{cases}S_1, & n=1,\\ S_n-S_{n-1}, & n\geqslant2.\end{cases}$$

学以致用

例 6　等差数列 $\{a_n\}$ 中，$d=2$，$a_{20}=29$，求其前 20 项和 S_{20} .

解　由题意可得

$$a_{20}=a_1+(20-1)\times 2=29,$$

$$a_1=-9.$$

因此，该数列的前 20 项和为

$$S_{20}=\frac{20\times(-9+29)}{2}=200.$$

例 7　文具店有一个摆放铅笔的 V 形架，最下面一层放一支铅笔，往上每一层都比下面一层多放一支，最上面一层放了 20 支．求这个 V 形架上共放有多少支铅笔？

解　由题意可知，这个 V 形架上放有 20 层铅笔，且自下而上各层的铅笔数构成等差数列，记为 $\{a_n\}$，其中，$a_1=1$，$d=1$，$n=20$，$a_{20}=20$.

根据等差数列前 n 项和公式可得

$$S_{20}=\frac{20\times(1+20)}{2}=210,$$

即 V 形架上共放有 210 支铅笔.

例 8　在小于 100 的正整数集合中，有多少个数是 7 的倍数？求它们的和.

解　在小于 100 的正整数集合中，7 的倍数有

$$7\times1,\ 7\times2,\ 7\times3,\ 7\times4,\ \cdots,\ 7\times14,$$

即 $7,14,21,28,\cdots,98$，显然，这是一个等差数列，其中 $a_1=7$，$d=7$，$n=14$，$a_{14}=98$．因此，根据等差数列前 n 项和公式，得

$$S_{14}=\frac{14\times(7+98)}{2}=735,$$

即在小于 100 的正整数集合中，有 14 个数是 7 的倍数，它们的和为 735.

课堂练习

1．求等差数列 $1,5,9,13,\cdots$ 的前 100 项和.

2．在等差数列 $\{a_n\}$ 中，$a_1=-7$，$a_{10}=11$，求 S_{10} .

3．在等差数列 $\{a_n\}$ 中，$a_2=0$，$a_7=15$，求 S_{15} .

6.2.4　等差数列实际应用举例

学以致用

例 9　李明参加工作后，计划采用一年期零存整取的方式在银行存款，

从 1 月份开始，每月第一天存入 2 000 元，银行以年利率 1.35%计息，请计算年终结算时，本金与利息之和是多少？（精确到 0.01）

注意 年利率与月利率之间的计算公式为

月利率＝年利率÷12.

解 由年利率为 1.35%可知，月利率为 $1.35\%\div 12=0.1125\%$.

第 1 个月的存款利息为 $2000\times 0.1125\%\times 12$ (元)；

第 2 个月的存款利息为 $2000\times 0.1125\%\times 11$ (元)；

第 3 个月的存款利息为 $2000\times 0.1125\%\times 10$ (元)；

……

第 12 个月的存款利息为 $2000\times 0.1125\%\times 1$ (元)；

因此，一年的利息之和为

$$S_n=2000\times 0.1125\%\times(1+2+3+\cdots+12)=175.5\ (元),$$

故年终结算时，本金与利息之和为

$$12\times 2000+175.5=24175.5\ (元).$$

例 10 在政府部门的安排下，银行提供无息贷款 58 000 元帮助某地区发展一个项目，还款方式为一年后的第一个月还 1 000 元，以后每个月都比前一个月多还 200 元，问需要多少个月能还清全部贷款？

解 由题意知，每月的还款金额构成首项为 $a_1=1000$，公差为 $d=200$ 的等差数列. 设 n 个月可以还清贷款，则 n 个月的还款总额为 S_n，即

$$S_n=1000n+\frac{n(n-1)}{2}\times 200=100n^2+900n.$$

由于是无息贷款，所以有

$$100n^2+900n=58000,$$

解得

$$n_1=20,\ n_2=-29(舍去).$$

故需要 20 个月可以还清这笔贷款.

课堂练习

1. 某款 5G 手机的价格为 5 000 元，采用分期付款方式购买时，需要首付 2 000 元，以后每月交付 300 元，并加收欠款利息，10 个月付清，月利率为 1%. 请计算分期付款的第 10 个月应交付多少钱？全部货款付清后，购买这款手机实际花费了多少钱？

跃跃欲试 该分期付款购机的另一个方案是首付 500 元，每月交付 450 元，其他条件不变. 请计算这两种方案哪种更省钱？

2. 屋顶的某斜面为等腰梯形，最上面一层铺了 21 片瓦，往下每一层多铺一片瓦，斜面上铺有 20 层瓦，请计算该斜面总共铺了多少片瓦？

3. 学校大礼堂共有 30 排座位，后一排比前一排多两个座位，最后一排有 80 个座位，请计算大礼堂共有多少个座位？

小试牛刀 6.2

A 组

1．求等差数列 $-7, -4, -1, \cdots$ 的第 20 项．

2．等差数列 $4, 9, 14, \cdots$ 的第几项是 119？

3．在等差数列 $\{a_n\}$ 中，

（1）已知 $a_7 = 13$，$a_{10} = 4$，求 a_6 和 d；

（2）已知 $a_2 = 12$，$a_n = -20$，$d = -2$，求 n；

（3）已知 $a_{18} = 18$，$d = 3$，求 a_{10}．

4．在等差数列 $\{a_n\}$ 中，

（1）已知 $a_1 = 2$，$a_{10} = 29$，求 S_{10}；

（2）已知 $a_1 = 5$，$d = \dfrac{3}{2}$，求 S_{15}．

5．已知等差数列共有 20 项，各项之和为 1 050，首项是 5，求数列的第 20 项及公差．

6．三个数 a, b, c 成等差数列，其和为 15，且 $3b - 6a = c$，求这三个数．

7．一个物体从高空下落，经过 10 s 到达地面，已知第一秒内物体下降 4.9 m，以后每秒下降的高度都比前一秒多 9.8 m，求物体开始下落的高度．

8．体育场一角看台的座位是这样排列的：第一排有 15 个座位，从第二排起每一排都比前一排多 2 个座位．你能用 $\{a_n\}$ 表示第 n 排的座位数吗？第 10 排能坐多少个人？

B 组

1．在等差数列 $\{a_n\}$ 中，$d = -3$，$S_{30} = -615$，求 a_1 与 a_{30}．

2．在等差数列 $\{a_n\}$ 中，$S_6 = -33$，$a_{10} = 40$，求 a_1 与 d．

6.3 等比数列

6.3.1 等比数列的定义

生活中的数学

神奇的励志公式

——每天进步一点点

假设你现在的成绩是 1，如果每天比前一天进步 1%，那么经过 365 天，你每天的成绩构成的数列为

$$1.01, 1.01^1, 1.01^2, 1.01^3, 1.01^4, \cdots, 1.01^{365}.$$

锲而舍之，朽木不折；锲而不舍，金石可镂．

——《荀子》

如果每天比前一天退步 1%，那么经过 365 天，你每天的成绩构成的数列为

$$0.99, 0.99^1, 0.99^2, 0.99^3, 0.99^4, \cdots, 0.99^{365}.$$

其中，$1.01^{365} \approx 37.78$，$0.99^{365} \approx 0.03$，这是一个令人惊叹的结果.

这个公式告诉我们，在人生的道路上，如果每天努力一点点，日积月累，最后就会获得巨大的进步；如果一天天放弃努力，得过且过，最后只能是一事无成.

观察上面两个数列，它们具有什么特点？

知识精讲

在现实生活中，我们还会遇到下面一组数列. 细胞分裂时每次由 1 个细胞分裂为 2 个，则每次分裂后细胞的个数依次为

$$2, 4, 8, 16, 32, \cdots.$$

观察上面数列可以发现，从第 2 项开始，数列中每一项与其前一项之比都等于 2.

一般地，如果一个数列从第 2 项起，每一项与其前一项之比都等于同一个常数，那么，这个数列称为**等比数列**，这个常数称为等比数列的**公比**，用字母 $q\ (q \neq 0)$ 表示.

由定义可知，若 $\{a_n\}$ 为等比数列，q 为公比，则 a_1 与 q 均不为零，且有

$\dfrac{a_{n+1}}{a_n} = q$，即

$$a_{n+1} = a_n q. \qquad (6\text{-}5)$$

如果三个数 a, G, b 构成等比数列，则 $\dfrac{G}{a} = \dfrac{b}{G}$，即

$$G^2 = ab,$$

此时，G 就称为 a 与 b 的**等比中项**.

等比数列中，从第 2 项起，每一项（有穷数列的末项除外）都是它的前一项与后一项的等比中项.

学以致用

例 1 在等比数列 $\{a_n\}$ 中，已知 $a_1 = 1$，$q = -2$，求 a_2, a_3, a_4, a_5.

解

$$a_2 = a_1 q = 1 \times (-2) = -2,$$
$$a_3 = a_2 q = (-2) \times (-2) = 4,$$
$$a_4 = a_3 q = 4 \times (-2) = -8,$$
$$a_5 = a_4 q = (-8) \times (-2) = 16.$$

跃跃欲试

你能很快地写出这个数列的第 15 项吗？

例 2　三个数 $-3, G, -12$ 构成等比数列，求等比中项 G .

解
$$G^2=(-3)\times(-12)=36,$$
于是，得到
$$G=\pm6,$$
即 -3 与 -12 的等比中项是 ±6 .

课堂练习

1. 在等比数列 $\{a_n\}$ 中，已知 $a_3=-2$，$q=3$，求 a_5, a_6 .
2. 已知 $3, -6, G, -24, \cdots$ 构成等比数列，求公比 q 和等比中项 G .

6.3.2　等比数列的通项公式

生活中的数学

有一张厚度为 0.05 mm 的报纸，假设该报纸可以无限对折，并将其对折 50 次．请写出各次对折后报纸的层数构成的数列．

第 1 次对折后报纸的层数为____________；

第 2 次对折后报纸的层数为____________；

第 3 次对折后报纸的层数为____________；

第 4 次对折后报纸的层数为____________；

……

第 50 次对折后报纸的层数为____________．

这个数列具有什么特点？对折 50 次后报纸的总厚度是多少？你相信此时报纸的总厚度可以在地球和月球之间建一座纸桥吗？

知识精讲

与等差数列类似，下面我们通过观察等比数列各项之间的关系来探求其通项公式．

设等比数列 $\{a_n\}$ 的首项为 a_1，公比为 q，则
$$a_1=a_1q^0,$$
$$a_2=a_1q,$$
$$a_3=a_2q=a_1q^2,$$
$$a_4=a_3q=a_1q^3,$$
$$\cdots\cdots$$
依次类推，最终可推导出等比数列的通项公式为
$$a_n=a_1q^{n-1}. \qquad (6\text{-}6)$$

头脑风暴

在等比数列的通项公式中，有 a_n，a_1，n，q 四个量．一般，只要知道其中的三个量，就可以求出第四个量．现在请大家思考，当所求的量不同时，应分别采用什么样的计算方法？

学以致用

例 3　一个等比数列的第 3 项和第 4 项分别是 12 和 18，求它的第 1 项和第 2 项.

解　设这个等比数列的第 1 项为 a_1，公比为 q，那么

$$a_1q^2=12, \quad ①$$

$$a_1q^3=18, \quad ②$$

②÷①，可得

$$q=\frac{3}{2}.$$

将 q 代入式①，可得

$$a_1=\frac{16}{3}.$$

于是，得到

$$a_2=a_1q=\frac{16}{3}\times\frac{3}{2}=8.$$

例 4　求等比数列 $11, 3.3, 0.99, \cdots$ 的第 4 项和第 5 项.

解　由题意可知，$a_1=11$，$q=\frac{3.3}{11}=0.3$，所以该数列的通项公式为

$$a_n=a_1q^{n-1}=11\times0.3^{n-1}.$$

于是，得到

$$a_4=11\times0.3^{4-1}=0.297,$$

$$a_5=11\times0.3^{5-1}=0.0891.$$

注意　在本例题的求解过程中，用两式相除求公比的方法在研究等比数列的问题时经常使用.

头脑风暴　在等比数列 $\{a_n\}$ 中，$a_7=\frac{1}{9}$，$q=\frac{1}{3}$，求 a_3. 你有没有比较简单的方法？

课堂练习

1. 求等比数列 $2, -3, \frac{9}{2}, -\frac{27}{4}, \cdots$ 的通项公式与第 8 项.

2. 在等比数列 $\{a_n\}$ 中，$a_1=-\frac{1}{125}$，$a_4=-1$，判断 25 是否为数列中的项，如果是，请指出是第几项.

3. 已知三个数成等比数列，它们的积为 64、和为 14，求这三个数.

提示　将构成等比数列的三个数设成 $\frac{a}{q}$，a，aq 是求解等比数列问题的常用方法.

6.3.3　等比数列的前 n 项和公式

生活中的数学

话说猪八戒西天取经回到高老庄后，从高员外手里接下了高老庄集团，摇身一变成了 CEO. 但由于经营管理不善，集团很快便因资金周转不灵而陷入窘境，急需大量资金投入，于是猪八戒便找孙悟空帮忙. 悟空一口答应：“行！我每天

投资 100 万，连续 30 天，但有一个条件，作为回报，必须从投资的当天开始，第一天返给我 1 元，第二天返给我 2 元，第三天返给我 4 元，即后一天的返还金额是前一天两倍.”八戒听了，心里打起了小算盘：“第一天支出 1 元，收入 100 万；第二天支出 2 元，收入 100 万；第三天支出 4 元，收入 100 万；哇！发财啦！”心里越想越美．但是，当八戒看到悟空的表情时，心里又犯了嘀咕：“这猴子老欺负我，会不会又在耍我？”

请帮八戒分析一下，按照悟空的投资方式，30 天后，他能吸纳多少资金？

知识精讲

下面我们来探求等比数列的前 n 项和公式.

等比数列 $\{a_n\}$ 的前 n 项和为

$$S_n=a_1+a_2+a_3+\cdots+a_n.$$

根据等比数列的通项公式，上式可以写成

$$S_n=a_1+a_1q+a_1q^2+\cdots+a_1q^{n-1},\qquad ①$$

用公比 q 乘以式①两边，可得

$$qS_n=a_1q+a_1q^2+a_1q^3+\cdots+a_1q^{n-1}+a_1q^n,\qquad ②$$

将式①②的两边分别相减，得

$$(1-q)S_n=a_1(1-q^n).$$

当 $q\neq1$ 时，等比数列 $\{a_n\}$ 的前 n 项和公式为

$$S_n=\frac{a_1(1-q^n)}{1-q},$$

因 $a_1q^n=a_1q^{n-1}\cdot q=a_nq$，所以上式还可写成

$$S_n=\frac{a_1-a_nq}{1-q}.$$

当 $q=1$ 时，等比数列各项都相等，其前 n 项和为

$$S_n=na_1.$$

综上所述，等比数列 $\{a_n\}$ 的前 n 项和公式为

$$S_n=\begin{cases}na_1,\ q=1,\\ \dfrac{a_1(1-q^n)}{1-q}=\dfrac{a_1-a_nq}{1-q},\ q\neq1.\end{cases}\qquad (6\text{-}7)$$

扫一扫

等比数列的前 n 项公式

> **注意**
> 在求解等比数列的前 n 项和时一定要判断公比 q 是否为 1.

学以致用

例 5　求下列数列的前 8 项和.

（1）$\frac{1}{2},\frac{1}{4},\frac{1}{8},\cdots$；　　（2）$4,-8,16,\cdots$.

解　(1) 因 $a_1=\frac{1}{2}$，$q=\frac{1}{2}$，所以，当 $n=8$ 时，

$$S_8=\frac{\frac{1}{2}\times\left(1-\frac{1}{2^8}\right)}{1-\frac{1}{2}}=\frac{255}{256}.$$

(2) 因 $a_1=4$，$q=-2$，所以，当 $n=8$ 时，

$$S_8=\frac{4\times[1-(-2)^8]}{1-(-2)}=-340.$$

例 6　在等比数列 $\{a_n\}$ 中，公比 $q=-\frac{1}{3}$，前 4 项和 $S_4=\frac{5}{9}$，求这个等比数列的首项.

解　根据等比数列的前 n 项和公式，可得

$$S_4=\frac{a_1\times\left[1-\left(-\frac{1}{3}\right)^4\right]}{1-\left(-\frac{1}{3}\right)}=\frac{5}{9},$$

解得

$$a_1=\frac{3}{4}.$$

课堂练习

1. 求等比数列 $\frac{1}{7},\frac{2}{7},\frac{4}{7},\frac{8}{7},\cdots$ 的前 10 项和.
2. 在等比数列 $\{a_n\}$ 中，$a_1=1$，$q=-3$，求 a_7 和 S_{10}.
3. 在等比数列 $\{a_n\}$ 中，$q=\frac{2}{3}$，$S_4=\frac{65}{36}$，求 a_1.

6.3.4　等比数列实际应用举例

学以致用

例 7　某人从银行贷款 10 000 元，贷款期限为 5 年，年利率为 5.20%，按复利计息法计算利息．如果 5 年后一次性还款，计算到期后，此人应偿还银行多少钱？

> **提示**
> 复利计息法：将前一期的本金与利息之和（简称本利和）作为后一期的本金来计算利息的方法，俗称“利滚利”.

解　贷款第一年后的本利和为

$$10\,000\times(1+0.052)=10\,000\times1.052,$$

第二年后的本利和为

$$10\,000\times1.052\times(1+0.052)=10\,000\times1.052^2,$$

依次类推，从第一年后起，每年后的本利和组成等比数列为

$$10\,000\times1.052,\ 10\,000\times1.052^2,\ 10\,000\times1.052^3,\ \cdots,$$

其通项公式为

$$a_n=10\,000\times1.052^n,$$

所以

$$a_5=10\,000\times1.052^5=12\,884.83,$$

即到期后，此人应偿还银行12 884.83元.

例 8 一个四级火箭，从最上面一级开始，每一级的重量是它下面一级的$\frac{1}{10}$，最下面一层的重量为a吨，求这个火箭的总重量.

解 这个四级火箭的重量从下往上依次为

$$a,\ 0.1a,\ 0.1^2a,\ 0.1^3a.$$

这是一个首项$a_1=a$，公比$q=0.1$，项数$n=4$的等比数列. 由求和公式可知

$$S_4=\frac{a\times(1-0.1^4)}{1-0.1}\approx1.111a,$$

即这个火箭的总重量约为$1.111a$吨.

课堂练习

1. 明代程大位《算法统宗》卷10中有题“远望巍巍塔七层，红灯向下成倍增，共灯三百八十一，请问尖头________盏灯”.

2. 某地为了保护水土资源，实行退耕还林，如果2015年退还耕地8千公顷，以后每年比上一年增加10%，那么2020年需退还耕地多少千公顷？

3. 某人通过微信向其5位好友发出加入某群组的一级邀请，要求这5位好友每人再向其他5位好友发出加入该群组的二级邀请，如此下去，请计算四级邀请发出后，接到邀请的人数是多少？

小试牛刀 6.3

A 组

1. 求等比数列$0.6, 1.2, 2.4, \cdots$的第6项.

2. 求等比数列$1, \sqrt{2}, 2, \cdots$的第9项和通项公式.

3. 求等比数列$1, \frac{1}{2}, \frac{1}{4}, \cdots$的前6项和.

4. 已知等比数列的$a_3=-18$，$a_5=-162$，求S_8.

5. 已知数列$\{a_n\}$满足$a_{n+1}+3a_n=0$，且$a_1=1$，求它的通项公式.

6. 在等比数列中，$a_3=\frac{9}{8}$，$a_n=\frac{1}{3}$，公比$q=\frac{2}{3}$，求n.

7．某工厂今年的总产值为 120 万元，计划今后 5 年内每一年比上一年平均增长 10%，求该厂 5 年后的总产值．

8．某人打算在 2022 年年底花 60 万元购买商品房，为此，计划从 2017 年开始，每年年初存入一笔购房专用存款，使这笔存款到 2022 年年底连本带息共有 60 万元．如果每年的存款金额相同，年利率为 2%并按复利计算．求每年年初应存入多少钱？

B 组

1．已知三个正数成等差数列，和为 15，这三个数分别加上 1，3，9 后成等比数列，求这三个正数．

2．已知数列 $\{a_n\}$ 的前 n 项和为 S_n，且满足 $a_1=1$ 和 $S_n=2a_n-1$，求：

（1）数列 $\{a_n\}$ 的前四项；　　（2）数列 $\{a_n\}$ 的通项公式．

3．已知等比数列 $\{a_n\}$ 中，$a_1=6$，$a_6=-\dfrac{3}{16}$，则这个数列的前多少项和是 $\dfrac{255}{64}$？

总章复习 6

百炼成钢

A 组

1．已知数列 $\{a_n\}$ 的通项公式为 $a_n=3n-6$，那么 $a_{2n}=$（　　）．

A．$3n-6$　　B．$6n-6$　　C．$3n-18$　　D．$6n-18$

2．在等差数列 $\{a_n\}$ 中，已知 $S_3=36$，则 $a_2=$（　　）．

A．18　　B．12　　C．9　　D．6

3．等差数列 $-\dfrac{7}{2},-3,-\dfrac{5}{2},-2,\cdots$ 的第 $n+2$ 项为（　　）．

A．$\dfrac{n}{2}-3$　　B．$\dfrac{n}{2}-4$　　C．$\dfrac{n}{2}-5$　　D．$\dfrac{n}{2}-6$

4．在等比数列 $\{a_n\}$ 中，已知 $a_3\cdot a_4=5$，则 $a_1\cdot a_2\cdot a_5\cdot a_6=$（　　）．

A．-10　　B．10　　C．-25　　D．25

5．在等差数列中，已知 $a_2=\dfrac{1}{2}$，$a_5=\dfrac{7}{2}$，则公差 $d=$________．

6．在等差数列中，已知 $a_1=20$，$a_n=54$，$S_n=999$，则 $n=$________．

7．等比数列 $\dfrac{1}{3},\dfrac{1}{6},\dfrac{1}{12},\cdots$ 的第 2 项到第 6 项的和为________．

8．已知 $a-b,b,-54,162,c,\cdots$ 成等比数列，则 $a=$________，$b=$________，

$c=$______.

9．在等差数列 $\{a_n\}$ 中，已知 $a_5+a_{16}=20$，则 $S_{20}=$______.

10．求数列 $2\frac{1}{3},4\frac{1}{9},6\frac{1}{27},8\frac{1}{81},\cdots$ 的第 10 项.

11．在等差数列中，$a_9=8$，$d=-1.5$，求该数列的第 3 项及前 12 项和.

12．已知等差数列的前 10 项和为 50，后 10 项和为 60，求前 n 项和.

13．某高山的气温从山脚起每升高 100 m 降低 0.7℃，已知山顶的温度是 14.1℃，山脚的温度是 26℃，求此山相对于山脚的高度.

B 组

1．在等差数列 $\{a_n\}$ 中，已知 $d=3$，且 $a_1+a_3+a_5+\cdots+a_{99}=80$，求该数列的前 100 项和.

2．在等比数列 $\{a_n\}$ 中，已知前 3 项和是 $-\frac{3}{5}$，前 6 项和是 $\frac{21}{5}$，求该数列的前 10 项和.

3．设有按顺序排好的四个数，前三个数成等差数列，后三个数成等比数列，第一、四两个数的和为 16，第二、三两个数的和为 8，求这四个数.

巅峰对决

1．如果 a,b,c 成等比数列，求函数 $f(x)=ax^2+bx+c$ 的图像与 x 轴的交点个数.

2．已知 a_1,a_2,a_3,a_4 成等差数列，且 a_1,a_4 是方程 $2x^2-5x+2=0$ 的两个根，求 a_2+a_3.

3．如果三个正数 a,b,c 成等比数列，求证：$\lg a,\lg b,\lg c$ 成等差数列.

数学的现代化　信息技术应用

利用 Excel 进行数列的相关计算

为了顺应信息化时代的发展要求，在掌握数列相关理论知识的同时，还要学会数列与现代信息技术结合的应用．下面介绍等差数列与等比数列常用计算的 Excel 工作表制作.

1．等差数列常用计算工作表的制作

等差数列中五个常见的量为 a_1,d,n,a_n,S_n．在这五个量中，已知其中的三个量就可以求出其余的两个未知量．将常见的几种情况做成 Excel 工作表，可以方便地进行计算.

下面以已知 $a_1=1$，$d=2$，$n=3$，求 a_n,S_n 的情况为例进行说明，如图 6-1 所示.

扫一扫

等差数列工作表的制作

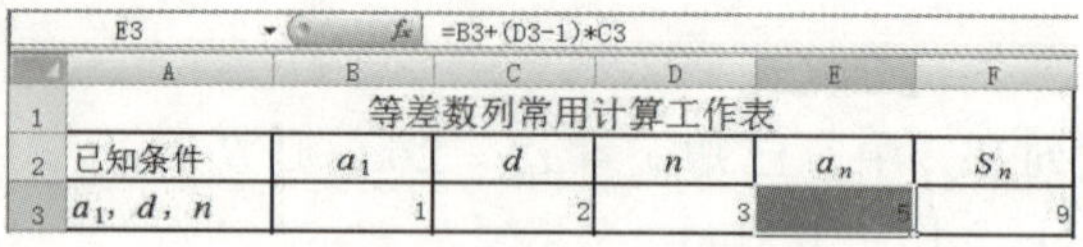

E3 =B3+(D3-1)*C3

	A	B	C	D	E	F
1	等差数列常用计算工作表					
2	已知条件	a_1	d	n	a_n	S_n
3	a_1, d, n	1	2	3	5	9

（a）

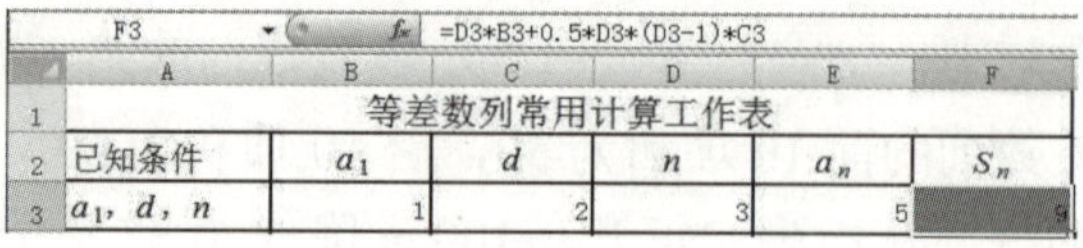

F3 =D3*B3+0.5*D3*(D3-1)*C3

	A	B	C	D	E	F
1	等差数列常用计算工作表					
2	已知条件	a_1	d	n	a_n	S_n
3	a_1, d, n	1	2	3	5	9

（b）

图 6-1

在图 6-1 表格的第 3 行中，输出区域是单元格 E3 和 F3.

（1）单元格 E3 显示的是等差数列第 n 项的值．如图 6-1（a）所示，根据公式 $a_n=a_1+(n-1)d$，在单元格 E3 中输入

$$“=B3+(D3-1)*C3”.$$

（2）单元格 F3 显示的是等差数列前 n 项和的值．如图 6-1（b）所示，根据公式 $S_n=na_1+\dfrac{n(n-1)}{2}d$，在单元格 F3 中输入

$$“=D3*B3+0.5*D3*(D3-1)*C3”.$$

按照同样的思路，根据已知条件的不同情况，编制其他未知量单元格的公式．等差数列常用计算工作表如图 6-2 所示.

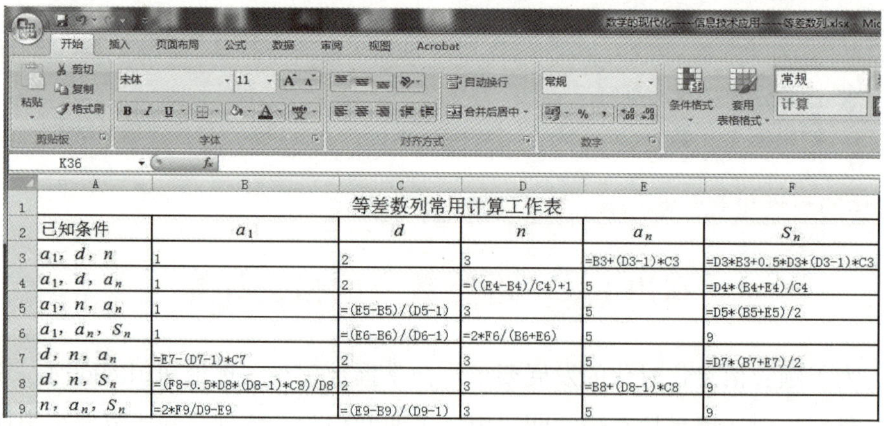

	A	B	C	D	E	F
1	等差数列常用计算工作表					
2	已知条件	a_1	d	n	a_n	S_n
3	a_1, d, n	1	2	3	=B3+(D3-1)*C3	=D3*B3+0.5*D3*(D3-1)*C3
4	a_1, d, a_n	1	2	=((E4-B4)/C4)+1	5	=D4*(B4+E4)/C4
5	a_1, n, a_n	1	=(E5-B5)/(D5-1)	3	5	=D5*(B5+E5)/2
6	a_1, a_n, S_n	1	=(E6-B6)/(D6-1)	=2*F6/(B6+E6)	5	9
7	d, n, a_n	=E7-(D7-1)*C7	2	3	5	=D7*(B7+E7)/2
8	d, n, S_n	=(F8-0.5*D8*(D8-1)*C8)/D8	2	3	=B8+(D8-1)*C8	9
9	n, a_n, S_n	=2*F9/D9-E9	=(E9-B9)/(D9-1)	3	5	9

图 6-2

2. 等比数列常用计算工作表的制作

等比数列中五个常见的量为 a_1, q, n, a_n, S_n．在这五个量中，已知其中的三个量就可以求出其余的两个未知量．将常见的几种情况做成 Excel 工作表，可以方便地进行计算.

下面以已知 $a_1=1$，$q=2$，$n=3$，求 a_n, S_n 的情况为例进行说明，如图 6-3 所示.

扫一扫

等比数列工作表的制作

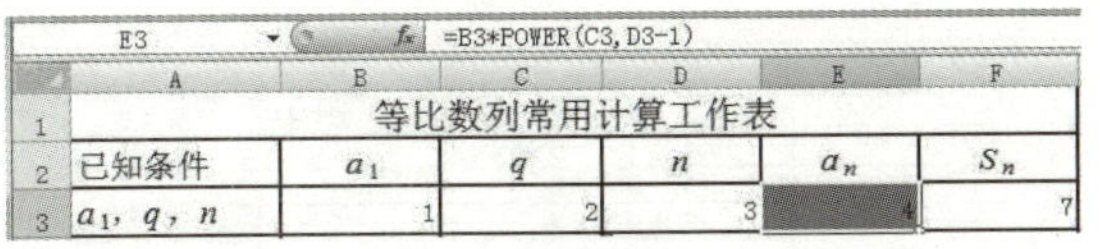

E3 =B3*POWER(C3,D3-1)

	A	B	C	D	E	F
1	等比数列常用计算工作表					
2	已知条件	a_1	q	n	a_n	S_n
3	a_1，q，n	1	2	3	4	7

（a）

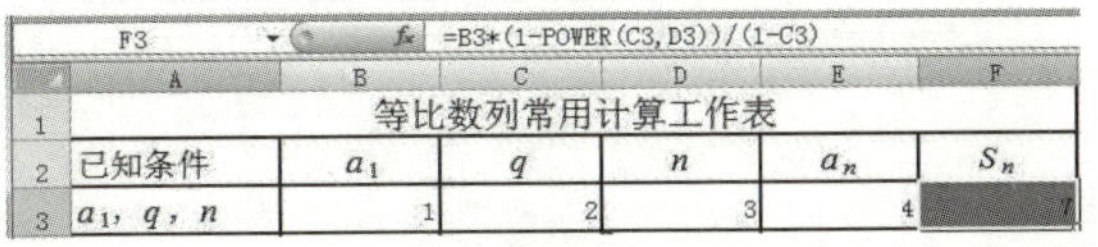

F3 =B3*(1-POWER(C3,D3))/(1-C3)

	A	B	C	D	E	F
1	等比数列常用计算工作表					
2	已知条件	a_1	q	n	a_n	S_n
3	a_1，q，n	1	2	3	4	7

（b）

图 6-3

在图 6-3 表格的第 3 行中，输出区域是单元格 E3 和 F3．

（1）单元格 E3 显示的是等比数列第 n 项的值．如图 6-3（a）所示，根据公式 $a_n = a_1q^{n-1}$，在单元格 E3 中输入

$$\text{“}=\text{B3*POWER(C3, D3}-1)\text{”}.$$

（2）单元格 F3 显示的是等比数列前 n 项和的值．如图 6-3（b）所示，根据公式 $S_n = \dfrac{a_1(1-q^n)}{1-q}$，在单元格 F3 中输入

$$\text{“}=\text{B3*(1}-\text{POWER(C3, D3))/(1}-\text{C3)”}.$$

按照同样的思路，根据已知条件的不同情况，编制其他未知量单元格的公式．等比数列常用计算工作表如图 6-4 所示．

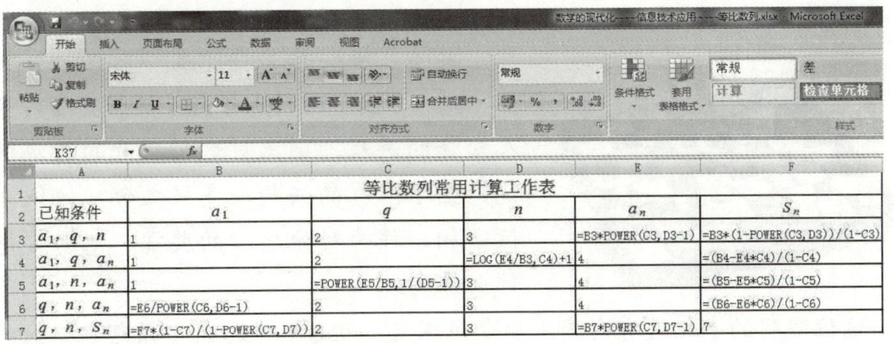

	A	B	C	D	E	F
1	等比数列常用计算工作表					
2	已知条件	a_1	q	n	a_n	S_n
3	a_1，q，n	1	2	3	=B3*POWER(C3,D3-1)	=B3*(1-POWER(C3,D3))/(1-C3)
4	a_1，q，a_n	1	2	=LOG(E4/B3,C4)+1	4	=(B4-E4*C4)/(1-C4)
5	a_1，n，a_n	1	=POWER(E5/B5,1/(D5-1))	3	4	=(B5-E5*C5)/(1-C5)
6	q，n，a_n	=E6/POWER(C6,D6-1)	2	3	4	=(B6-E6*C6)/(1-C6)
7	q，n，S_n	=F7*(1-C7)/(1-POWER(C7,D7))	2	3	=B7*POWER(C7,D7-1)	7

图 6-4

3. 数列计算工作表的应用

在现在的社会经济活动中，分期付款已经成为一种流行的付款方式．这种方式是数列在日常生活中应用的实例，要理解并掌握该数学模型．

下面以 6.2.4 课堂练习中第 1 题为例进行说明．由题意可知，该分期付款购机方案每月的还款金额构成等差数列，可以根据已知条件确定首项 a_1、公差 d 和项数 n，所以，此题为已知 a_1，d，n，求 a_n，S_n 的情况．根据等差数列的通项公式和前 n 项和公式，在相应单元格内输入计算公式，得到分期付款工作表，如图 6-5 所示．

扫一扫

分期付款

	A	B	C	D	E
1	分期付款工作表				
2	已知条件	首付金额(元)	分期金额(元)	分期期数(月)	分期利率
3		2000	3000	10	1%
4	分期付款	第一期还款额		330	元
5		每期还款差额		−3	元
6		本期还款期数		10	期
7		本期还款金额		303	元
8		分期还款总额		3165	元
9		实际付款总额		5165	元

（a）

	A	B	C	D	E
1	分期付款工作表				
2	已知条件	首付金额(元)	分期金额(元)	分期期数(月)	分期利率
3		2000	3000	10	0.01
4	分期付款	第一期还款额		=C3/D3+C3*E3	元
5		每期还款差额		=-C3*E3/D3	元
6		本期还款期数		10	期
7		本期还款金额		=(C3/D3+C3*E3)+(D6-1)*(-C3*E3/D3)	元
8		分期还款总额		=D3*D4+0.5*D3*(D3-1)*D5	元
9		实际付款总额		=B3+D8	元

（b）

图 6-5

做一做

请根据图 6-5 中的工作表计算 6.2.4 课堂练习第 1 题“跃跃欲试”中购机方案的分期付款数据.

趣味阅读

国王的重赏

国际象棋起源于古印度．据说，宰相西萨•班•达依尔向国王推荐了这种在当时尚无人知晓的游戏．国王对这种新奇的游戏很快就产生了浓厚的兴趣，高兴之余，他便问那位宰相，作为对他忠心的奖赏，他需要得到什么赏赐．

这位聪明的宰相没有向国王要金银珠宝，而是开口说道：“请您在棋盘的第一个格子上放 1 粒麦子，第二个格子上放 2 粒，第三个格子上放 4 粒，第四个格子上放 8 粒，即后面每一个格子中放的麦粒都必须是前一个格子麦粒数目的两倍，直到第 64 个格子放完为止，这样我就十分满足了．”“好吧！”国王哈哈大笑，慷慨地答应了宰相这个“谦卑”的请求．

这位聪明的宰相到底要了多少麦粒呢？根据等比数列的前 n 项和公式可以计算出：$1+2+2^2+2^3+2^4+\cdots+2^{63}=2^{64}-1$，具体的数字结果为 18 446 744 073 709 551 615 粒．按照 1 000 粒麦子约 40 g 计算，这些麦子的总质量约为 7.38×10^{17} g，即 7 380 亿吨．这位宰相向国王要的竟是当时全世界两千年所产小麦的总和！

如果造一个宽 4 m、高 4 m 的粮仓来储存这些粮食，那么这个粮仓就要长三亿多千米，可以绕地球赤道 7 500 多圈，或在日地之间打个来回.

国王哪有这么多麦子呢？他的一句慷慨之言，成了他欠宰相西萨・班・达依尔的一笔永远也无法还清的债.

正当国王一筹莫展之际，王太子的数学教师知道了这件事，他笑着对国王说："陛下，这个问题很简单啊，就像1+1=2一样容易，您怎么会被它难倒？"国王大怒："难道你要我把全世界两千年产的小麦都给他？"

年轻的教师说："没有必要啊，陛下．其实，您只要让宰相大人到粮仓去，自己数出那些麦子就可以了．假如他一秒钟数一粒，数完 18 446 744 073 709 551 615 粒麦子所需要的时间，大约是 5 849 亿年．就算宰相大人日夜不停地数，数到他自己魂归极乐，也只是数出了这些麦粒中极小的一部分．这样的话，就不是陛下无法支付赏赐，而是宰相大人自己没有能力取走赏赐了．"国王恍然大悟，当下就招来宰相，将教师的方法告诉了他.

西萨・班・达依尔沉思片刻后笑道："陛下啊，您的智慧超过了我，那些赏赐我也只好不要了！"当然，最后宰相还是获得了很多赏赐，但并没有麦子.

第 7 章

平面向量

如果你知道去哪里，
全世界都会为你让路！

引言

平面向量是一种既有大小，又有方向的量. 它是重要的数学工具，是沟通几何、代数等内容的桥梁，在数学、物理等学科以及社会生产生活中有着广泛的应用. 例如，射箭运动员在把箭射出的一瞬间，不仅要考虑重力对箭飞行的影响，还要考虑风力对箭飞行的干扰；摆渡船在向对岸航行时，需要调整船的航向，才能够以最短的路程到达对岸的码头. 这些都用到了平面向量的知识.

要求

1. 了解平面向量的概念；
2. 掌握平面向量的线性运算；
3. 掌握平面向量的坐标表示；
4. 掌握平面向量的内积.

7.1 平面向量的概念

生活中的数学

你一定有过在大风中骑车的经历，顺风时，有如神助，逆风时，气喘吁吁，由于风力的助推或阻碍，骑车时的感受就大不相同；两个人共提一个旅行包，两人手臂间的夹角越大越费力；在单杠上做引体向上运动，两臂的夹角越小越省力．这些现象都可以从向量的角度进行解释．

知识精讲

在数学和物理中，有两种量，即数量（标量）和向量（矢量）．数量是指只有大小、没有方向的量，如长度、质量、温度、面积等；向量是指既有大小、又有方向的量，如速度、位移、力等．

如图 7-1 所示，规定了起点和终点的线段称为有向线段，记作 $\overrightarrow{AB}$，其箭头由 A 指向 B，A 称为起点，B 称为终点．

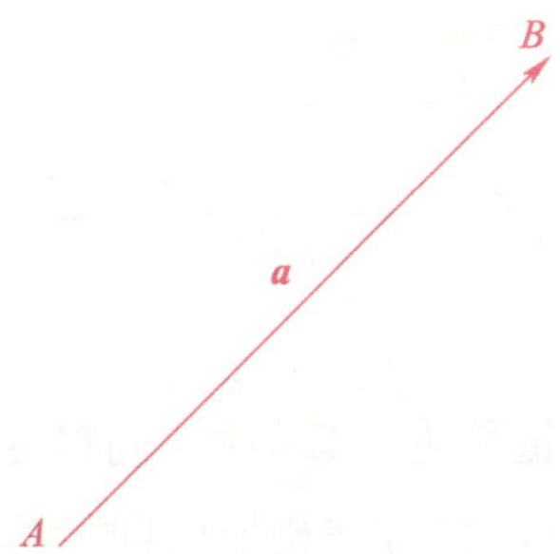

图 7-1

我们常用有向线段来表示向量，线段的长度表示向量的大小，线段的方向表示向量的方向．因此，向量可以用 $\overrightarrow{AB}$，$\overrightarrow{AC}$，…表示，也可以用小写黑体字母 $\boldsymbol{a}$，$\boldsymbol{b}$，$\boldsymbol{c}$，…表示，手写时应在字母上面加箭头，如 $\vec{a}$，$\vec{b}$，$\vec{c}$，….

向量的大小称为向量的模，记作 $|\overrightarrow{AB}|$，$|\boldsymbol{a}|$，$|\vec{a}|$．

规定：模为 0 的向量称为零向量，记作 $\mathbf{0}$，零向量的方向是任意的．

模为 1 的向量称为单位向量．

学以致用

例 1　一辆汽车从 A 处向正北方向行驶 100 m，另一辆汽车从 A 处向正东方向行驶 100 m，请问两辆汽车的位移相同吗？分别用有向线段表示两辆汽车的位移．

解　位移是向量，它包括大小和方向两个要素．本题中，虽然这两个向量的模相等，但它们的方向不同，所以，两辆汽车的位移不相同．如图 7-2 所示为用有向线段表示两辆汽车的位移．

扫一扫

平面向量的概念

注意

本章只在平面中研究向量．因此，所研究的向量都是平面向量．

注意

有向线段的起点一定要写在终点前面．

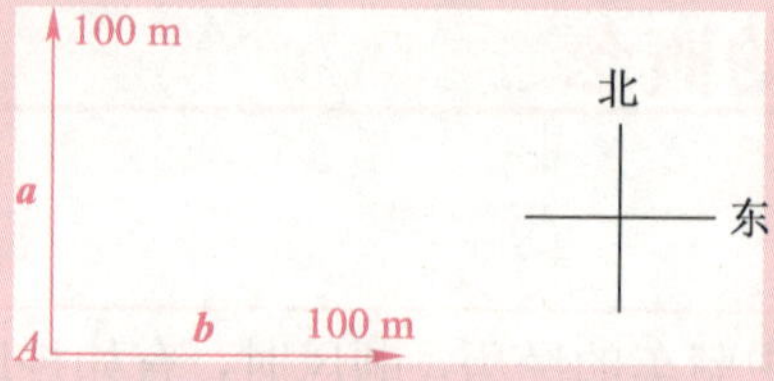

图 7-2

知识精讲

方向相同或相反的两个非零向量称为**平行向量**．向量 $\boldsymbol{a}$ 与向量 $\boldsymbol{b}$ 平行，记作 $\boldsymbol{a}\,/\!/\,\boldsymbol{b}$．

规定：零向量与任何一个向量平行．

如图 7-3 所示，向量 $\boldsymbol{a}$，$\boldsymbol{b}$，$\boldsymbol{c}$ 平行，任意作一条与向量 $\boldsymbol{a}$ 所在直线平行的直线 l，在 l 上任取一点 O，则可在 l 上分别作出 $\overrightarrow{OA}=\boldsymbol{a}$，$\overrightarrow{OB}=\boldsymbol{b}$，$\overrightarrow{OC}=\boldsymbol{c}$．也就是说，任意一组平行向量都可以平移到同一直线上．因此，平行向量又称为**共线向量**．

头脑风暴

若 $\overrightarrow{AB}$ 与 $\overrightarrow{CD}$ 是共线向量，则 A, B, C, D 四点一定共线吗？

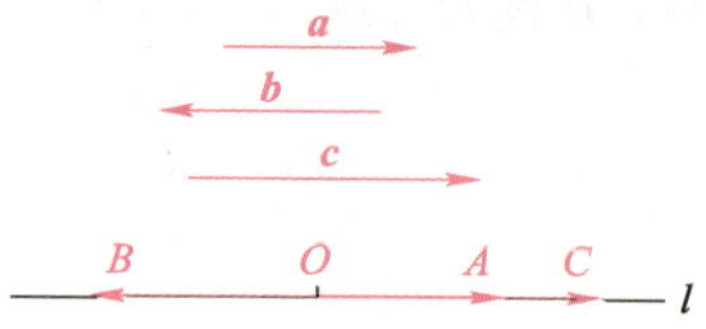

图 7-3

模相等且方向相同的向量称为**相等向量**．向量 $\boldsymbol{a}$ 与向量 $\boldsymbol{b}$ 相等，记作 $\boldsymbol{a}=\boldsymbol{b}$．

与非零向量 $\boldsymbol{a}$ 的模相等，且方向相反的向量称为向量 $\boldsymbol{a}$ 的**负向量**，记作 $-\boldsymbol{a}$．显然，$\overrightarrow{AB}=-\overrightarrow{BA}$，$-(-\boldsymbol{a})=\boldsymbol{a}$．

规定：零向量的负向量仍为零向量．

头脑风暴

用有向线段表示两个相等向量时，如果它们的起点相同，那么终点是否相同呢？

学以致用

例 2 在图 7-4 所示的向量中，找出符合下列条件的向量．

（1）平行向量；　（2）模相等的向量；

（3）相等向量；　（4）互为负向量的向量．

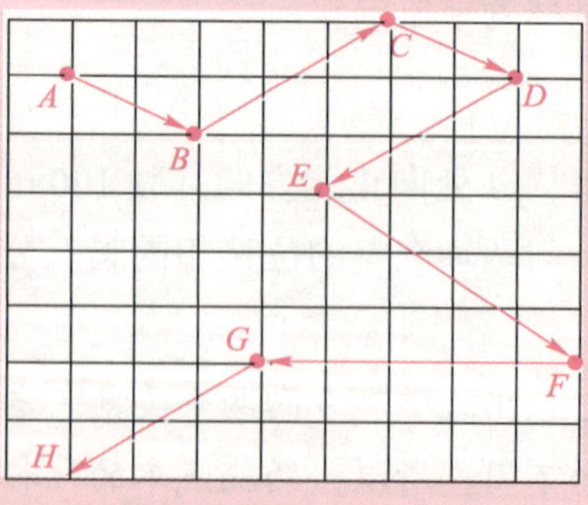

图 7-4

跃跃欲试

图 7-4 中，哪些向量是共线向量？

解　(1) 平行向量为 $\overrightarrow{AB}\parallel\overrightarrow{CD}$，$\overrightarrow{BC}\parallel\overrightarrow{DE}\parallel\overrightarrow{GH}$；

(2) 模相等的向量为 $|\overrightarrow{AB}|=|\overrightarrow{CD}|$，$|\overrightarrow{BC}|=|\overrightarrow{DE}|=|\overrightarrow{GH}|$，$|\overrightarrow{EF}|=|\overrightarrow{FG}|$；

(3) 相等向量为 $\overrightarrow{AB}=\overrightarrow{CD}$，$\overrightarrow{DE}=\overrightarrow{GH}$；

(4) 互为负向量的向量为 $\overrightarrow{BC}=-\overrightarrow{DE}$，$\overrightarrow{BC}=-\overrightarrow{GH}$.

鉴错小能手

判断下列说法的正误.

(1) 零向量是没有方向的向量.　(　　)

(2) 零向量只能与零向量相等.　(　　)

(3) 用有向线段表示两个共线的向量，若两向量的起点相同，那么它们的终点一定不相同.　(　　)

小试牛刀 7.1

A 组

1. 分别用有向线段表示方向为东偏北 45°、大小为 5 N 的力，以及方向为正西、大小为 10 N 的力.

2. 张华同学由 A 点出发，先向北走了 200 m，再向东走了 100 m，又向南走了 200 m，最后向西走了 150 m，他的位移是多少？

3. 如图 7-5 所示，在平行四边形 $ABCD$ 中，写出向量 $\overrightarrow{AB}$ 的平行向量及负向量.

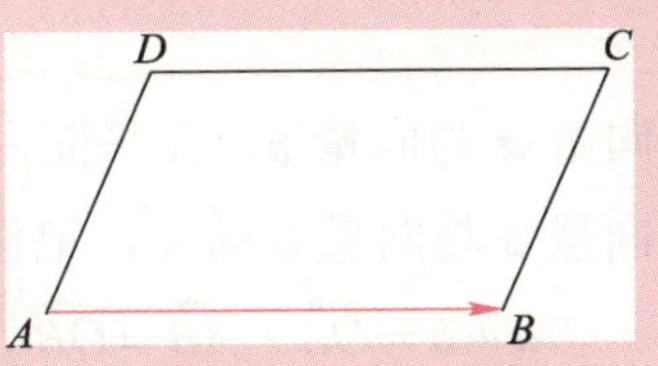

图 7-5

B 组

如图 7-6 所示，D，E，F 分别为 $\triangle ABC$ 三边的中点，分别写出图中与向量 $\overrightarrow{DE}$，$\overrightarrow{EF}$，$\overrightarrow{FD}$ 相等的向量.

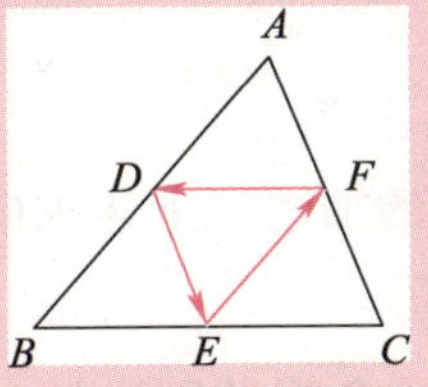

图 7-6

7.2 平面向量的线性运算

7.2.1 平面向量的加法

生活中的数学

如图 7-7 所示，李明同学放学后从学校（A 点）出发，先向正北走了 1 km 到达快递站（B 点），取到包裹后，又向西走了 1 km，回到家中（C 点）. 李明同学实际的位移 $\overrightarrow{AC}$ 可以看作是位移 $\overrightarrow{AB}$ 与位移 $\overrightarrow{BC}$ 之和.

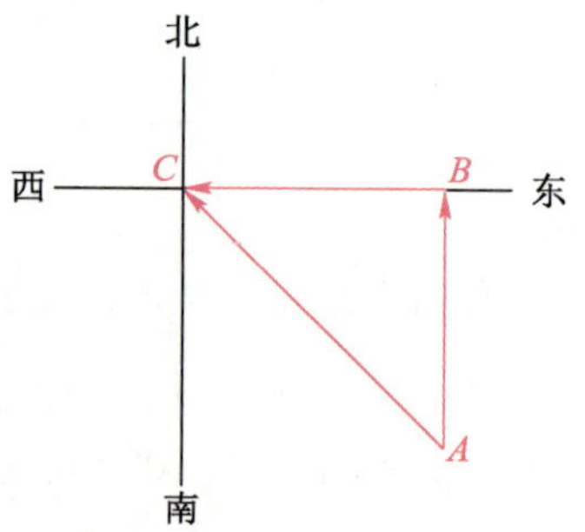

图 7-7

知识精讲

如图 7-8 所示，已知向量 $\boldsymbol{a}$ 与向量 $\boldsymbol{b}$. 在平面内任取一点 O，作 $\overrightarrow{OA}=\boldsymbol{a}$，$\overrightarrow{AB}=\boldsymbol{b}$，则向量 $\overrightarrow{OB}$ 称为向量 $\boldsymbol{a}$ 与向量 $\boldsymbol{b}$ 的和，记作 $\boldsymbol{a}+\boldsymbol{b}$，即

$$\boldsymbol{a}+\boldsymbol{b}=\overrightarrow{OA}+\overrightarrow{AB}=\overrightarrow{OB}. \tag{7-1}$$

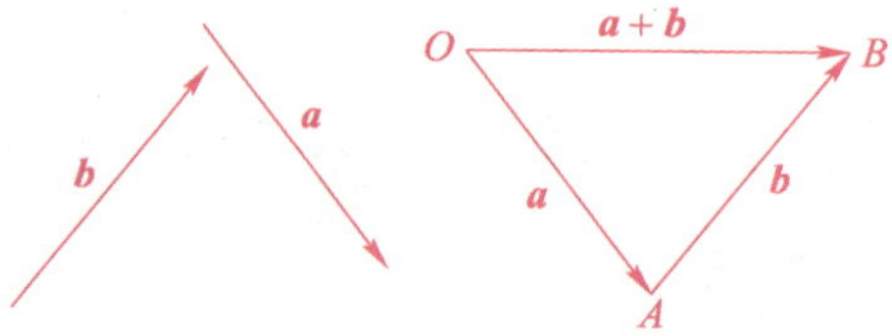

图 7-8

> **提示**
> 在该平面向量的加法运算中，因点 O 的位置是任意的，所以，如果把向量的起点均取作点 O，则可使作图简化.

求向量和的运算称为向量的加法. 上述求向量和的方法称为向量加法的三角形法则.

> **提示**
> 向量加法的三角形法则口诀：首尾相连，首是首，尾是尾.

由图 7-8 可以看出，根据三角形法则进行向量 $\boldsymbol{a}$ 与向量 $\boldsymbol{b}$ 的加法运算，其和 $\boldsymbol{a}+\boldsymbol{b}$ 仍是一个向量，称为 $\boldsymbol{a}$ 与 $\boldsymbol{b}$ 的和向量. 和向量的起点是向量 $\boldsymbol{a}$ 的起点，终点是向量 $\boldsymbol{b}$ 的终点. 利用这个特点，不作图就可以写出两个向量的和向量. 例如，$\overrightarrow{CD}+\overrightarrow{DE}=\overrightarrow{CE}$，$\overrightarrow{EF}+\overrightarrow{FG}=\overrightarrow{EG}$.

学以致用

例 1　如图 7-9 所示，已知向量 $\boldsymbol{a}$，$\boldsymbol{b}$，分别作出和向量 $\boldsymbol{a}+\boldsymbol{b}$．

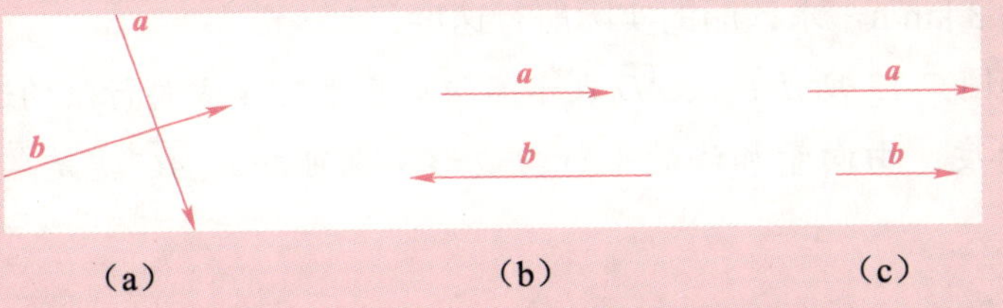

图 7-9

解　在平面内任取一点 O，作 $\overrightarrow{OA}=\boldsymbol{a}$，$\overrightarrow{AB}=\boldsymbol{b}$，则 $\overrightarrow{OB}=\boldsymbol{a}+\boldsymbol{b}$，如图 7-10 所示.

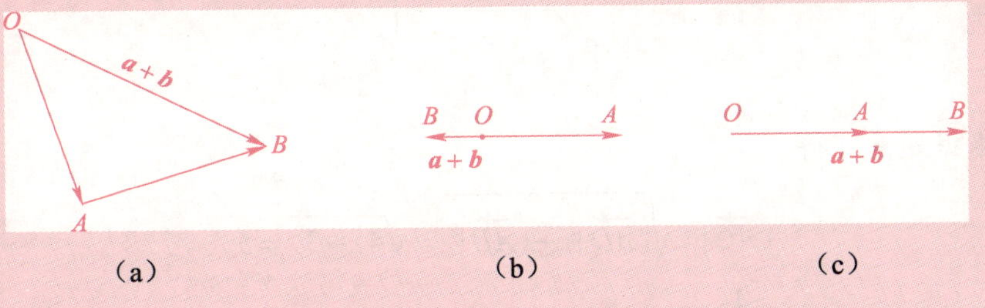

图 7-10

跃跃欲试

$\boldsymbol{a}+\boldsymbol{b}$ 与 $\boldsymbol{b}+\boldsymbol{a}$ 相等吗？请画图进行说明.

知识精讲

如图 7-11 所示，在平行四边形 $ABCD$ 中，由于 $\overrightarrow{AD}=\overrightarrow{BC}$，则根据三角形法则可得

$$\overrightarrow{AB}+\overrightarrow{AD}=\overrightarrow{AB}+\overrightarrow{BC}=\overrightarrow{AC}.$$

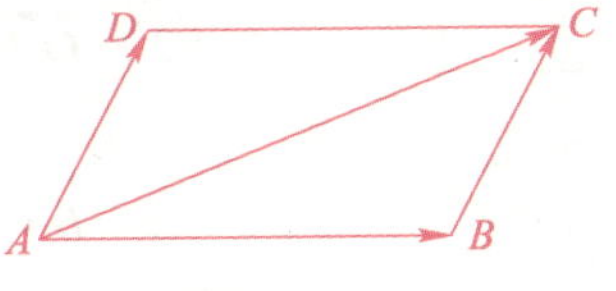

图 7-11

可以看出，在平行四边形 $ABCD$ 中，$\overrightarrow{AC}$ 所表示的向量即为 $\overrightarrow{AB}$ 与 $\overrightarrow{AD}$ 的和．这种求和的方法称为向量加法的平行四边形法则．平行四边形法则不适用于共线向量.

向量的加法具有以下性质.

（1）$\boldsymbol{a}+\boldsymbol{0}=\boldsymbol{0}+\boldsymbol{a}=\boldsymbol{a}$，$\boldsymbol{a}+(-\boldsymbol{a})=\boldsymbol{0}$.

（2）$\boldsymbol{a}+\boldsymbol{b}=\boldsymbol{b}+\boldsymbol{a}$.

（3）$(\boldsymbol{a}+\boldsymbol{b})+\boldsymbol{c}=\boldsymbol{a}+(\boldsymbol{b}+\boldsymbol{c})$.

学如逆水行舟，不进则退；心似平原走马，易放难收。
——《增广贤文》

学以致用

例 2　一艘船以 4 km/h 的速度向垂直于对岸的方向行驶，已知河水的水流速度为 3 km/h，求该船的实际航行速度.

解　如图 7-12 所示，设 $\overrightarrow{AD}$ 表示船向垂直于对岸方向行驶的速度，$\overrightarrow{AB}$ 表示水流的速度. 由向量加法的平行四边形法则可知，$\overrightarrow{AC}$ 就是船的实际航行速度.

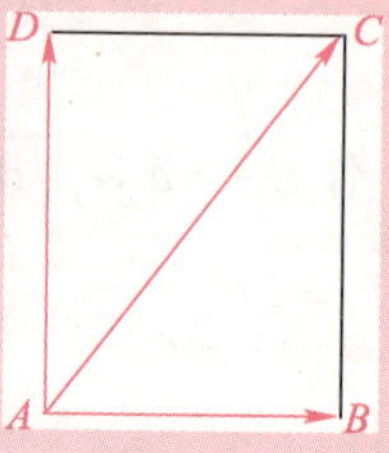

图 7-12

根据题意可得

$$|\overrightarrow{AC}|=\sqrt{|\overrightarrow{AD}|^2+|\overrightarrow{AB}|^2}=\sqrt{4^2+3^2}=5.$$

因为 $\tan\angle CAB=\dfrac{4}{3}$，所以

$$\angle CAB\approx 53°.$$

故船的实际航行速度大小为 5 km/h，方向与水流方向的夹角约为 53°.

课堂练习

1. 化简下列各式.

（1）$\overrightarrow{AB}+\overrightarrow{BC}+\overrightarrow{CD}=$________；　（2）$\overrightarrow{OB}+\overrightarrow{BC}+\overrightarrow{CA}=$________.

2. 根据图 7-13 填空.

（1）$\boldsymbol{a}+\boldsymbol{b}=$________；　（2）$\boldsymbol{b}+\boldsymbol{c}=$________；

（3）$\boldsymbol{a}+\boldsymbol{b}+\boldsymbol{c}=$________.

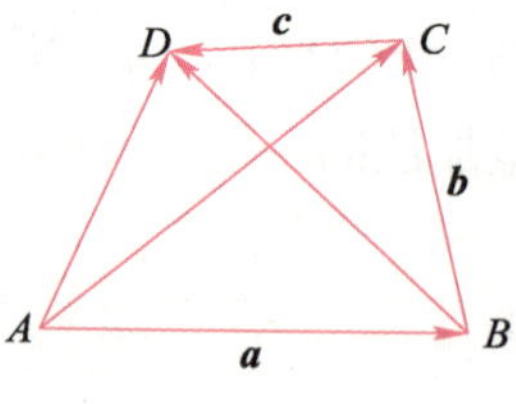

图 7-13

7.2.2　平面向量的减法

生活中的数学

一艘摆渡船在河流中航行，如果水流的速度为 $\boldsymbol{v}_1$，摆渡船需要以 $\boldsymbol{v}_2$ 的实际航行速度到达对岸，那么摆渡船自身应以怎样的速度航行？

知识精讲

在数的运算中，减去一个数可以看作是加上这个数的相反数．同理，在向量的运算中，减去一个向量可以看作是加上这个向量的负向量．所以，向量 $\boldsymbol{a}$ 加上向量 $\boldsymbol{b}$ 的负向量称为向量 $\boldsymbol{a}$ 与向量 $\boldsymbol{b}$ 的差，记作 $\boldsymbol{a}-\boldsymbol{b}$，即

$$\boldsymbol{a}-\boldsymbol{b}=\boldsymbol{a}+(-\boldsymbol{b}).$$

求向量差的运算称为向量的减法．如图 7-14 所示，已知向量 $\boldsymbol{a}$ 与向量 $\boldsymbol{b}$，在平面内任取一点 O，作 $\overrightarrow{OA}=\boldsymbol{a}$，$\overrightarrow{OB}=\boldsymbol{b}$，则向量 $\overrightarrow{BA}$ 即为向量 $\boldsymbol{a}$ 与向量 $\boldsymbol{b}$ 的差，即

$$\boldsymbol{a}-\boldsymbol{b}=\overrightarrow{OA}-\overrightarrow{OB}=\overrightarrow{BA}. \tag{7-2}$$

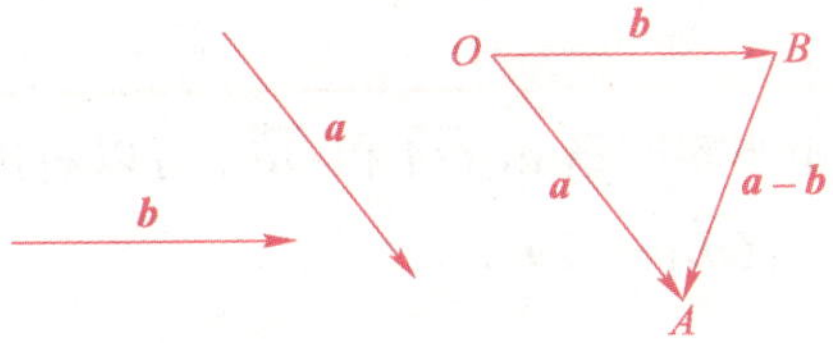

图 7-14

由图 7-14 可以看出，起点相同的向量 $\boldsymbol{a}$ 与向量 $\boldsymbol{b}$，其差 $\boldsymbol{a}-\boldsymbol{b}$ 仍是一个向量，称为 $\boldsymbol{a}$ 与 $\boldsymbol{b}$ 的差向量．差向量的起点是向量 $\boldsymbol{b}$ 的终点，终点是向量 $\boldsymbol{a}$ 的终点．

> **头脑风暴**
>
> 怎样用平行四边形法则求向量 $\boldsymbol{a}$ 与 $\boldsymbol{b}$ 的差？

> **提示**
>
> 向量减法的三角形法则口诀：尾尾相连，谁被减指向谁．

学以致用

例 3　如图 7-15（a）所示，已知向量 $\boldsymbol{a}$，$\boldsymbol{b}$，请作出差向量 $\boldsymbol{a}-\boldsymbol{b}$．

（a）　　（b）

图 7-15

解　如图 7-15（b）所示，在平面内任取一点 O，作 $\overrightarrow{OA}=\boldsymbol{a}$，$\overrightarrow{OB}=\boldsymbol{b}$，则 $\overrightarrow{BA}=\boldsymbol{a}-\boldsymbol{b}$．

课堂练习

1．化简下列各式．

（1）$\overrightarrow{CD}-\overrightarrow{CB}=$__________；　　（2）$\overrightarrow{BC}-\overrightarrow{BA}=$__________；

（3）$\overrightarrow{ON}-\overrightarrow{OM}-\overrightarrow{MN}=$__________.

2. 如图 7-16 所示，在平行四边形 $ABCD$ 中，设 $\overrightarrow{AB}=\boldsymbol{a}$，$\overrightarrow{AD}=\boldsymbol{b}$，试用 $\boldsymbol{a}$，$\boldsymbol{b}$ 表示向量 $\overrightarrow{AC}$，$\overrightarrow{BD}$，$\overrightarrow{DB}$.

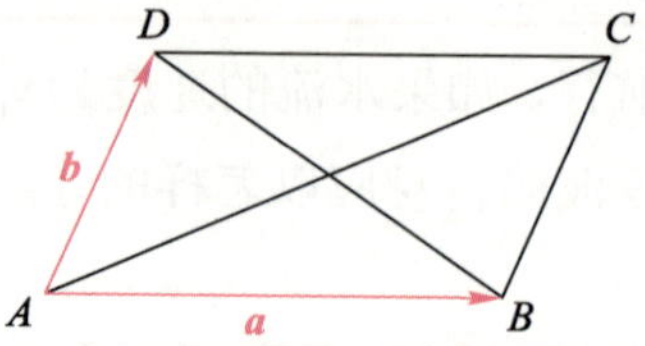

图 7-16

学习，有方向不迷，有目标不盲，有计划不忙，有行动不懈，有思考不惑.

7.2.3　平面向量的数乘运算

生活中的数学

一个小型智能机器人从 O 点出发向右做匀速直线运动，若 1 秒后的位移用向量 $\boldsymbol{a}$ 表示，那么 3 秒后的位移应怎么表示？如果机器人以相同的速度向左运动，那么 3 秒后的位移又应怎么表示？

知识精讲

如图 7-17 所示，已知非零向量 $\boldsymbol{a}$，$\overrightarrow{OA}$ 和 $\overrightarrow{OB}$. 可以看出，向量 $\boldsymbol{a}$ 与向量 $\overrightarrow{OA}$，$\overrightarrow{OB}$ 共线，且 $|\overrightarrow{OA}|=|2\boldsymbol{a}|$，$|\overrightarrow{OB}|=|-2\boldsymbol{a}|$.

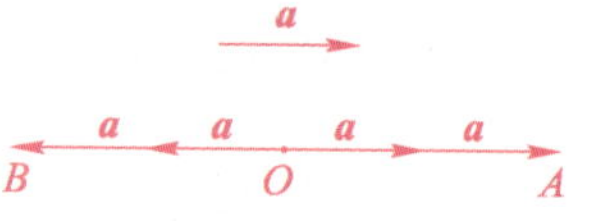

图 7-17

一般地，实数 λ 与向量 $\boldsymbol{a}$ 的积是一个向量，记作 $\lambda\boldsymbol{a}$，它的模为

$$|\lambda\boldsymbol{a}|=|\lambda||\boldsymbol{a}|. \tag{7-3}$$

当 $\lambda>0$ 时，$\lambda\boldsymbol{a}$ 的方向与 $\boldsymbol{a}$ 的方向相同；当 $\lambda<0$ 时，$\lambda\boldsymbol{a}$ 的方向与 $\boldsymbol{a}$ 的方向相反；当 $\lambda=0$ 时，$\lambda\boldsymbol{a}=\boldsymbol{0}$.

由上面定义可以得到，对于非零向量 $\boldsymbol{a}$，$\boldsymbol{b}$，当 $\lambda\neq 0$ 时，有

$$\boldsymbol{a}\parallel\boldsymbol{b}\Leftrightarrow\boldsymbol{a}=\lambda\boldsymbol{b}. \tag{7-4}$$

数与向量相乘的运算称为**向量的数乘运算**.

注意

平面向量的加减法及数乘运算在形式上与实数的有关运算规律相似. 因此，实数运算中的去括号、移项、合并同类项等变形，可直接应用于向量的运算中. 但是应当注意，向量运算与实数运算的意义是不同的.

可以验证，对于任意向量 $\boldsymbol{a}$，$\boldsymbol{b}$ 及任意实数 λ，μ，向量的数乘运算满足如下法则.

（1）$1\boldsymbol{a}=\boldsymbol{a}$，$(-1)\boldsymbol{a}=-\boldsymbol{a}$.

（2）$(\lambda\mu)\boldsymbol{a}=\lambda(\mu\boldsymbol{a})=\mu(\lambda\boldsymbol{a})$.

（3）$(\lambda+\mu)\boldsymbol{a}=\lambda\boldsymbol{a}+\mu\boldsymbol{a}$.

（4）$\lambda(\boldsymbol{a}+\boldsymbol{b})=\lambda\boldsymbol{a}+\lambda\boldsymbol{b}$.

学以致用

例 4　如图 7-18 所示，已知平行四边形 $ABCD$ 的两条对角线交于点 O，若 $\overrightarrow{AB}=\boldsymbol{a}$，$\overrightarrow{AD}=\boldsymbol{b}$，试用 $\boldsymbol{a}$ 和 $\boldsymbol{b}$ 表示向量 $\overrightarrow{OA}$，$\overrightarrow{OB}$，$\overrightarrow{OC}$，$\overrightarrow{OD}$.

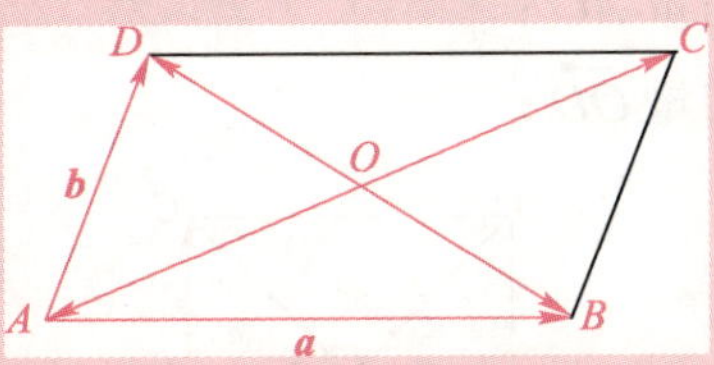

图 7-18

解　因为 $\overrightarrow{AC}=\overrightarrow{AB}+\overrightarrow{AD}=\boldsymbol{a}+\boldsymbol{b}$，所以

$$\overrightarrow{OA}=-\frac{1}{2}\overrightarrow{AC}=-\frac{1}{2}(\boldsymbol{a}+\boldsymbol{b}),$$

$$\overrightarrow{OC}=\frac{1}{2}\overrightarrow{AC}=\frac{1}{2}(\boldsymbol{a}+\boldsymbol{b}).$$

因为 $\overrightarrow{BD}=\overrightarrow{AD}-\overrightarrow{AB}=\boldsymbol{b}-\boldsymbol{a}$，所以

$$\overrightarrow{OB}=-\frac{1}{2}\overrightarrow{BD}=-\frac{1}{2}(\boldsymbol{b}-\boldsymbol{a})=\frac{1}{2}(\boldsymbol{a}-\boldsymbol{b}),$$

$$\overrightarrow{OD}=\frac{1}{2}\overrightarrow{BD}=\frac{1}{2}(\boldsymbol{b}-\boldsymbol{a}).$$

知识精讲

我们将 $\lambda\boldsymbol{a}+\mu\boldsymbol{b}$ 称为向量 $\boldsymbol{a}$，$\boldsymbol{b}$ 的一个线性组合（λ，μ 均为系数）．如果 $\boldsymbol{l}=\lambda\boldsymbol{a}+\mu\boldsymbol{b}$，则称向量 $\boldsymbol{l}$ 可以用向量 $\boldsymbol{a}$，$\boldsymbol{b}$ 线性表示．

例4中，$-\frac{1}{2}(\boldsymbol{a}+\boldsymbol{b})$，$\frac{1}{2}(\boldsymbol{a}+\boldsymbol{b})$ 等都称为向量 $\boldsymbol{a}$，$\boldsymbol{b}$ 线性组合，或者说，$\overrightarrow{OA}$，$\overrightarrow{OC}$，等可以用向量 $\boldsymbol{a}$，$\boldsymbol{b}$ 线性表示．

向量的加法、减法、数乘运算都称为向量的线性运算．

> **头脑风暴**
>
> 对于非零向量 $\boldsymbol{a}$，$\boldsymbol{b}$，试说明 $|\boldsymbol{a}+\boldsymbol{b}|$ 和 $|\boldsymbol{a}|+|\boldsymbol{b}|$ 的意义，它们一定相等吗？为什么？

学以致用

例 5　计算下列各式．

（1）$(-4)\times 4\boldsymbol{a}$；

（2）$2(\boldsymbol{a}+\boldsymbol{b})-3(\boldsymbol{a}-\boldsymbol{b})+4\boldsymbol{a}$；

（3）$2(2\boldsymbol{a}+\boldsymbol{b}-\boldsymbol{c})-(4\boldsymbol{a}-\boldsymbol{b}-\boldsymbol{c})$.

解　（1）$(-4)\times 4\boldsymbol{a}=-16\boldsymbol{a}$；

（2）$2(\boldsymbol{a}+\boldsymbol{b})-3(\boldsymbol{a}-\boldsymbol{b})+4\boldsymbol{a}=2\boldsymbol{a}+2\boldsymbol{b}-3\boldsymbol{a}+3\boldsymbol{b}+4\boldsymbol{a}=3\boldsymbol{a}+5\boldsymbol{b}$；

（3）$2(2\boldsymbol{a}+\boldsymbol{b}-\boldsymbol{c})-(4\boldsymbol{a}-\boldsymbol{b}-\boldsymbol{c})=4\boldsymbol{a}+2\boldsymbol{b}-2\boldsymbol{c}-4\boldsymbol{a}+\boldsymbol{b}+\boldsymbol{c}=3\boldsymbol{b}-\boldsymbol{c}$.

课堂练习

1．计算下列各式．

（1）$4(\boldsymbol{a}-\boldsymbol{b})-3(\boldsymbol{a}+2\boldsymbol{b})$；（2）$4(3\boldsymbol{a}-\boldsymbol{b})-3(\boldsymbol{a}-2\boldsymbol{b})-5\boldsymbol{a}$．

2．如图 7-19 所示，在正方形 $ABCD$ 中，设 $\overrightarrow{AB}=\boldsymbol{a}$，$\overrightarrow{BC}=\boldsymbol{b}$．

（1）用 $\boldsymbol{a}$，$\boldsymbol{b}$ 表示向量 $\overrightarrow{AO}$；

（2）用 $\boldsymbol{a}$，$\boldsymbol{b}$ 表示向量 $\overrightarrow{OD}$．

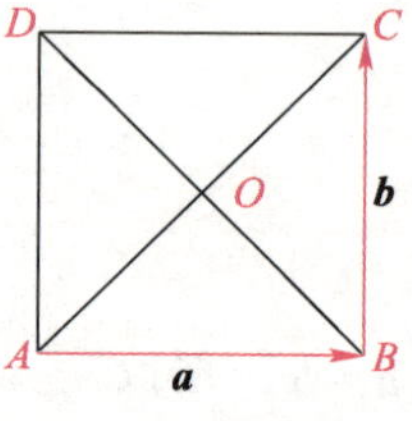

图 7-19

小试牛刀 7.2

A 组

1．如图 7-20 所示，已知向量 $\boldsymbol{a}$，$\boldsymbol{b}$，作向量 $\boldsymbol{a}+\boldsymbol{b}$，$\boldsymbol{a}-\boldsymbol{b}$．

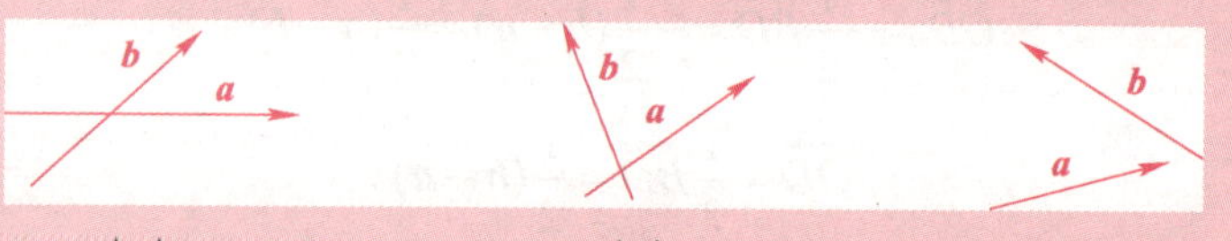

（a）　　（b）　　（c）

图 7-20

2．根据图 7-21 填空．

（1）$\boldsymbol{a}+\boldsymbol{b}=$__________．

（2）$\boldsymbol{a}+\boldsymbol{b}+\boldsymbol{c}=$__________．

（3）$\boldsymbol{a}+\boldsymbol{b}+\boldsymbol{c}+\boldsymbol{d}=$__________．

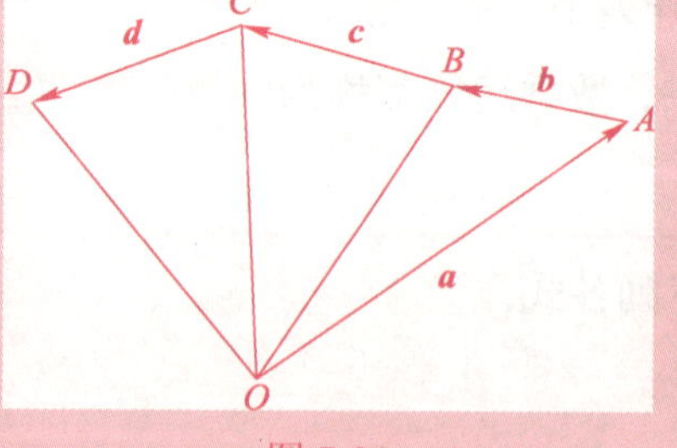

图 7-21

3．化简下列各式．

（1）$\overrightarrow{AC}-\overrightarrow{AD}+\overrightarrow{EF}+\overrightarrow{CE}$；（2）$\overrightarrow{AB}+\overrightarrow{CD}+\overrightarrow{BC}+\overrightarrow{DE}$；

（3）$\overrightarrow{AB}-\overrightarrow{AC}+\overrightarrow{BD}-\overrightarrow{CD}$；（4）$\overrightarrow{AB}+\overrightarrow{MB}+\overrightarrow{BO}+\overrightarrow{OM}$．

4．计算下列各式．

（1）$3(2\boldsymbol{a}-3\boldsymbol{b}+\boldsymbol{c})-5(\boldsymbol{a}-2\boldsymbol{b}-\boldsymbol{c})$；

（2）$\frac{1}{3}(\boldsymbol{a}+2\boldsymbol{b})+\frac{1}{2}(2\boldsymbol{a}-3\boldsymbol{b})-\frac{1}{4}(\boldsymbol{a}+\boldsymbol{b})$；

（3）$\frac{1}{3}\left[(2\boldsymbol{a}+3\boldsymbol{b})+5\boldsymbol{a}-\frac{1}{2}(4\boldsymbol{a}-6\boldsymbol{b})\right]$．

5．已知一点 E 到平行四边形 $ABCD$ 三个顶点 A，B，C 的向量分别为 $\boldsymbol{a}$，$\boldsymbol{b}$，$\boldsymbol{c}$，求向量 $\overrightarrow{ED}$．

B 组

在 $\triangle ABC$ 中，D，E，F 分别是 BC，CA，AB 边上的中点，且 $\overrightarrow{AB}=\boldsymbol{a}$，$\overrightarrow{AC}=\boldsymbol{b}$，试把向量 $\overrightarrow{FD}$，$\overrightarrow{ED}$，$\overrightarrow{EF}$ 用 $\boldsymbol{a}$，$\boldsymbol{b}$ 线性表示．

7.3 平面向量的坐标表示

7.3.1 平面向量的坐标

生活中的数学

学校健美操队的四名队员在一个矩形区域内进行健美操表演．若已知某一时刻的队形为平行四边形，以及其中三名队员的位置，能够确定另外一名队员的位置吗？

这个问题可以采用向量的方法求解．但是，前面我们讲的向量都是用有向线段表示的，即几何方法，不方便运算．如果向量可以用坐标的形式表示，即代数方法，那么向量的运算就可以通过坐标的运算来完成了．所以，建立坐标系后，当已知队形和三名队员的位置坐标时，可以直接求出另外一名队员的位置．

知识精讲

在平面直角坐标系中，平面上的每一点都可用一对实数（即它的坐标）来表示．同样，在平面直角坐标系中，每一个平面向量也都可以用一对实数来表示．

如图 7-22 所示，在平面直角坐标系中，x 轴的单位向量为 $\boldsymbol{i}$，y 轴的单位向量为 $\boldsymbol{j}$．$\overrightarrow{OA}$ 为从原点出发的向量，点 A 的坐标为 $(4,3)$，则

$$\overrightarrow{OB}=4\boldsymbol{i}，\overrightarrow{OC}=3\boldsymbol{j}.$$

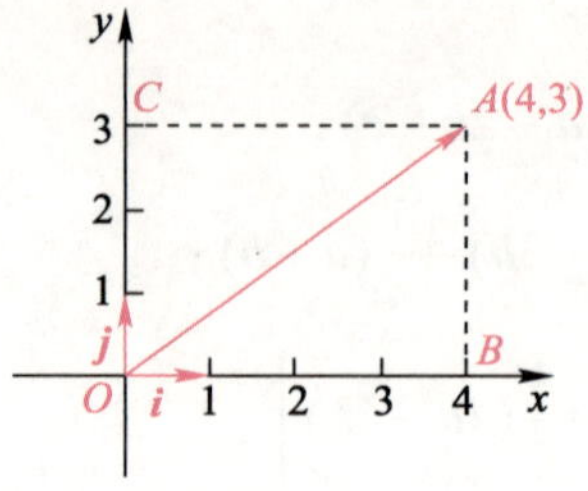

图 7-22

根据平行四边形法则可知

$$\overrightarrow{OA}=\overrightarrow{OB}+\overrightarrow{OC}=4\boldsymbol{i}+3\boldsymbol{j},$$

故向量 $\overrightarrow{OA}$ 可以用实数对 $(4,3)$ 来表示，记作 $\overrightarrow{OA}=(4,3)$.

提示

可以看出，从原点出发的向量，其坐标在数值上与向量终点的坐标相同.

根据上面的例子，我们来推导平面直角坐标系中向量的坐标.

设 $\boldsymbol{i}$，$\boldsymbol{j}$ 分别为 x 轴、y 轴上的单位向量. 如图 7-23（a）所示，设点 $P(x,y)$，则

$$\overrightarrow{OP}=x\boldsymbol{i}+y\boldsymbol{j}.$$

如图 7-23（b）所示，设点 $A(x_1,y_1)$，$B(x_2,y_2)$，则

$$\begin{aligned}\overrightarrow{AB}=\overrightarrow{OB}-\overrightarrow{OA}&=(x_2\boldsymbol{i}+y_2\boldsymbol{j})-(x_1\boldsymbol{i}+y_1\boldsymbol{j})\\&=(x_2-x_1)\boldsymbol{i}+(y_2-y_1)\boldsymbol{j}.\end{aligned}$$

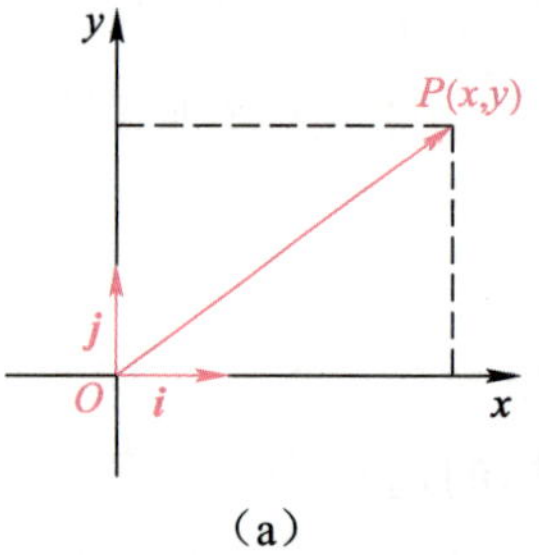

（a）

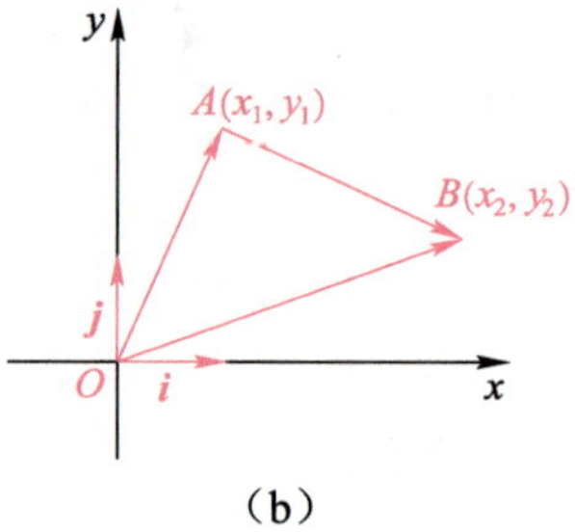

（b）

图 7-23

可以看出，对任意一个平面向量 $\boldsymbol{a}$，都存在一对实数 (x,y)，使得

$$\boldsymbol{a}=x\boldsymbol{i}+y\boldsymbol{j}.$$

实数对 (x,y) 称为向量 $\boldsymbol{a}$ 的直角坐标，简称为向量的坐标，记作

$$\boldsymbol{a}=(x,y).$$

跃跃欲试

已知向量 $\boldsymbol{a}=5\boldsymbol{i}+\boldsymbol{j}$，写出向量 $\boldsymbol{a}$ 的坐标.

如图 7-23（a）所示，起点为原点、终点为 $P(x,y)$ 的向量的坐标为

$$\overrightarrow{OP}=(x,y).$$

如图 7-23（b）所示，起点为 $A(x_1,y_1)$、终点为 $B(x_2,y_2)$ 的向量的坐标为

$$\overrightarrow{AB}=(x_2-x_1,y_2-y_1).\qquad(7\text{-}5)$$

学以致用

例 1　如图 7-24 所示，$\boldsymbol{i}$，$\boldsymbol{j}$ 分别为 x 轴、y 轴上的单位向量. 试用 $\boldsymbol{i}$，$\boldsymbol{j}$ 来表示向量 $\overrightarrow{OM}$，$\overrightarrow{ON}$，$\overrightarrow{MN}$，并写出它们的坐标.

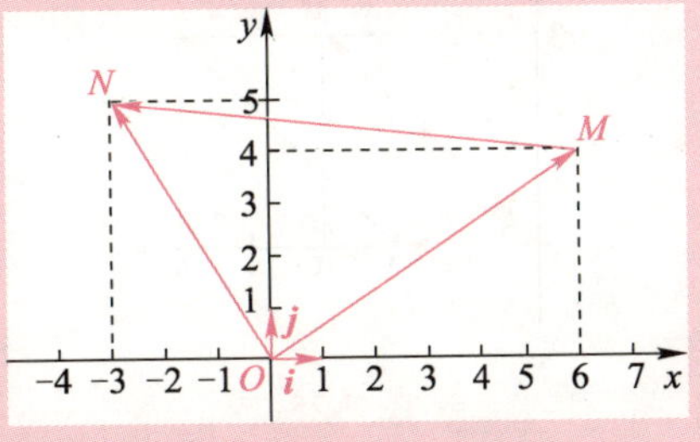

图 7-24

解　根据题意可知

$$\overrightarrow{OM}=6\boldsymbol{i}+4\boldsymbol{j},\ \overrightarrow{ON}=-3\boldsymbol{i}+5\boldsymbol{j},$$

它们的坐标分别为

$$\overrightarrow{OM}=(6,4),\ \overrightarrow{ON}=(-3,5).$$

因为

$$\overrightarrow{MN}=\overrightarrow{ON}-\overrightarrow{OM}=(-3\boldsymbol{i}+5\boldsymbol{j})-(6\boldsymbol{i}+4\boldsymbol{j})=-9\boldsymbol{i}+\boldsymbol{j}.$$

所以它的坐标为

$$\overrightarrow{MN}=(-9,1).$$

例 2　已知点 $A(-1,6)$，$B(2,-3)$，求 $\overrightarrow{AB}$，$\overrightarrow{BA}$ 的坐标.

解　根据题意可知

$$\overrightarrow{AB}=\overrightarrow{OB}-\overrightarrow{OA}=(2,-3)-(-1,6)=(3,-9),$$
$$\overrightarrow{BA}=\overrightarrow{OA}-\overrightarrow{OB}=(-1,6)-(2,-3)=(-3,9).$$

鉴错小能手

判断下列说法的正误.

（1）已知点 P 的坐标为 $(-5,3)$，则向量 $\overrightarrow{OP}=(5,-3)$.　（　　）

（2）已知向量 $\overrightarrow{OP}=3\boldsymbol{i}-\boldsymbol{j}$，则向量 $\overrightarrow{OP}=(3,-1)$.　（　　）

（3）已知点 $P(2,5)$，$Q(-4,0)$，则 $\overrightarrow{PQ}=(6,5)$，$\overrightarrow{QP}=(-6,-5)$.　（　　）

7.3.2　向量线性运算的坐标表示

生活中的数学

在日常生活中存在很多平行四边形，如菱形挂衣架、伸缩铁门等. 如果细心观察，我们可以从中学到很多数学规律.

如图 7-25 所示，观察平面直角坐标系中的平行四边形 $ONPM$，向量

$\overrightarrow{ON}=(2,0)$，$\overrightarrow{OM}=(3,3)$，$\overrightarrow{OP}=\overrightarrow{OM}+\overrightarrow{ON}=(5,3)$．可以看出，两个向量和的坐标恰好是这两个向量对应坐标的和．

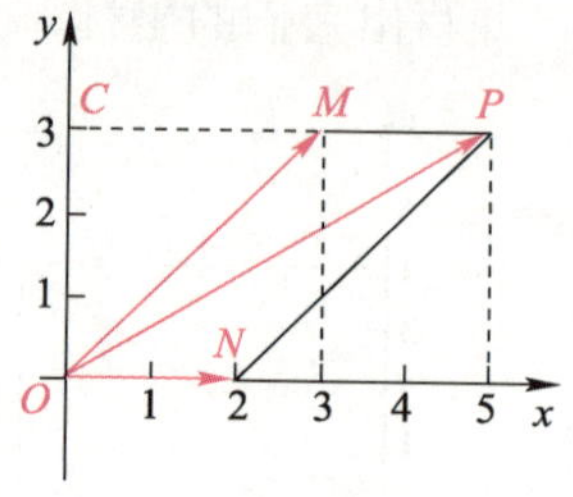

图 7-25

知识精讲

在平面直角坐标系中，设 $\boldsymbol{a}=(x_1,y_1)$，$\boldsymbol{b}=(x_2,y_2)$，则

$$\begin{aligned}\boldsymbol{a}+\boldsymbol{b}&=(x_1\boldsymbol{i}+y_1\boldsymbol{j})+(x_2\boldsymbol{i}+y_2\boldsymbol{j})\\&=(x_1+x_2)\boldsymbol{i}+(y_1+y_2)\boldsymbol{j}.\end{aligned}$$

所以

$$\boldsymbol{a}+\boldsymbol{b}=(x_1+x_2,y_1+y_2).\qquad(7\text{-}6)$$

类似可得

$$\boldsymbol{a}-\boldsymbol{b}=(x_1-x_2,y_1-y_2),\qquad(7\text{-}7)$$

$$\lambda\boldsymbol{a}=(\lambda x_1,\lambda y_1).\qquad(7\text{-}8)$$

学以致用

例 3 设 $\boldsymbol{a}=(1,2)$，$\boldsymbol{b}=(-5,3)$，求 $\boldsymbol{a}+\boldsymbol{b}$，$\boldsymbol{a}-\boldsymbol{b}$，$2\boldsymbol{a}-3\boldsymbol{b}$．

解

$$\boldsymbol{a}+\boldsymbol{b}=(1,2)+(-5,3)=(-4,5),$$

$$\boldsymbol{a}-\boldsymbol{b}=(1,2)-(-5,3)=(6,-1),$$

$$2\boldsymbol{a}-3\boldsymbol{b}=2\times(1,2)-3\times(-5,3)=(2,4)-(-15,9)=(17,-5).$$

课堂练习

已知向量 $\boldsymbol{a}$，$\boldsymbol{b}$ 的坐标，求 $\boldsymbol{a}+\boldsymbol{b}$，$\boldsymbol{b}-\boldsymbol{a}$，$2\boldsymbol{b}-5\boldsymbol{a}$．

（1）$\boldsymbol{a}=(4,-1)$，$\boldsymbol{b}=(5,3)$；

（2）$\boldsymbol{a}=(0,2)$，$\boldsymbol{b}=(3,-4)$；

（3）$\boldsymbol{a}=(6,1)$，$\boldsymbol{b}=(-2,0)$．

7.3.3 共线向量的坐标表示

生活中的数学

放学后，李明沿学校门口的道路向东走 1 km 回到家中，张华沿学校门口的道路向西走 1.5 km 回到家中．如果用向量表示他俩每天上下学的路，则这些向量互为共线向量.

前面我们学到，对于非零向量 $\boldsymbol{a}$，$\boldsymbol{b}$，当 $\lambda \neq 0$ 时，有

$$\boldsymbol{a} /\!/ \boldsymbol{b} \Leftrightarrow \boldsymbol{a} = \lambda \boldsymbol{b}.$$

如何借助这个公式，利用向量的坐标来判断两个向量是否共线呢？

知识精讲

设 $\boldsymbol{a}=(x_1, y_1)$，$\boldsymbol{b}=(x_2, y_2)$，若向量 $\boldsymbol{a}$ 与向量 $\boldsymbol{b}$ 平行，则有 $\boldsymbol{a}=\lambda\boldsymbol{b}$，用坐标表示为 $(x_1, y_1)=\lambda(x_2, y_2)$，即

$$x_1=\lambda x_2,\ y_1=\lambda y_2,$$

于是，得出

$$x_1\lambda y_2=\lambda x_2 y_1,$$

消去 λ，得

$$x_1y_2-x_2y_1=0.$$

综上可得，对于非零向量 $\boldsymbol{a}$，$\boldsymbol{b}$，设 $\boldsymbol{a}=(x_1, y_1)$，$\boldsymbol{b}=(x_2, y_2)$，当 $\lambda \neq 0$ 时，有

$$\boldsymbol{a} /\!/ \boldsymbol{b} \Leftrightarrow \boldsymbol{a}=\lambda\boldsymbol{b} \Leftrightarrow x_1y_2-x_2y_1=0. \quad (7\text{-}9)$$

学以致用

例 4　判断下列两组向量是否共线.

（1）$\boldsymbol{a}=(-1, 3)$，$\boldsymbol{b}=(2, -6)$；　　（2）$\boldsymbol{a}=(2, 0)$，$\boldsymbol{b}=(0, 3)$.

解　（1）因为

$$(-1)\times(-6)-2\times3=0,$$

所以 $\boldsymbol{a} /\!/ \boldsymbol{b}$，即向量 $\boldsymbol{a}$ 与向量 $\boldsymbol{b}$ 共线.

（2）因为

$$2\times3-0\times0=6\neq0,$$

所以向量 $\boldsymbol{a}$ 与向量 $\boldsymbol{b}$ 不共线.

鉴错小能手

判断下列说法的正误.

（1）已知 $\boldsymbol{a}=(2, 6)$，$\boldsymbol{b}=(-1, y)$，且 $\boldsymbol{a} /\!/ \boldsymbol{b}$，则 $y=-3$.　（　　）

（2）已知 $\boldsymbol{a}=(3, -4)$，$\boldsymbol{b}=(4, -3)$，则向量 $\boldsymbol{a}$ 与向量 $\boldsymbol{b}$ 共线.　（　　）

（3）已知 $\boldsymbol{a}=(x, -1)$，$\boldsymbol{b}=(-2, 2)$，且 $\boldsymbol{a} /\!/ \boldsymbol{b}$，则 $x=-1$.　（　　）

小试牛刀 7.3

A 组

1. 已知点 A，B 的坐标，求 $\overrightarrow{AB}$，$\overrightarrow{BA}$ 的坐标.

（1）$A(2, 1)$，$B(-4, 3)$；　　（2）$A(3, 2)$，$B(2, 7)$；

吾生也有涯，
而知也无涯.
——庄子

（3）$A(-1,2)$，$B(3,-1)$；（4）$A(7,5)$，$B(4,8)$.

2. 设 $\boldsymbol{a}=(-3,2)$，$\boldsymbol{b}=(-2,5)$，$\boldsymbol{c}=(0,1)$，求下列各式.

（1）$3\boldsymbol{a}-\boldsymbol{b}$；（2）$\boldsymbol{a}+2\boldsymbol{c}$；

（3）$\boldsymbol{a}-\boldsymbol{b}+\boldsymbol{c}$；（4）$\boldsymbol{a}+\boldsymbol{b}-\boldsymbol{c}$；

（5）$2\boldsymbol{a}-\boldsymbol{b}+3\boldsymbol{c}$；（6）$3\boldsymbol{a}+\boldsymbol{b}-5\boldsymbol{c}$.

3. 已知作用在坐标原点的三个力分别为 $\boldsymbol{F}_1=(4,0)$，$\boldsymbol{F}_2=(-3,4)$，$\boldsymbol{F}_3=(2,5)$，求作用在原点的合力 $\boldsymbol{F}=\boldsymbol{F}_1+\boldsymbol{F}_2+\boldsymbol{F}_3$.

4. 判断下列各组向量是否共线.

（1）$\boldsymbol{a}=(1,3)$，$\boldsymbol{b}=\left(\frac{1}{2},\frac{3}{2}\right)$；（2）$\boldsymbol{a}=(1,-2)$，$\boldsymbol{b}=(2,-4)$；

（3）$\boldsymbol{a}=(-3,5)$，$\boldsymbol{b}=(5,3)$；（4）$\boldsymbol{a}=(4,2)$，$\boldsymbol{b}=(6,3)$.

5. 已知 $\boldsymbol{a}=(2,1)$，$\boldsymbol{b}=(x,3)$，且 $\boldsymbol{a}/\!/\boldsymbol{b}$，求 x 的值.

6. 已知 $\overrightarrow{AB}=(0,-1)$，点 A 的坐标为 $(-1,4)$，求点 B 的坐标.

B 组

已知 $\boldsymbol{a}=(1,2)$，$\boldsymbol{b}=(-1,-3)$，$\boldsymbol{c}=(3,0)$，且 $\boldsymbol{c}=x\boldsymbol{a}+y\boldsymbol{b}$，求 x，y.

7.4 平面向量的内积

7.4.1 平面向量的内积

生活中的数学

如图 7-26 所示，水平地面上有一辆小车，某人用力 $\boldsymbol{F}$，朝着与水平线成 θ 角的方向拉动小车，使小车沿水平方向前发生了位移 $\boldsymbol{s}$. 请计算力 $\boldsymbol{F}$ 所做的功，并思考功是向量还是数量？

提示

一个力使物体沿力的方向移动称为“做功”. 功等于作用力和物体在力的方向上位移的乘积.

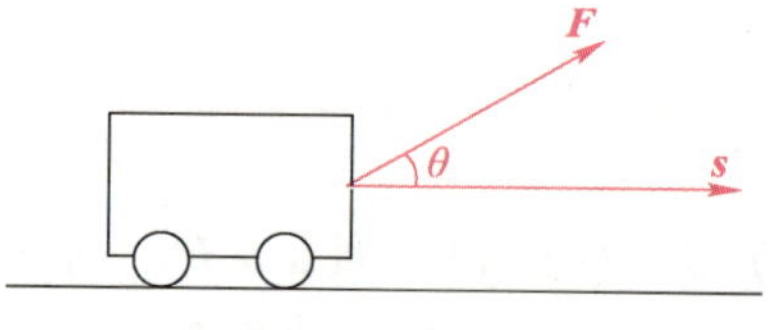

图 7-26

知识精讲

我们知道，如果物体在力 $\boldsymbol{F}$ 的作用下发生了位移 $\boldsymbol{s}$，那么力 $\boldsymbol{F}$ 所做的功为 $W=|\boldsymbol{F}||\boldsymbol{s}|\cos\theta$. 这表明，力 $\boldsymbol{F}$ 所做的功等于力 $\boldsymbol{F}$ 的大小、位移 $\boldsymbol{s}$ 的大小及力 $\boldsymbol{F}$ 与位移 $\boldsymbol{s}$ 夹角的余弦的乘积. 其中，力 $\boldsymbol{F}$ 与位移 $\boldsymbol{s}$ 都是向量，功 W 是数量.

如图 7-27 所示，设有两个非零向量 $\boldsymbol{a}$，$\boldsymbol{b}$，作 $\overrightarrow{OA}=\boldsymbol{a}$，$\overrightarrow{OB}=\boldsymbol{b}$，则 $\angle AOB=\theta$ $(0°\leqslant\theta\leqslant180°)$ 称为向量 $\boldsymbol{a}$，$\boldsymbol{b}$ 的夹角.

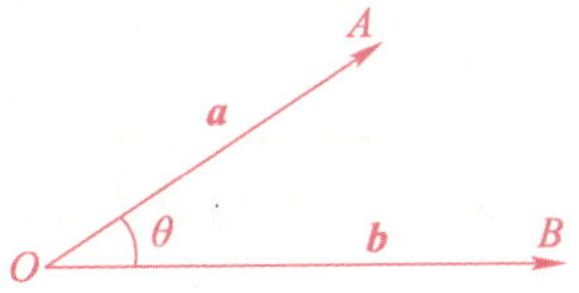

图 7-27

显然，当 $\theta=0°$ 时，$\boldsymbol{a}$ 与 $\boldsymbol{b}$ 同向；当 $\theta=180°$ 时，$\boldsymbol{a}$ 与 $\boldsymbol{b}$ 反向；当 $\theta=90°$ 时，$\boldsymbol{a}$ 与 $\boldsymbol{b}$ 垂直，记作 $\boldsymbol{a}\perp\boldsymbol{b}$.

于是，我们将两个向量 $\boldsymbol{a}$，$\boldsymbol{b}$ 的模及其夹角的余弦之积 $|\boldsymbol{a}||\boldsymbol{b}|\cos\theta$ 称为向量 $\boldsymbol{a}$ 与向量 $\boldsymbol{b}$ 的内积，记作 $\boldsymbol{a}\cdot\boldsymbol{b}$，即

$$\boldsymbol{a}\cdot\boldsymbol{b}=|\boldsymbol{a}||\boldsymbol{b}|\cos\theta. \tag{7-10}$$

上面的问题中，力 $\boldsymbol{F}$ 所做的功可以记作 $W=\boldsymbol{F}\cdot\boldsymbol{s}$.

由向量内积的定义可以得出以下结论.

（1）$\boldsymbol{a}\cdot\boldsymbol{0}=0$，$\boldsymbol{0}\cdot\boldsymbol{a}=0$.

（2）$\cos\theta=\dfrac{\boldsymbol{a}\cdot\boldsymbol{b}}{|\boldsymbol{a}||\boldsymbol{b}|}$.

（3）当 $\boldsymbol{a}$，$\boldsymbol{b}$ 同向时，$\boldsymbol{a}\cdot\boldsymbol{b}=|\boldsymbol{a}||\boldsymbol{b}|$；当 $\boldsymbol{a}$，$\boldsymbol{b}$ 反向时，$\boldsymbol{a}\cdot\boldsymbol{b}=-|\boldsymbol{a}||\boldsymbol{b}|$.

（4）当 $\boldsymbol{a}\perp\boldsymbol{b}$ 时，有 $\boldsymbol{a}\cdot\boldsymbol{b}=0$；反之，当 $\boldsymbol{a}\cdot\boldsymbol{b}=0$ 时，有 $\boldsymbol{a}\perp\boldsymbol{b}$. 因此，$\boldsymbol{a}\cdot\boldsymbol{b}=0\Leftrightarrow\boldsymbol{a}\perp\boldsymbol{b}$.

（5）当 $\boldsymbol{a}=\boldsymbol{b}$ 时，$\boldsymbol{a}\cdot\boldsymbol{b}=\boldsymbol{a}\cdot\boldsymbol{a}=|\boldsymbol{a}|^2$，即 $|\boldsymbol{a}|=\sqrt{\boldsymbol{a}\cdot\boldsymbol{a}}$.

向量的内积满足下面的运算律.

（1）$\boldsymbol{a}\cdot\boldsymbol{b}=\boldsymbol{b}\cdot\boldsymbol{a}$.

（2）$(\lambda\boldsymbol{a})\cdot\boldsymbol{b}=\boldsymbol{a}\cdot(\lambda\boldsymbol{b})=\lambda(\boldsymbol{a}\cdot\boldsymbol{b})$.

（3）$(\boldsymbol{a}+\boldsymbol{b})\cdot\boldsymbol{c}=\boldsymbol{a}\cdot\boldsymbol{c}+\boldsymbol{b}\cdot\boldsymbol{c}$.

学以致用

例 1　已知 $|\boldsymbol{a}|=3$，$|\boldsymbol{b}|=5$，$\boldsymbol{a}$，$\boldsymbol{b}$ 的夹角 θ 为 $60°$，求 $\boldsymbol{a}\cdot(2\boldsymbol{b}-\boldsymbol{a})$.

解　$\boldsymbol{a}\cdot(2\boldsymbol{b}-\boldsymbol{a})=\boldsymbol{a}\cdot2\boldsymbol{b}-\boldsymbol{a}\cdot\boldsymbol{a}$

$=2|\boldsymbol{a}||\boldsymbol{b}|\cos\theta-|\boldsymbol{a}|^2$

$=2\times3\times5\times\cos60°-3^2$

$=6$.

例 2　已知 $|\boldsymbol{a}|=1$，$|\boldsymbol{b}|=4$，$\boldsymbol{a}\cdot\boldsymbol{b}=2\sqrt{3}$，求 $\boldsymbol{a}$，$\boldsymbol{b}$ 的夹角 θ.

解　由题意可得

注意

在向量夹角的定义中，两向量必须有公共起点. 对于不同起点的两个向量，要将它们平移到同一起点上.

注意

由于 $\boldsymbol{a}\cdot\boldsymbol{b}$ 是一个数量，故向量的内积又称为向量的数量积，其大小与两个向量的大小及其夹角有关.

提示

对于 x 轴与 y 轴上的单位向量 $\boldsymbol{i}$，$\boldsymbol{j}$，有

$\boldsymbol{i}\cdot\boldsymbol{i}=1$，$\boldsymbol{j}\cdot\boldsymbol{j}=1$，

$\boldsymbol{i}\cdot\boldsymbol{j}=0$.

头脑风暴

一般地，向量的内积不满足结合律，即 $\boldsymbol{a}\cdot(\boldsymbol{b}\cdot\boldsymbol{c})\neq(\boldsymbol{a}\cdot\boldsymbol{b})\cdot\boldsymbol{c}$，请结合实例进行说明.

$$\cos\theta=\frac{\boldsymbol{a}\cdot\boldsymbol{b}}{|\boldsymbol{a}||\boldsymbol{b}|}=\frac{2\sqrt{3}}{1\times 4}=\frac{\sqrt{3}}{2},$$

又因为 $0°\leqslant\theta\leqslant 180°$，所以 $\theta=30°$.

课堂练习

1. 已知 $|\boldsymbol{a}|=6$，$|\boldsymbol{b}|=3$，$\boldsymbol{a}$，$\boldsymbol{b}$ 的夹角 θ 为 $45°$，求 $(3\boldsymbol{a}+2\boldsymbol{b})\cdot\boldsymbol{b}$.
2. 已知 $\boldsymbol{a}\cdot\boldsymbol{a}=8$，求 $|\boldsymbol{a}|$.
3. 已知 $|\boldsymbol{a}|=4$，$|\boldsymbol{b}|=3$，$\boldsymbol{a}\cdot\boldsymbol{b}=-6\sqrt{2}$，求 $\boldsymbol{a}$，$\boldsymbol{b}$ 的夹角 θ.

7.4.2 内积的坐标表示

生活中的数学

北京市的经纬度约为北纬 39.9°、东经 116.3°，上海市的经纬度约为北纬 31.2°、东经 121.5°，北京市大约在上海市的北偏西 43° 方向上，这是北京市和上海市在地理坐标系统中的经纬度与相对位置．在实际生活中，建立合适的坐标系，可以帮助我们确定不同地点之间的相对位置．

前面我们学到，向量的线性运算可以转化为对应坐标的计算．请思考，如果给出向量的坐标，能否用坐标计算向量的内积呢？

知识精讲

已知两个非零向量 $\boldsymbol{a}=(x_1, y_1)$，$\boldsymbol{b}=(x_2, y_2)$，$\boldsymbol{i}$，$\boldsymbol{j}$ 分别为 x 轴、y 轴上的单位向量，因为 $\boldsymbol{i}\cdot\boldsymbol{i}=1$，$\boldsymbol{j}\cdot\boldsymbol{j}=1$，$\boldsymbol{i}\cdot\boldsymbol{j}=0$，所以

$$\begin{aligned}\boldsymbol{a}\cdot\boldsymbol{b}&=(x_1\boldsymbol{i}+y_1\boldsymbol{j})\cdot(x_2\boldsymbol{i}+y_2\boldsymbol{j})\\&=x_1x_2\boldsymbol{i}\cdot\boldsymbol{i}+x_1y_2\boldsymbol{i}\cdot\boldsymbol{j}+x_2y_1\boldsymbol{i}\cdot\boldsymbol{j}+y_1y_2\boldsymbol{j}\cdot\boldsymbol{j}\\&=x_1x_2+y_1y_2.\end{aligned}$$

也就是说，两个向量的内积等于它们对应坐标的乘积之和，即

$$\boldsymbol{a}\cdot\boldsymbol{b}=x_1x_2+y_1y_2. \tag{7-11}$$

由此还可以得出以下结论．

（1）$\boldsymbol{a}\cdot\boldsymbol{b}=0\Leftrightarrow\boldsymbol{a}\perp\boldsymbol{b}\Leftrightarrow x_1x_2+y_1y_2=0$.

（2）如果 $\boldsymbol{a}=(x, y)$，则 $|\boldsymbol{a}|=\sqrt{x^2+y^2}$.

（3）当 $\boldsymbol{a}$，$\boldsymbol{b}$ 均为非零向量时，$\cos\theta=\dfrac{\boldsymbol{a}\cdot\boldsymbol{b}}{|\boldsymbol{a}||\boldsymbol{b}|}=\dfrac{x_1x_2+y_1y_2}{\sqrt{x_1^2+y_1^2}\sqrt{x_2^2+y_2^2}}$.

学而不思则罔，
思而不学则殆．
——《论语》

学以致用

例 3 求下列各组向量的内积．

（1）$\boldsymbol{a}=(3, -2)$，$\boldsymbol{b}=(4, 5)$；

（2）$\boldsymbol{a}=(4,2)$，$\boldsymbol{b}=(-2,-3)$；

（3）$\boldsymbol{a}=(5,1)$，$\boldsymbol{b}=(-1,6)$.

解　（1）$\boldsymbol{a}\cdot\boldsymbol{b}=3\times4+(-2)\times5=2$；

（2）$\boldsymbol{a}\cdot\boldsymbol{b}=4\times(-2)+2\times(-3)=-14$；

（3）$\boldsymbol{a}\cdot\boldsymbol{b}=5\times(-1)+1\times6=1$.

例 4　已知$\boldsymbol{a}=(\sqrt{3},1)$，$\boldsymbol{b}=(2\sqrt{3},0)$，求$\boldsymbol{a}$与$\boldsymbol{b}$的夹角$\theta$.

解　由题意可得

$$\cos\theta=\frac{\sqrt{3}\times2\sqrt{3}+1\times0}{\sqrt{(\sqrt{3})^2+1^2}\sqrt{(2\sqrt{3})^2+0^2}}=\frac{\sqrt{3}}{2},$$

又因为$0°\leqslant\theta\leqslant180°$，所以$\theta=30°$.

例 5　判断下列各组向量是否垂直.

（1）$\boldsymbol{a}=(4,-2)$，$\boldsymbol{b}=(-1,-2)$；

（2）$\boldsymbol{a}=(0,-1)$，$\boldsymbol{b}=(1,-2)$.

解　（1）因为$\boldsymbol{a}\cdot\boldsymbol{b}=4\times(-1)+(-2)\times(-2)=0$，所以$\boldsymbol{a}\perp\boldsymbol{b}$；

（2）因为$\boldsymbol{a}\cdot\boldsymbol{b}=0\times1+(-1)\times(-2)=2\neq0$，所以向量$\boldsymbol{a}$与向量$\boldsymbol{b}$不垂直.

课堂练习

1．已知$\boldsymbol{a}=(2,-3)$，$\boldsymbol{b}=(3,-4)$，$\boldsymbol{c}=(-1,3)$，求$\boldsymbol{a}\cdot(\boldsymbol{b}+\boldsymbol{c})$.

2．已知$\boldsymbol{a}=(-1,2)$，$\boldsymbol{b}=(-3,1)$，求$|\boldsymbol{a}|$，$|\boldsymbol{b}|$，$\boldsymbol{a}\cdot\boldsymbol{b}$，$\boldsymbol{a}$与$\boldsymbol{b}$的夹角$\theta$.

3．判断下列各组向量是否垂直.

（1）$\boldsymbol{a}=(-2,-3)$，$\boldsymbol{b}=(3,-2)$；

（2）$\boldsymbol{a}=(-2,1)$，$\boldsymbol{b}=(3,4)$.

小试牛刀 7.4

A 组

1．已知$|\boldsymbol{a}|=5$，$|\boldsymbol{b}|=8$，$\boldsymbol{a}$，$\boldsymbol{b}$的夹角θ为45°，求$\boldsymbol{a}\cdot\boldsymbol{b}$，$(\boldsymbol{a}+2\boldsymbol{b})\cdot\boldsymbol{b}$.

2．已知$|\boldsymbol{a}|=4$，$\boldsymbol{b}|=1$，$\boldsymbol{a}\cdot\boldsymbol{b}=2$，求$\boldsymbol{a}$，$\boldsymbol{b}$的夹角$\theta$.

3．已知$\boldsymbol{a}=(3,\sqrt{3})$，$\boldsymbol{b}=(0,5)$，求$\boldsymbol{a}$，$\boldsymbol{b}$的夹角$\theta$.

4．已知$\boldsymbol{a}=(3,2)$，$\boldsymbol{b}=(1,-1)$，求$5\boldsymbol{a}\cdot3\boldsymbol{b}$.

5．已知向量$\overrightarrow{OA}=(-1,2)$，$\overrightarrow{OB}=(3,m)$，若$\overrightarrow{OA}\perp\overrightarrow{OB}$，求$m$的值.

6．已知$\boldsymbol{a}=(2,1)$，$\boldsymbol{b}=(-3,4)$，k为何值时，

（1）$(k\boldsymbol{a}-\boldsymbol{b})\perp(3\boldsymbol{a}+2\boldsymbol{b})$；　　（2）$(k\boldsymbol{a}-\boldsymbol{b})\parallel(3\boldsymbol{a}+2\boldsymbol{b})$.

B 组

$\triangle ABC$的顶点坐标分别为点$A(-1,2)$，$B(3,1)$，$C(2,-3)$，判断$\triangle ABC$是否为直角三角形.

总章复习 7

百炼成钢

A 组

1. 平面向量定义的要素是（　　）.

A. 大小和起点　　B. 大小和方向

C. 方向和起点　　D. 大小、方向和起点

2. $\overrightarrow{AB}-\overrightarrow{AC}-\overrightarrow{BC}$ 等于（　　）.

A. $2\overrightarrow{BC}$　　B. $2\overrightarrow{CB}$　　C. $\mathbf{0}$　　D. 0

3. 下列说法不正确的是（　　）.

A. 零向量与任意向量平行

B. 对于平面上任意三点 A，B，C，一定有 $\overrightarrow{AB}+\overrightarrow{BC}=\overrightarrow{AC}$

C. 若 $\overrightarrow{AB}=m\overrightarrow{CD}\,(m\in\mathbf{R})$，则 $\overrightarrow{AB}\,//\,\overrightarrow{CD}$

D. 若 $\boldsymbol{a}=x_1\boldsymbol{e}_1$，$\boldsymbol{b}=x_2\boldsymbol{e}_2$，当 $x_1=x_2$ 时，$\boldsymbol{a}=\boldsymbol{b}$

4. 已知 $|\overrightarrow{OA}|=|\overrightarrow{OB}|$，且 $\angle AOB=60°$，则下列各式中正确的是（　　）.

A. $\overrightarrow{OA}=\overrightarrow{OB}$　　B. $\overrightarrow{AB}=\overrightarrow{OB}$

C. $\overrightarrow{AB}=\overrightarrow{OA}$　　D. $|\overrightarrow{AB}|=|\overrightarrow{OA}|$

5. 已知 $A(1,3)$，$B(1,-3)$，则下列各式正确的是（　　）.

A. $\overrightarrow{OA}=\overrightarrow{OB}$　　B. $\overrightarrow{AB}=(0,-6)$

C. $\overrightarrow{AB}=\overrightarrow{OA}$　　D. $|\overrightarrow{AB}|=|\overrightarrow{OA}|$

6. 若 $\boldsymbol{a}\cdot\boldsymbol{b}=-4$，$|\boldsymbol{a}|=\sqrt{2}$，$|\boldsymbol{b}|=2\sqrt{2}$，则 $\boldsymbol{a}$，$\boldsymbol{b}$ 的夹角为（　　）.

A. 0°　　B. 90°　　C. 180°　　D. 270°

7. 已知向量 $\boldsymbol{a}=(-5,3)$，$\boldsymbol{b}=(10,-6)$，则 $\boldsymbol{a}$ 与 $\boldsymbol{b}$ 的位置关系是________.

8. 已知向量 $\boldsymbol{a}=(x,1)$，$\boldsymbol{b}=(-3,y)$，且 $\boldsymbol{a}+\boldsymbol{b}=(1,3)$，则 $x=$________，$y=$________.

9. 已知 $2(\boldsymbol{a}+\boldsymbol{x})=3(\boldsymbol{b}-\boldsymbol{x})$，则 $\boldsymbol{x}=$________.

10. 已知三点 $A(\sqrt{3}+1,1)$，$B(1,1)$，$C(1,2)$，则向量 $\overrightarrow{CA}$ 与 $\overrightarrow{CB}$ 的夹角为________.

11. 已知 $\boldsymbol{a}=(n,1)$，$\boldsymbol{b}=(4,n)$，$\boldsymbol{a}$ 与 $\boldsymbol{b}$ 共线且同向，则 $n=$________.

12. 在 $\triangle ABC$ 中，$\overrightarrow{BC}=\boldsymbol{a}$，$\overrightarrow{CA}=\boldsymbol{b}$，则 $\overrightarrow{AB}=$______，$\overrightarrow{BA}=$______.

13. 计算下列各式.

（1）$\overrightarrow{OA}-\overrightarrow{BA}+\overrightarrow{BO}+\overrightarrow{CO}$；　　（2）$\overrightarrow{JK}-\overrightarrow{MN}+\overrightarrow{KN}$；

（3）$4(\boldsymbol{a}-2\boldsymbol{b})+2(3\boldsymbol{a}+2\boldsymbol{b})$；　　（4）$(2\boldsymbol{a}+4\boldsymbol{b})-3(4\boldsymbol{a}+\boldsymbol{b})$.

14．已知 $\boldsymbol{a}=(4,4)$，$\boldsymbol{b}=(-2,-1)$，求 $6\boldsymbol{a}\cdot 3\boldsymbol{b}$．

15．已知 $\triangle ABC$ 的顶点 A，B，C 坐标分别为 $(1,\sqrt{3})$，$(-1,\sqrt{3})$，$(-2,0)$，求 $\angle ACB$．

16．已知点 $A(-1,5)$ 和向量 $\boldsymbol{a}=(2,3)$，若 $\overrightarrow{AB}=3\boldsymbol{a}$，求点 B 的坐标．

17．已知 $\boldsymbol{a}=(7,5)$，$\boldsymbol{b}=(4,3)$，求 $(\boldsymbol{a}-\boldsymbol{b})\cdot(\boldsymbol{a}+\boldsymbol{b})$，$(\boldsymbol{a}-3\boldsymbol{b})\cdot(2\boldsymbol{a}+4\boldsymbol{b})$．

B 组

1．已知向量 $\boldsymbol{a}=(2,3)$，$\boldsymbol{b}=(-1,2)$，若 $(m\boldsymbol{a}+n\boldsymbol{b})\,/\!/\,(\boldsymbol{a}-2\boldsymbol{b})$，求 $\dfrac{m}{n}$．

2．已知点 $A(1,2)$，$B(-2,3)$，且 $\overrightarrow{AM}=\dfrac{2}{3}\overrightarrow{AB}$，求点 M 的坐标．

3．已知 $\boldsymbol{a}=(1,-1)$，$\boldsymbol{b}=(p,0)$，当为 p 何值时，

（1）$p\boldsymbol{a}+\boldsymbol{b}$ 与 $\boldsymbol{a}-2\boldsymbol{b}$ 垂直；　　（2）$p\boldsymbol{a}+\boldsymbol{b}$ 与 $\boldsymbol{a}-2\boldsymbol{b}$ 平行．

巅峰对决

1．已知向量 $\boldsymbol{a}=(\cos\theta,\sin\theta)$，$\boldsymbol{b}=(0,3)$，若 $\boldsymbol{a}\cdot\boldsymbol{b}$ 取最大值，求 $\boldsymbol{a}$．

2．已知向量 $\boldsymbol{a}=(|x+1|,1)$，$\boldsymbol{b}=(1,-2)$，若 $\boldsymbol{a}\cdot\boldsymbol{b}>0$，求 x 的取值范围．

数学的现代化　信息技术应用

利用几何画板绘制平面向量

上册中我们学习了利用几何画板绘制函数图像的几种方法，现在我们开始学习利用几何画板绘制平面向量的基本方法及其在向量加法运算和数乘运算中的应用．下面主要介绍几何画板的“平移”“缩放”等变换工具和“箭头”等自定义工具．

扫一扫

平面向量的加法运算

1. 平面向量的加法运算

已知四点 $A(-1,6)$，$B(2,3)$，$C(-5,1)$，$D(-4,-3)$，画出向量 $\overrightarrow{AB}+\overrightarrow{CD}$．

（1）打开几何画板，先建立“蚂蚁坐标系”，做好初始设置，如图 7-28 所示．

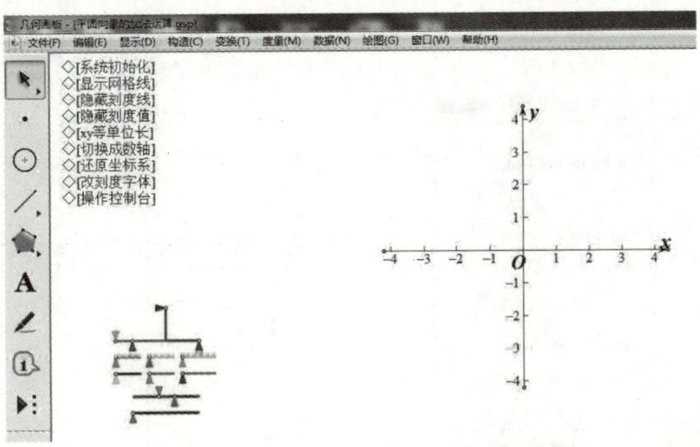

图 7-28

（2）选择“绘图”→“绘制点”选项，如图 7-29（a）所示，在弹出对话框中“直角坐标系”模式下，左框中输入“−1”，右框中输入“6”，单击“绘制”按钮，绘出点 $(-1,6)$．然后在“显示”→“绘制的点的标签”中更改点的标签为 A．用同样的方法绘制点 $B(2,3)$，$C(-5,1)$，$D(-4,-3)$，如图 7-29（b）所示．

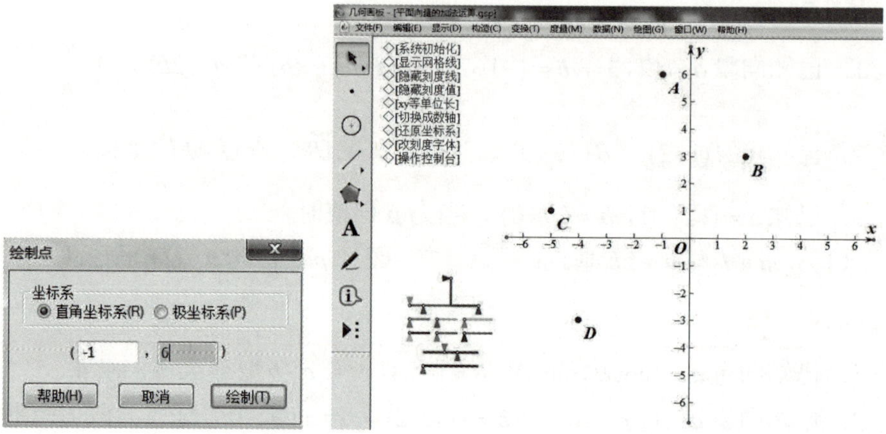

（a）　　　　　　　　（b）

图 7-29

（3）选中“自定义工具”图标，在弹出的快捷选项中选择“箭头工具”→“箭头 D”选项，依次选择 A，B 和 C，D，再选中“移动箭头工具”图标，完成向量 $\overrightarrow{AB}$ 和 $\overrightarrow{CD}$ 的绘制．

（4）根据向量加法的三角形法则，把向量 $\overrightarrow{CD}$ 的起点 C 平移到 B，就能使两个向量首尾相连，从而绘制出和向量．首先依次选中点 C 和点 B，选择“变换”→“标记向量”选项；然后用鼠标拖出矩形框选中点 D，选择“变换”→“平移”选项，弹出的对话框中出现之前的“标记”：从绘制的点 C 到绘制的点 B，同时画板上出现半透明的以点 B 为起点的向量，如图 7-30 所示．单击“平移”按钮，显示向量终点标签为 E．

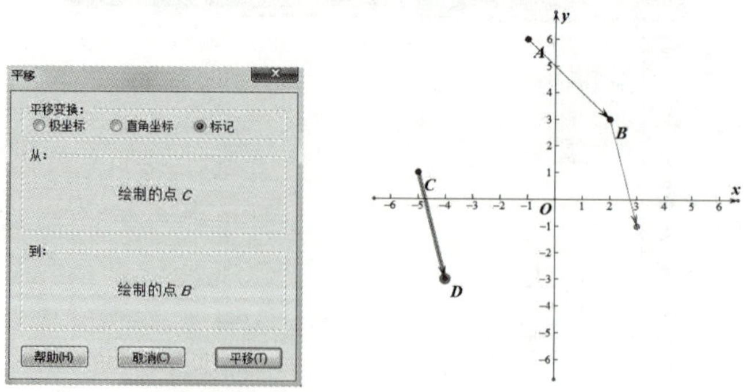

图 7-30

（5）再次选中“自定义工具”图标（默认为上次选择过的“箭头 D”工具），依次选择点 A 和点 E，然后选中“移动箭头工具”图标完成．此时所绘制出的向量 $\overrightarrow{AE}$，满足向量 $\overrightarrow{AB}+\overrightarrow{CD}=\overrightarrow{AE}$，如图 7-31 所示．

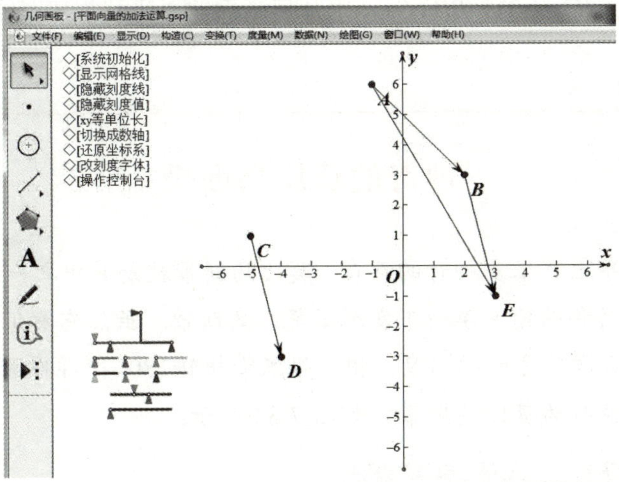

图 7-31

2. 平面向量的数乘运算

已知向量 $\boldsymbol{a}=\overrightarrow{AB}$，画出向量 $\boldsymbol{b}$，使得 $\boldsymbol{b}=-2\boldsymbol{a}$．

（1）选中“自定义工具”图标（默认仍然是“箭头 D”工具），在画板空白处任意单击两下，然后选中“移动箭头工具”图标完成．修改并显示端点标签为 A，B，线段标签为 $\boldsymbol{a}$，即向量 $\boldsymbol{a}=\overrightarrow{AB}$．

（2）仅选中点 A，选择“变换”→“标记中心”选项，再仅选中点 B，选择“变换”→“缩放”选项，在弹出对话框中，设置“缩放参数”中的“固定比”，上框中输入“-2”，下框中输入“1”，如图 7-32（a）所示．单击“缩放”按钮，画板上出现一个点，修改并显示该点的标签为 C，再次用“箭头 D”工具绘出向量 $\overrightarrow{AC}$，修改线段标签为 $\boldsymbol{b}$．此时 $\overrightarrow{AC}=-2\overrightarrow{AB}$，即 $\boldsymbol{b}=-2\boldsymbol{a}$，如图 7-32（b）所示．

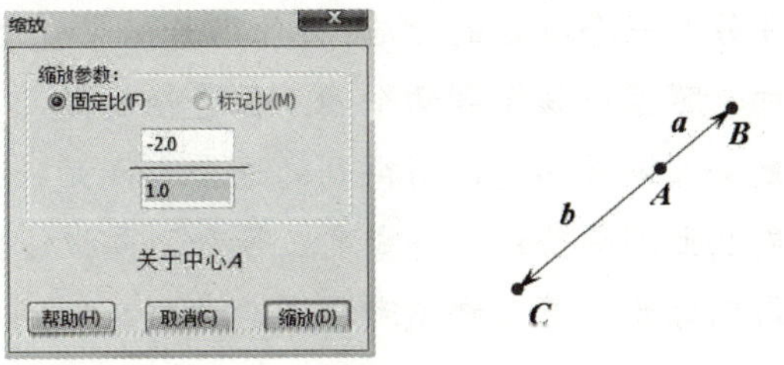

（a） （b）

图 7-32

扫一扫

平面向量的数乘运算

提示

修改线段标签时，先选中要修改的标签线段，然后选择“显示”→“线段的标签”选项进行修改．

做一做

1. 已知向量 $\boldsymbol{a}=(5,3)$，$\boldsymbol{b}=(-2,4)$，用几何画板的“平移”工具画出向量 $\boldsymbol{a}+2\boldsymbol{b}$．

2. 已知点 $A(3,-2)$，$B(1,6)$，用几何画板的“平移”工具画出 $\frac{1}{4}\overrightarrow{BA}$．

趣味阅读

扫一扫

神奇的莫比乌斯带

神奇的莫比乌斯带

在这个世界上有很多神奇的存在，莫比乌斯带就是其中之一．1858 年德国数学家莫比乌斯和约翰·李斯丁发现了莫比乌斯带．虽然它看似简单，却包含了很多物理、数学等方面的信息．把一根纸带扭转180°，再将两头黏结起来做成的纸带圈，就称为莫比乌斯带，如图 7-33 所示．

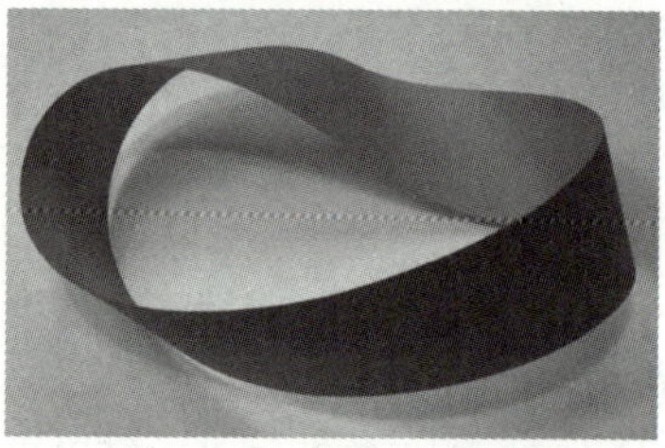

（a）

（b）

图 7-33

就像我们在认识向量时，需要确定其大小和方向．通常来讲，人们在观察某个图形时，往往会产生一些固定不变的“边界意识”，而且绝大多数人会下意识地顺从这些“边界”．而莫比乌斯带恰恰超出了人们的认知，它没有所谓的边界，也没有所谓的内外之分，是一个真正无限循环的圈．

你可以设想一只蚂蚁沿着莫比乌斯带爬，那么它能够爬遍整条带子且无须跨越带的边缘．如果你想要验证这一点，可以拿一支铅笔不离纸地连续画线．那么，你会发现沿纸带转了一圈，又返回到了起点．

莫比乌斯带还有另外一个有趣的性质．当你沿着纸带宽度中心线将其剪开，把这个圈一分为二时，照理应该得到两个圈．但奇怪的是，剪开后竟然得到一个两倍长的大圈．更令人惊奇的是，新得到的这个大圈是一个双侧曲面．

如果先在纸带宽度上画两条线，将宽度三等分，再扭转180°后黏结成莫比乌斯带，用剪刀沿画线剪开，剪刀绕纸带两圈后竟然又回到原出发点，而且纸带不仅没有一分为二，反而剪出了一大一小的两个相互套在一起的纸圈．新得到的这个大圈同样是一个两倍长的双侧曲面，而小圈则是与原纸带圈长度相等的莫比乌斯带．

1882 年，一位德国数学家菲利克斯·克莱因提出了“克莱因瓶”的概念. 如图 7-34 所示，“克莱因瓶”是一个平面，没有边界、没有定向，随着表面前进，方向不断变化. 有趣的是，这是一个不存在内部和外部的奇特形状. 将一个“克莱因瓶”适当剪开，就能得到两条莫比乌斯带.

图 7-34

莫比乌斯带这种奇特的形状在工业中大放异彩. 例如，将电阻器设计成莫比乌斯带的形状，可以充分地利用更多的表面，增强产品的耐用性；机器中传送动力的皮带做成莫比乌斯带的形状，可以使皮带具有更大的磨损面积，而不会只磨损一面.

第 8 章

直线和圆的方程

8.1 两点间的距离与线段中点的坐标

8.2 直线的方程

8.3 两条直线的位置关系

8.4 圆

数缺形时少直观，
形少数时难入微；
数形结合百般好，
隔离分家万事休．

引言

自从欧几里得的《几何原本》问世以来，人们一直把代数限定在研究数量关系的范畴内，把几何限定在研究图形位置的范畴内，代数和几何截然分开了几千年，犹如两座高山被万丈深渊所分隔．1637 年，笛卡尔创立了解析几何学，它成功地将天堑变为通途，成为连接代数和几何两座高山的桥梁，使“数”与“形”紧密联系在一起．在平面上建立直角坐标系以后，图形与方程产生了密切的联系，方程不再是一个抽象的等式，方程有形；图形不只是一个简单的几何形状，图形有式，“数”与“形”达成了有机的统一．

要求

1. 掌握两点间的距离公式与线段中点的坐标公式；
2. 掌握直线的点斜式方程和斜截式方程，理解直线的一般式方程；
3. 掌握两条直线位置关系的判定方法；
4. 掌握圆的方程，理解直线与圆位置关系的判定方法；
5. 了解直线的方程与圆的方程的应用．

8.1 两点间的距离与线段中点的坐标

直线和圆是最简单、最基本的几何图形．在实际生活中，我们经常需要研究直线和圆的图形及其相关的计算问题．本章我们采用解析法来研究几何问题，即把几何图形放置在确定的直角坐标系中，通过坐标和方程来表示点和线，把几何问题转化为代数问题，运用代数运算来研究几何图形的性质．

8.1.1 两点间的距离

生活中的数学

某工程队要在 A，B 两个城市之间铺设一条海底通讯光缆，需要知道两城之间的距离，才能准备材料．工程师通过 GPS 全球定位系统将两城的位置在平面直角坐标系中表示出来，其中 A 城为 $(10, 22)$，B 城为 $(-5, 2)$．

请问：你能帮他们求出 A，B 两个城市之间的距离吗？

> **头脑风暴**
> 建立坐标系，在坐标系中标出 A, B 两点，能否通过添加辅助线的方法求解该问题呢？从中你发现了什么规律？

知识精讲

根据第 7 章的内容可知，在平面直角坐标系中，设点 $P_1(x_1, y_1)$，$P_2(x_2, y_2)$，则

$$\overrightarrow{P_1P_2}=(x_2-x_1, y_2-y_1).$$

于是，我们将向量 $\overrightarrow{P_1P_2}$ 的模称为 P_1，P_2 两点之间的距离，记作 $|P_1P_2|$，即

$$|P_1P_2|=|\overrightarrow{P_1P_2}|=\sqrt{\overrightarrow{P_1P_2}\cdot\overrightarrow{P_1P_2}}=\sqrt{(x_2-x_1)^2+(y_2-y_1)^2}.\tag{8-1}$$

学以致用

例 1　求 $A(2, 7)$，$B(-1, 3)$ 两点之间的距离．

解　A，B 两点之间的距离为

$$|AB|=\sqrt{(-1-2)^2+(3-7)^2}=5.$$

例 2　已知 $A(1, 1)$，$B(7, x)$ 两点之间的距离为 10，求实数 x 的值．

解　由两点之间的距离公式可得

$$|AB|=\sqrt{(7-1)^2+(x-1)^2}=10,$$

解得

$$x=-7 \text{ 或 } 9.$$

课堂练习

1．在平面直角坐标系中，描出下列各点：$A(3, 2)$，$B(-1, 4)$，$C(5, 0)$．并计算每两点之间的距离．

2．已知 $A(-1, 3)$，$B(m, 5)$ 两点之间的距离为 $2\sqrt{5}$，求实数 m 的值．

8.1.2 线段中点的坐标

生活中的数学

李明和张华是同班同学，他们的家和学校位于同一条街道上，李明家在学校正东 1 km 处，张华家在学校正西 1.5 km 处，他们两家之间中点处恰好有一家超市．请思考：超市相对于学校的位置．

> 业精于勤而荒于嬉，行成于思而毁于随．
> ——韩愈

知识精讲

如图 8-1 所示，设线段 AB 的两个端点分别为 $A(x_1, y_1)$，$B(x_2, y_2)$，线段 AB 的中点为 $M(x_0, y_0)$，则

$$\overrightarrow{AM}=(x_0-x_1, y_0-y_1), \overrightarrow{MB}=(x_2-x_0, y_2-y_0).$$

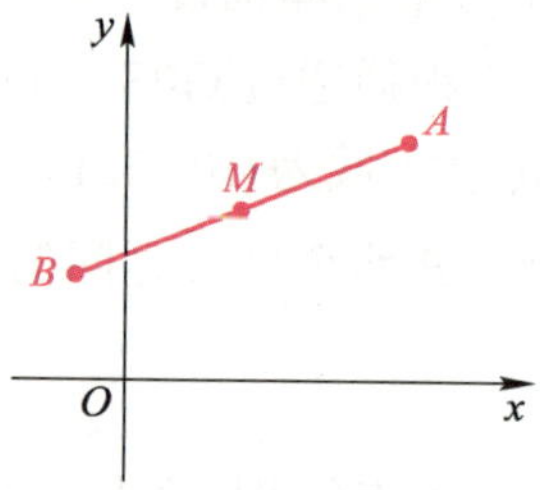

图 8-1

由于点 M 为线段 AB 的中点，故

$$\overrightarrow{AM}=\overrightarrow{MB},$$

即

$$(x_0-x_1, y_0-y_1)=(x_2-x_0, y_2-y_0),$$

于是，得出

$$\begin{cases} x_0-x_1=x_2-x_0, \\ y_0-y_1=y_2-y_0, \end{cases}$$

解得

$$x_0=\frac{x_1+x_2}{2}, \quad y_0=\frac{y_1+y_2}{2}.$$

一般地，设点 $P_1(x_1, y_1)$，$P_2(x_2, y_2)$ 为平面内任意两点，则线段 P_1P_2 的中点 $P(x_0, y_0)$ 的坐标为

$$x_0=\frac{x_1+x_2}{2}, \quad y_0=\frac{y_1+y_2}{2}. \qquad (8\text{-}2)$$

学以致用

例 3 已知线段 AB 的中点坐标为 $(2, 3)$，端点 A 的坐标为 $(-4, 5)$，求另一端点 B 的坐标．

解 设端点 B 的坐标为 (x, y)，则由中点坐标公式可得

$$\begin{cases}2=\dfrac{x-4}{2},\\3=\dfrac{y+5}{2},\end{cases}$$

解得

$$x=8,\ y=1.$$

所以，端点 B 的坐标为 $(8,1)$.

例 4　已知平行四边形 $ABCD$ 的三个顶点分别为 $A(-3,0)$，$B(2,-2)$，$C(5,2)$，求另一顶点 D 的坐标.

解　平行四边形的两条对角线的中点相同，所以它们的坐标也相同. 设点 D 的坐标为 (x,y)，则由中点坐标公式可得

$$\begin{cases}\dfrac{2+x}{2}=\dfrac{-3+5}{2},\\\dfrac{-2+y}{2}=\dfrac{0+2}{2},\end{cases}$$

解得

$$x=0,\ y=4.$$

所以，顶点 D 的坐标为 $(0,4)$.

课堂练习

1．已知线段 AB 的中点坐标为 $(-1,4)$，端点 A 的坐标为 $(6,2)$，求另一端点 B 的坐标.

2．已知△ABC 的三个顶点分别是 $A(2,2)$，$B(-4,6)$，$C(-3,-2)$，试求 AB 边上的中线 CD 的长度.

小试牛刀 8.1

A 组

1．已知点 $A(-1,5)$，$B(2,6)$，求线段 AB 的长度及其中点 P 的坐标.

2．若点 $P(4,y)$ 是点 $M(x,2)$ 和点 $N(3,8)$ 连线的中点，求 x 与 y 的值.

3．已知点 $M(2,7)$，$N(3,-4)$，现将线段 MN 分成四等份，试求出各分点的坐标.

4．已知△ABC 的顶点分别为 $A(1,0)$，$B(1,-2)$，$C(0,3)$，试求 AB，AC 边上中点连成的中位线的长度.

B 组

1．若点 $P(1,2)$ 与点 Q 关于点 $R(0,-3)$ 对称，求点 Q 的坐标.

2．已知点 $M(2,-1)$，$N(a,4)$，并且 $|MN|=\sqrt{41}$，求 a 的值.

8.2 直线的方程

8.2.1 直线的倾斜角与斜率

扫一扫
直线的倾斜角与斜率

生活中的数学

如图 8-2 所示为上海南浦大桥，其上用于固定桥塔的每条斜拉钢索所在的直线都是由两个已知点（即桥塔上一点和桥栏上一点）确定的．可以发现，在同一平面内，两条对称的斜拉钢索虽然都通过一个定点，但由于其倾斜程度不同，所以拉索所在的直线也不同．

图 8-2

知识精讲

平面上的两点能确定一条直线 l，这两个已知点就是确定直线 l 的几何要素．在平面直角坐标系中，两点的相对位置不同，直线倾斜程度就不同．为了确定直线的倾斜程度，需要引入直线的倾斜角和斜率的概念．

1. 直线的倾斜角

如图 8-3 所示，在平面直角坐标系中，当直线 l 与 x 轴相交时，x 轴绕着交点按逆时针方向旋转至与直线重合时所形成的最小正角 α，称为直线 l 的**倾斜角**．

> **提示** 倾斜角可用来表示直线对于 x 轴的倾斜程度．

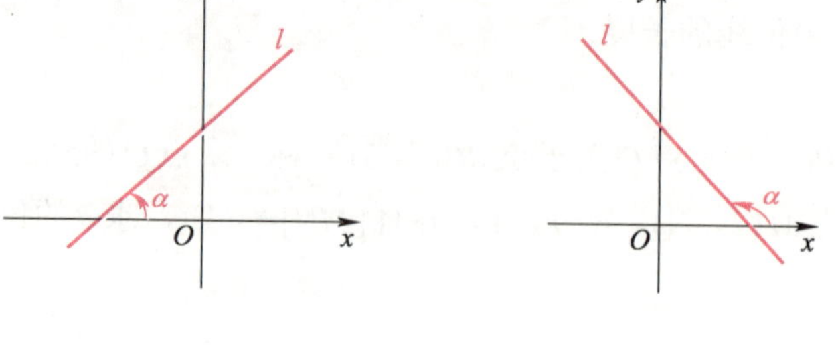

图 8-3

当直线 l 与 x 轴平行或重合时，其倾斜角为$0°$；当直线 l 与 x 轴垂直时，其倾斜角为$90°$．因此，直线 l 倾斜角的取值范围为

$$0° \leqslant \alpha < 180° \text{ 或 } 0 \leqslant \alpha < \pi .$$

这样，平面直角坐标系内的每一条直线都有一个确定的倾斜角 α．倾斜程度不同的直线，其倾斜角不相等.

2. 直线的斜率

当直线 l 的倾斜角 $\alpha \neq 90°$ 时，α 与其正切 $\tan\alpha$ 是一一对应的．因此，直线的倾斜程度也可用 $\tan\alpha$ 表示．我们把直线倾斜角（$\alpha \neq 90°$）的正切值称为直线的**斜率**，用小写字母 k 表示，即

$$k = \tan\alpha\ (\alpha \neq 90°) .$$

设点 $P_1(x_1, y_1)$，$P_2(x_2, y_2)\,(x_1 \neq x_2)$ 为直线 l 上的任意两点，则直线 l 的斜率为

$$k = \frac{y_2 - y_1}{x_2 - x_1}\ (x_1 \neq x_2) . \qquad (8\text{-}3)$$

由倾斜角的取值范围和斜率的定义可知，直线的斜率和倾斜角之间的关系如下.

（1）当直线与 x 轴平行或重合时，$\alpha = 0° \Leftrightarrow k = 0$.

（2）当直线的倾斜角是锐角时，$0° < \alpha < 90° \Leftrightarrow k > 0$.

（3）当直线垂直于 x 轴时，$\alpha = 90° \Leftrightarrow k$不存在 .

（4）当直线的倾斜角是钝角时，$90° < \alpha < 180° \Leftrightarrow k < 0$.

跃跃欲试

请自己动手推导一下斜率公式．同时想一下，斜率公式后面为什么要加条件 $x_1 \neq x_2$？

学以致用

例 1　已知直线 l 过 $A(-3, 2)$，$B(5, -6)$ 两点，求直线 l 的斜率 k 和倾斜角 α .

解　直线 l 的斜率 k 为

$$k = \frac{y_2 - y_1}{x_2 - x_1} = \frac{-6 - 2}{5 - (-3)} = -1 .$$

因 $$k = \tan\alpha = -1 ,$$

所以 $$\alpha = 135° .$$

例 2　如图 8-4 所示，直线 l_1 的倾斜角 $\alpha_1 = 60°$，直线 l_2 与直线 l_1 垂直，求直线 l_1 与直线 l_2 的斜率.

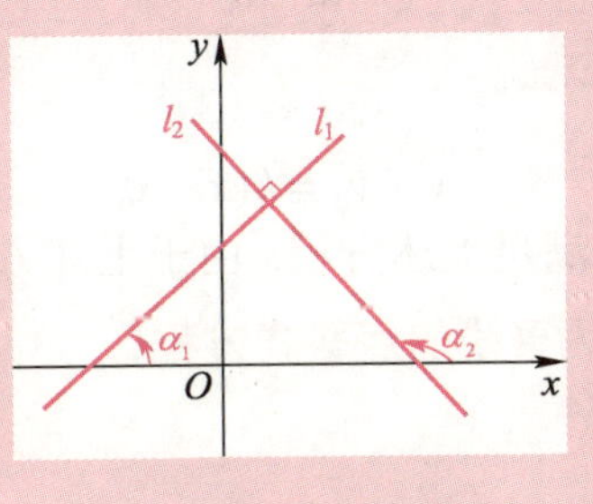

图 8-4

提示

确定直线的几何要素可以是直线上的两个点，也可以是直线上的一个点和直线的倾斜角（或斜率）.

解　直线l_1的斜率$k_1=\tan\alpha_1=\tan 60°=\sqrt{3}$.

因为直线l_2与直线l_1垂直，所以直线l_2的倾斜角为

$$\alpha_2=90°+\alpha_1=90°+60°=150°.$$

所以直线l_2的斜率为

$$k_2=\tan\alpha_2=\tan 150°=-\frac{\sqrt{3}}{3}.$$

鉴错小能手

判断下列说法的正误.

（1）已知直线过$A(-2,2)$，$B(3,-1)$两点，则其斜率为$\frac{3}{5}$.　　（　　）

（2）过点$A(-1,2)$与点$B(3,2)$的直线与x轴平行.　　（　　）

（3）已知直线过$A(4,-2)$，$B(4,5)$两点，则其斜率为1.　　（　　）

8.2.2　直线的点斜式方程与斜截式方程

生活中的数学

我们知道，已知直线上的两个点，可以唯一确定一条直线；已知直线的斜率和直线上一点，也可以唯一确定一条直线. 那么，根据不同的已知条件确定的直线方程相同吗？直线的方程有哪些不同的形式？不同形式的直线方程之间有什么内在联系？

知识精讲

一次函数$y=x+2$的图像是一条直线l，其解析式$y=x+2$可以看作一个关于x，y的二元一次方程，直线l上的任意一点(x,y)都满足方程$y=x+2$. 此时，我们把方程$y=x+2$称为**直线l的方程**.

1. 直线的点斜式方程

如图8-5所示，已知直线l经过点$P_0(x_0,y_0)$，且斜率为k. 设点$P(x,y)$为直线l上不同于点P_0的任意一点，由斜率公式可得

$$k=\frac{y-y_0}{x-x_0},$$

整理得

$$y-y_0=k(x-x_0).\qquad(8\text{-}4)$$

显然，点$P_0(x_0,y_0)$也满足上述方程. 由于上述方程是由直线上的一点和直线的斜率确定的，所以称为**直线的点斜式方程**.

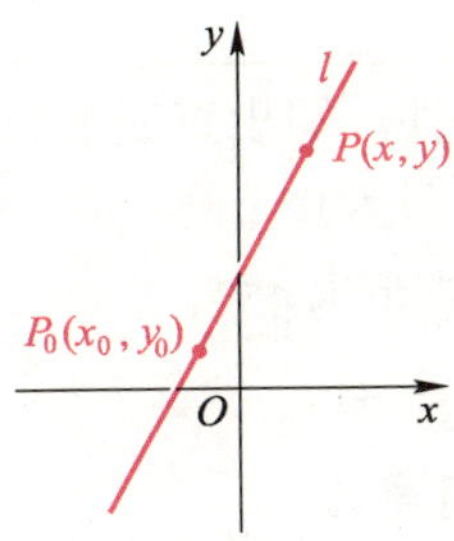

图 8-5

如图 8-6（a）所示，当直线 l 的倾斜角 $\alpha=0°$ 时，$k=0$，这时直线 l 的方程为 $y=y_1$；如图 8-6（b）所示，当直线 l 的倾斜角 $\alpha=90°$ 时，斜率不存在，这时直线 l 与 y 轴平行或重合，直线 l 的方程为 $x=x_1$.

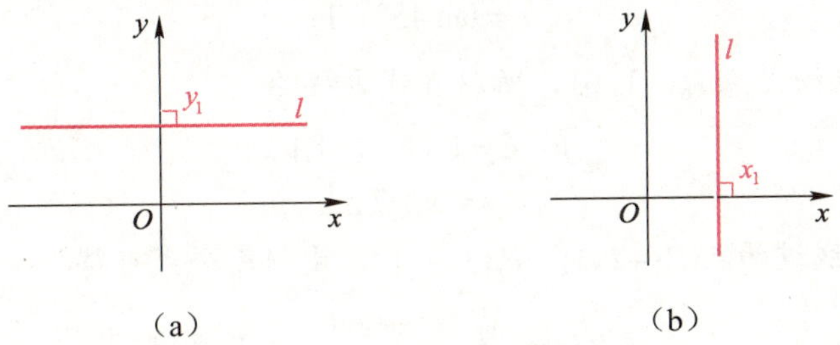

图 8-6

注意

当两个点的横坐标相同时，这两个点所确定的直线的倾斜角为 90°，其斜率不存在.

2. 直线的斜截式方程

如图 8-7 所示，设直线 l 与 x 轴交于点 $A(a,0)$，与 y 轴交于点 $B(0,b)$，则 a 称为直线 l 在 **x 轴上的截距**（或**横截距**）；b 称为直线 l 在 **y 轴上的截距**（或**纵截距**）.

头脑风暴

直线在 x 轴及 y 轴上的截距有可能是负数或零吗?

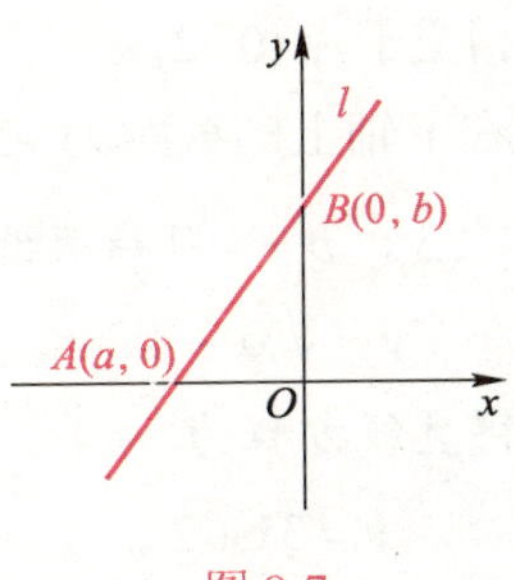

图 8-7

设直线 l 与 y 轴的交点为 $B(0,b)$，且直线 l 的斜率为 k，则直线 l 的方程为

$$y-b=k(x-0),$$

于是，得出

$$y=kx+b. \tag{8-5}$$

上述方程是由直线的斜率和在 y 轴上的截距确定的，所以称为**直线的斜截式方程**.

学以致用

例 3 根据下列各条件，写出直线的方程.

（1）过点 $P_0(2,3)$，倾斜角为 $0°$；

（2）过点 $P_0(-1,6)$，倾斜角为 $45°$；

（3）过点 $P_1(-2,1)$，$P_2(3,-4)$.

解 （1）因 $\alpha=0°$，故斜率为

$$k=\tan 0°=0.$$

又因直线经过点 $P_0(2,3)$，所以直线方程为

$$y-3=0\cdot(x-2),$$

即

$$y=3.$$

（2）因 $\alpha=45°$，故斜率为

$$k=\tan 45°=1.$$

又因直线经过点 $P_0(-1,6)$，所以直线方程为

$$y-6=1\cdot[x-(-1)],$$

即

$$y=x+7.$$

（3）直线过两点 $P_1(-2,1)$，$P_2(3,-4)$，由斜率公式可得

$$k=\frac{y_2-y_1}{x_2-x_1}=\frac{-4-1}{3-(-2)}=-1.$$

故直线方程为

$$y-1=-1\cdot[x-(-2)],$$

即

$$y=-x-1.$$

头脑风暴

例 3（3）中，若用点 $P_2(3,-4)$ 和斜率 $k=-1$ 求直线方程，结果是否相同？

例 4 根据下列各条件，写出直线的方程.

（1）倾斜角为 $60°$，在 y 轴上的截距为 4；

（2）斜率为 3，与 y 轴相交于点 $(0,2)$；

（3）过点 $A(-3,0)$，且在 y 轴上的截距为 -2.

解 （1）由 $k=\tan 60°=\sqrt{3}$，$b=4$ 可得直线方程为

$$y=\sqrt{3}x+4.$$

（2）由 $k=3$，$b=2$ 可得直线方程为

$$y=3x+2.$$

（3）因为直线在 y 轴上的截距为 -2，即过点 $(0,-2)$，又因直线过点 $A(-3,0)$，所以直线的斜率为

$$k=\frac{-2-0}{0-(-3)}=-\frac{2}{3}.$$

故直线的方程为

$$y=-\frac{2}{3}x-2.$$

鉴错小能手

判断下列说法的正误.

（1）点 $(2,5)$ 在直线 $y=2x+3$ 上.　　（　　）

（2）若点 $(m,-1)$ 在直线 $3x+y-5=0$ 上，则 $m=2$.　　（　　）

（3）直线 $2x-3y+12=0$ 的横截距为 4，纵截距为 6.　　（　　）

8.2.3　直线的一般式方程

生活中的数学

直线的点斜式方程 $y-y_0=k(x-x_0)$ 可化为

$$kx-y+y_0-kx_0=0,$$

直线的斜截式方程 $y=kx+b$ 可化为

$$kx-y+b=0.$$

可以看出，直线的点斜式方程和斜截式方程都可化为二元一次方程的一般形式

$$Ax+By+C=0.$$

那么，二元一次方程 $Ax+By+C=0$ 的图形是否都为一条直线呢？

> 旧书不厌百回读，熟读精思子自知.
>
> ——苏轼

知识精讲

方程 $Ax+By+C=0$ 是关于 x，y 的二元一次方程，其中，A，B，C 是任意实数. 当 A，B 不全为零时，主要包括以下几种情况.

（1）当 $A\neq 0$，$B\neq 0$ 时，二元一次方程 $Ax+By+C=0$ 可化为 $y=-\dfrac{A}{B}x-\dfrac{C}{B}$，它表示斜率为 $k=-\dfrac{A}{B}$、在 y 轴上的截距为 $b=-\dfrac{C}{B}$ 的直线，如图 8-8（a）所示.

（2）当 $A=0$，$B\neq 0$ 时，二元一次方程 $Ax+By+C=0$ 可化为 $y=-\dfrac{C}{B}$，它表示过点 $\left(0,-\dfrac{C}{B}\right)$ 且平行于 x 轴的直线，如图 8-8（b）所示.

（3）当 $A\neq 0$，$B=0$ 时，二元一次方程 $Ax+By+C=0$ 可化为 $x=-\dfrac{C}{A}$，它表示过点 $\left(-\dfrac{C}{A},0\right)$ 且平行于 y 轴的直线，如图 8-8（c）所示.

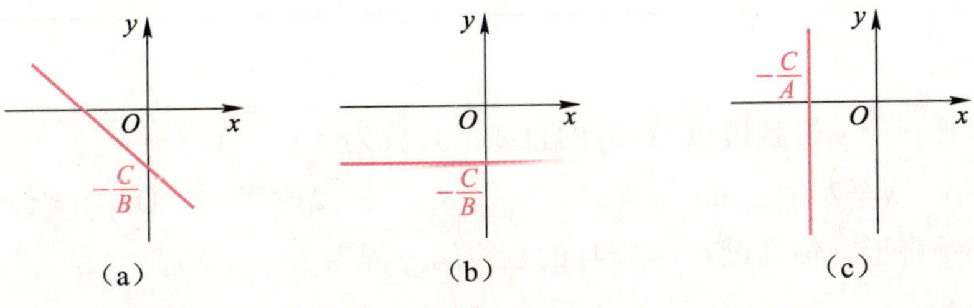

图 8-8

综上所述，二元一次方程 $Ax+By+C=0$（A，B 不全为零）在平面直角坐标系中表示的是一条直线.

我们把方程

$$Ax+By+C=0\text{（其中 }A\text{，}B\text{ 不全为零）} \quad (8\text{-}6)$$

称为**直线的一般式方程**.

注意

本书中，如果不作特殊说明，所求直线的方程都要求写成一般式方程.

学以致用

例 5 将方程 $y-1=2(x-3)$ 化为直线的一般式方程，并分别求出该直线在 x 轴和 y 轴上的截距.

解 由 $y-1=2(x-3)$ 可得直线的一般式方程为

$$2x-y-5=0.$$

在一般式方程中，令 $y=0$，则 $x=\frac{5}{2}$，故直线在 x 轴上的截距为 $\frac{5}{2}$；令 $x=0$，则 $y=-5$，故直线在 y 轴上的截距为 -5.

例 6 已知直线 l 过点 $A(4,2)$，斜率为 -3，求直线 l 的点斜式方程、斜截式方程和一般式方程.

解 因直线 l 过点 $A(4,2)$，斜率为 -3，则其点斜式方程为

$$y-2=-3(x-4).$$

将上述方程变形后，可得到直线的斜截式方程为

$$y=-3x+14.$$

将斜截式方程移项后，可得到直线的一般式方程为

$$3x+y-14=0.$$

课堂练习

1．将下列直线方程化为一般式方程.

（1）$y=\frac{1}{2}x-3$；　　（2）$y-2=-\frac{3}{2}(x-1)$.

2．求直线 $x-3y+9=0$ 在 x 轴、y 轴上的截距及直线的斜率.

3．已知直线 l 过坐标原点和点 $A(-4,5)$，求直线 l 的点斜式方程、斜截式方程和一般式方程.

小试牛刀 8.2

非学无以广才，非志无以成学.
——诸葛亮

A 组

1．平行于 y 轴且过点 $(2,5)$ 的直线的方程为（　　）.

A．$x=2$　　B．$y=5$　　C．$x=2y$　　D．$y=5x$

2．垂直于 y 轴且过点 $(-3,4)$ 的直线的方程为（　　）.

A．$x=-3$　　B．$y=4$　　C．$x=-3y$　　D．$y=4x$

3. 已知点 $A(\sqrt{2}, -\sqrt{3})$，$B(-\sqrt{3}, \sqrt{2})$，则直线 AB 的倾斜角为（　　）.

A. 45°　　B. 60°　　C. 120°　　D. 135°

4. 直线 $2x-5y+10=0$ 在 x 轴、y 轴上的截距分别为（　　）.

A. 2 和 −5　　B. −5 和 2　　C. 5 和 −2　　D. −2 和 5

5. 过坐标原点和点 $P(1, \sqrt{3})$ 的直线斜率 $k=$____________，倾斜角 $\alpha=$__________.

6. 直线 $2x-3y-6=0$ 的斜率 $k=$________，它的纵截距是________，横截距是________.

7. 求斜率为 $-\dfrac{1}{2}$ 且在 y 轴上的截距为 5 的直线的方程.

8. 已知直线 l 过点 $P(-3, 2)$，其倾斜角是直线 $2x+5y+3=0$ 倾斜角的 2 倍，求直线 l 的方程.

9. 已知过 $(b, 3)$ 和 $(5, b)$ 两点的直线的斜率等于 1，求 b 的值.

10. 已知直线过点 $(-1, 4)$ 且倾斜角为135°，求直线的方程.

B 组

1. 已知直线过点 $M(5, 2)$，且其在 x 轴上的截距和在 y 轴上的截距相等，求直线的方程.

2. 若点 $(a+1, 2a-1)$ 在直线 $x-2y=0$ 上，求 a 的值.

8.3 两条直线的位置关系

扫一扫

两条直线的位置关系

平面内两条直线的位置关系有三种：平行、相交、重合．下面主要介绍两条直线平行和相交的判定及性质．

8.3.1 两条直线平行

生活中的数学

我们的日常生活中存在很多平行的情况，如双杠的两个横杆、操场跑道直道部分的跑道线、电梯两边的扶手、火车的两条铁轨等，如图 8-9 所示．

图 8-9

在数学中，如何根据直线方程判断两条直线平行呢？

知识精讲

初中时我们学过，当两条直线都与第三条直线相交时，"同位角相等"是"两条直线平行"的充要条件．下面我们从斜率的角度来研究两条直线平行的充要条件．

如图 8-10（a）所示，直线 l_1 和 l_2 的倾斜角分别为 α_1 和 α_2，斜率分别为 k_1 和 k_2，且不为零．

当直线 l_1 与 l_2 平行且不重合（即直线在 y 轴上的截距不相等）时，两条直线与 x 轴相交的同位角相等，即直线 l_1 和 l_2 的倾斜角 $\alpha_1=\alpha_2$，则

$$\tan\alpha_1=\tan\alpha_2,$$

于是，得出

$$k_1=k_2.$$

反过来，当直线 l_1 和 l_2 的斜率 $k_1=k_2$ 且不重合时，可以得出

$$\tan\alpha_1=\tan\alpha_2,$$

即

$$\alpha_1=\alpha_2,$$

于是，得出

$$l_1 /\!/ l_2.$$

如图 8-10（b）所示，当直线 l_1 和 l_2 不重合，且斜率都是 0 时，两条直线都与 x 轴平行，所以 $l_1 /\!/ l_2$．

因此，对于两条不重合的直线 l_1 和 l_2，若它们的斜率都存在，则有

$$l_1 /\!/ l_2 \Leftrightarrow k_1=k_2. \tag{8-7}$$

如图 8-10（c）所示，若直线 l_1 和 l_2 的斜率都不存在，则它们的倾斜角都为 90°，也有 $l_1 /\!/ l_2$．

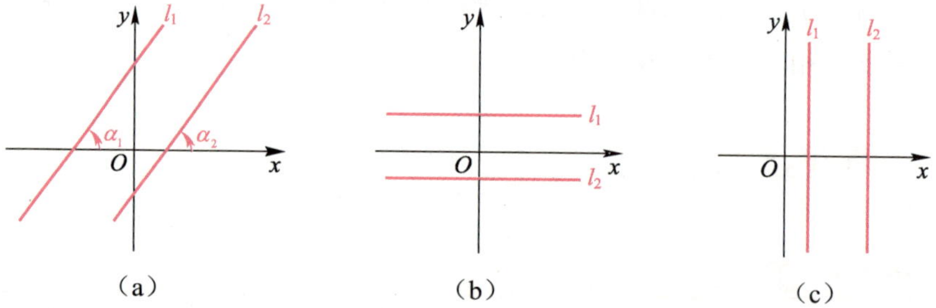

图 8-10

注意

如果求得两条直线的斜率相等，那么，还需要比较它们在 y 轴上的截距是否也相等，才能确定这两条直线是平行还是重合．

学以致用

例 1 求证：直线 l_1：$y=\dfrac{3}{2}x+4$ 和直线 l_2：$3x-2y-5=0$ 平行．

证明 将两条直线都写成斜截式为

$$l_1:\ y=\frac{3}{2}x+4 \text{ 和 } l_2:\ y=\frac{3}{2}x-\frac{5}{2}.$$

因为 $$k_1 = k_2,\ b_1 \neq b_2,$$
所以 $$l_1 /\!/ l_2.$$

例 2 求过点 $A(6,2)$ 且与直线 $2x-4y+7=0$ 平行的直线方程.

解法一 设直线 $2x-4y+7=0$ 的斜率为 k_1，将直线方程化为斜截式：$y=\dfrac{x}{2}+\dfrac{7}{4}$，则 $k_1=\dfrac{1}{2}$.

因为所求直线与已知直线平行，设其斜率为 k_2，则

$$k_2=\frac{1}{2}.$$

又因直线过点 $A(6,2)$，故所求直线的方程为

$$y-2=\frac{1}{2}(x-6),$$

即
$$x-2y-2=0.$$

解法二 设所求直线的方程为

$$2x-4y+C=0.$$

将点 $A(6,2)$ 代入方程得

$$C=-4.$$

所以，所求直线的方程为

$$2x-4y-4=0,$$

即
$$x-2y-2=0.$$

课堂练习

1．已知四点 $A(-2,3)$，$B(4,0)$，$C(3,-2)$，$D(5,-3)$，求过 A，B 两点和 C，D 两点的直线方程，并判断两条直线是否平行.

2．已知直线 l 经过点 $P(0,-1)$，且与直线 $x-2y+1=0$ 平行，求直线 l 的方程.

8.3.2 两条直线相交

生活中的数学

相交的情况在生活中也很常见，如钟表上的时针与分针、剪刀张开时的两条刃边、空中交错的电线电缆、中国象棋棋盘上的交叉线等，如图 8-11 所示.

图 8-11

头脑风暴

你还能想起哪些生活中常见的相交情况？

在数学中，如何根据两条相交直线的方程确定其交点坐标呢？

知识精讲

平面内两条既不重合又不平行的直线一定相交，即若两直线的斜率 $k_1 \neq k_2$，则这两条直线相交；若两直线中，一个斜率不存在，且另一个斜率存在，则这两条直线也相交.

设平面内两条不重合的直线方程分别为

$$l_1: A_1x + B_1y + C_1 = 0, \quad l_2: A_2x + B_2y + C_2 = 0.$$

如图 8-12 所示，如果直线 l_1，l_2 不平行，则必然相交于一点 P，点 P 的坐标 (x, y) 既满足 l_1 的方程，也满足 l_2 的方程，为两条直线方程的公共解；反之，如果直线 l_1，l_2 的方程只有一个公共解，则以这个解为坐标的点一定是直线 l_1，l_2 的交点.

注意

两条直线相交所成的最小正角称为两条直线的夹角. 当两条直线平行或重合时，两条直线的夹角为零角. 因此，两条直线夹角的取值范围为 0°～90°.

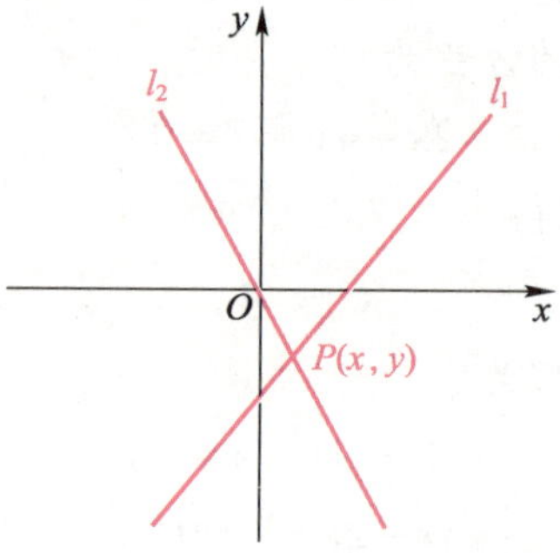

图 8-12

因此，求两条相交直线的交点时，需要解方程组

$$\begin{cases} A_1x + B_1y + C_1 = 0, \\ A_2x + B_2y + C_2 = 0, \end{cases}$$

该方程组的解就是直线 l_1，l_2 的交点坐标.

如图 8-13（a）所示，直线 l_1 和 l_2 的倾斜角分别为 α_1 和 α_2，斜率分别为 k_1 和 k_2，且不为零.

若 $l_1 \perp l_2$，则

$$k_1 = \tan\alpha_1 = \frac{BC}{AC},$$

$$k_2 = \tan\alpha_2 = \tan(\pi - \alpha_3) = -\tan\alpha_3 = -\frac{AC}{BC},$$

即

$$k_1 \cdot k_2 = -1.$$

上述过程逆推可得：若 $k_1 \cdot k_2 = -1$，则 $l_1 \perp l_2$.

因此，对于两条直线 l_1 和 l_2，若它们的斜率都存在且不为零，则有

$$l_1 \perp l_2 \Leftrightarrow k_1 \cdot k_2 = -1. \tag{8-8}$$

如图 8-13（b）所示，如果两条直线的斜率一个等于零，另一个不存在，显然，这两条直线也垂直.

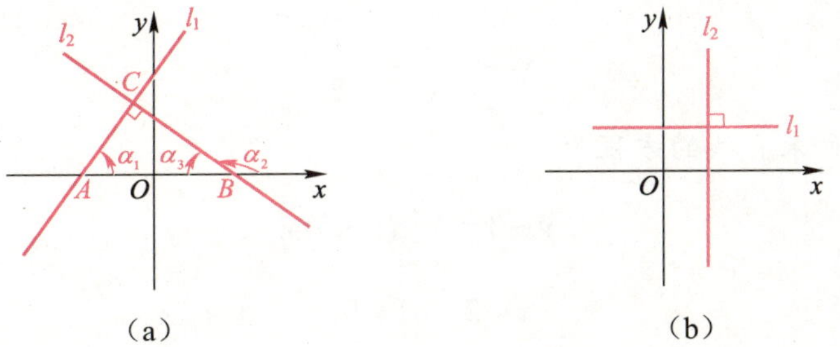

图 8-13

学以致用

例 3　判断下列各对直线的位置关系，如果相交，求出交点坐标.

（1）l_1：$3x+4y-5=0$，l_2：$6x+8y=9$；

（2）l_1：$5x-3y+2=0$，l_2：$7x+9y+5=0$.

解　（1）直线 l_1 可化为 $y=-\dfrac{3}{4}x+\dfrac{5}{4}$，其斜率 $k_1=-\dfrac{3}{4}$，$b_1=\dfrac{5}{4}$.

直线 l_2 可化为 $y=-\dfrac{3}{4}x+\dfrac{9}{8}$，其斜率 $k_2=-\dfrac{3}{4}$，$b_2=\dfrac{9}{8}$.

因为 $k_1=k_2$，$b_1\neq b_2$，所以 $l_1 \,/\!/\, l_2$.

（2）直线 l_1 可化为 $y=\dfrac{5}{3}x+\dfrac{2}{3}$，其斜率 $k_1=\dfrac{5}{3}$.

直线 l_2 可化为 $y=-\dfrac{7}{9}x-\dfrac{5}{9}$，其斜率 $k_2=-\dfrac{7}{9}$.

因 $k_1\neq k_2$，所以 l_1，l_2 相交.

联立方程组

$$\begin{cases}5x-3y+2=0,\\7x+9y+5=0,\end{cases}$$

解得

$$\begin{cases}x=-\dfrac{1}{2},\\[2mm]y=-\dfrac{1}{6}.\end{cases}$$

所以，它们的交点坐标为 $\left(-\dfrac{1}{2},-\dfrac{1}{6}\right)$.

例 4　求过点 $A(-5,3)$ 且垂直于直线 $6x-3y+8=0$ 的直线方程.

解　设直线 $6x-3y+8=0$ 的斜率为 k_1，将其方程化为斜截式为 $y=2x+\dfrac{8}{3}$，

跃跃欲试

已知直线 $3x+4y=a$ 与直线 $2x+5y=10$ 的交点在 x 轴上，能否确定 a 的值，并求出交点的坐标？

则 $k_1=2$.

因所求直线与已知直线垂直，设其斜率为 k_2，则

$$k_2=-\frac{1}{k_1}=-\frac{1}{2}.$$

于是，所求直线的方程为

$$y-3=-\frac{1}{2}(x+5),$$

整理可得
$$x+2y-1=0.$$

例 5　判断直线 $y=3x+5$ 和直线 $2x+6y+3=0$ 是否垂直.

解　设直线 $y=3x+5$ 的斜率为 k_1，则 $k_1=3$.

设直线 $2x+6y-4=0$ 的斜率为 k_2. 将 $2x+6y+3=0$ 写为斜截式为 $y=-\frac{1}{3}x-\frac{1}{2}$，则 $k_2=-\frac{1}{3}$.

因为

$$k_1\cdot k_2=3\times\left(-\frac{1}{3}\right)=-1,$$

所以，直线 $y=3x+5$ 和直线 $2x+6y+3=0$ 垂直.

跃跃欲试

请判断，直线 $2x+6y-5=0$ 与直线 $3x-y=6$ 是否垂直？

鉴错小能手

判断下列说法的正误.

（1）已知直线 l 过点 $(1,2)$ 且与直线 $3x-y+5=0$ 平行，则该直线的方程为 $3x+y-1=0$.　　（　　）

（2）已知直线 l 过点 $(2,-4)$ 且与直线 $2x+3y-1=0$ 垂直，则该直线的方程为 $3x-2y-15=0$.　　（　　）

（3）直线 $x+2y+1=0$ 与直线 $y=x-2$ 相交.　　（　　）

8.3.3　点到直线的距离

生活中的数学

铁路附近有一大型仓库，现计划修建一条公路和一个货运站，将仓库和铁路连接起来，方便仓库货物的运输. 请思考：怎样设计才能使公路最短？应如何确定货运站的位置？

知识精讲

如图 8-14 所示，在平面直角坐标系中，已知点 $P_0(x_0,y_0)$，直线 l：$Ax+By+C=0$. 过点 P_0 作直线 l 的垂线 P_0Q，Q 为垂足，则线段 P_0Q 的长度就是点

P_0 到直线 l 的距离，记作 d.

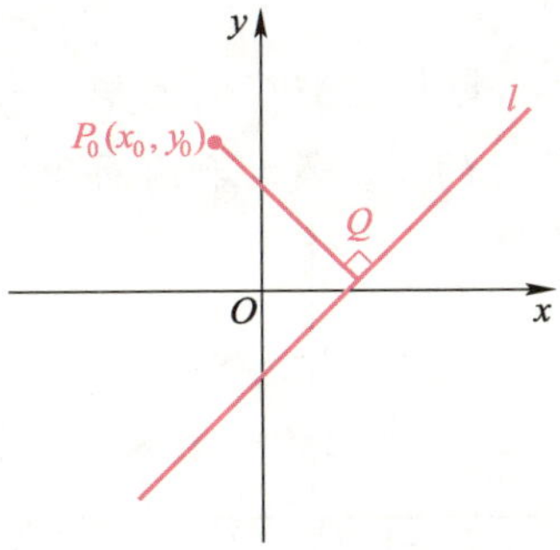

图 8-14

点 $P_0(x_0, y_0)$ 到直线 l：$Ax+By+C=0$ 的距离公式为

$$d=\frac{|Ax_0+By_0+C|}{\sqrt{A^2+B^2}}. \qquad (8\text{-}9)$$

> **注意**
> 应用公式（8-9）时，直线方程必须是一般式方程.

学以致用

例 6 求下列点到直线的距离.

（1）点 $A(4,1)$，直线 $-2x+3y-1=0$；

（2）点 $A(-2,5)$，直线 $y=-3x-4$.

解　（1）根据点到直线的距离公式可得

$$d=\frac{|-2\times4+3\times1-1|}{\sqrt{(-2)^2+3^2}}=\frac{6}{\sqrt{13}}=\frac{6}{13}\sqrt{13}.$$

（2）直线方程可化为 $3x+y+4=0$，根据点到直线的距离公式可得

$$d=\frac{|3\times(-2)+1\times5+4|}{\sqrt{3^2+1^2}}=\frac{3}{\sqrt{10}}=\frac{3}{10}\sqrt{10}.$$

例 7 求两条平行直线 $6x-8y+4=0$ 和 $6x-8y-3=0$ 之间的距离.

分析　由平面几何的知识可知，两条平行线间的距离为其中一条直线上的任意一点到另一条直线的距离. 为方便计算，应尽量选取坐标值比较简单的点.

解　在直线 $6x-8y+4=0$ 上任取一点，如点 $P\left(0,\frac{1}{2}\right)$，则点 P 到直线 $6x-8y-3=0$ 的距离就是两平行线之间的距离，即

$$d=\frac{\left|6\times0+(-8)\times\frac{1}{2}-3\right|}{\sqrt{6^2+(-8)^2}}=\frac{7}{10}.$$

因此，两平行线之间的距离为 $\frac{7}{10}$.

> **提示**
> 当两条平行直线的方程对应的 x，y 的系数都相同时，它们之间的距离公式为
> $$d=\frac{|C_1-C_2|}{\sqrt{A^2+B^2}}.$$

例 8 已知$\triangle ABC$的三个顶点分别为$A(1,2)$，$B(-1,-1)$，$C(3,0)$，求$\triangle ABC$的面积.

分析 如图 8-15 所示，要求$\triangle ABC$的面积，应先求出任意一边的边长及直线方程，然后求出这条边上的高，最后利用面积公式进行计算.

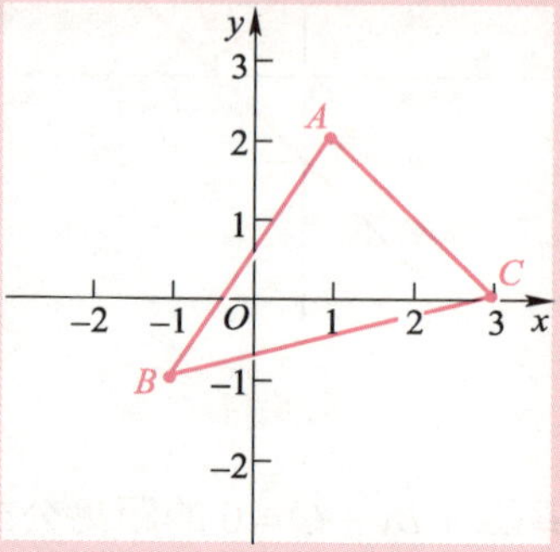

图 8-15

解 边 AB 的长为

$$|AB|=\sqrt{(-1-1)^2+(-1-2)^2}=\sqrt{13}.$$

直线 AB 的斜率为

$$k=\frac{-1-2}{-1-1}=\frac{3}{2}.$$

所以，直线 AB 的方程为

$$y+1=\frac{3}{2}(x+1),$$

整理可得

$$3x-2y+1=0.$$

点$C(3,0)$到直线 AB 的距离为

$$d=\frac{|3\times3+(-2)\times0+1|}{\sqrt{3^2+(-2)^2}}=\frac{10}{\sqrt{13}}=\frac{10}{13}\sqrt{13}.$$

所以，$\triangle ABC$的面积为

$$S=\frac{1}{2}\times\sqrt{13}\times\frac{10}{13}\sqrt{13}=5.$$

跃跃欲试

请尝试用边BC或边AC求$\triangle ABC$的面积.

课堂练习

1．求 x 轴上到直线 $x-y+1=0$ 的距离为$\sqrt{2}$的点的坐标.

2．已知点$(3,m)$到直线$x+\sqrt{3}y-4=0$的距离等于 1，求 m 的值.

3．已知点 P 在直线$3x+y-5=0$上，且点 P 到直线$x-y-1=0$的距离等于$\sqrt{2}$，求点 P 的坐标.

小试牛刀 8.3

A 组

1．过点 $M(-2,1)$ 且与直线 $x+2y+6=0$ 平行的直线方程为（　　）．

A．$2x-y+5=0$　　B．$2x-y+3=0$

C．$x+2y+2=0$　　D．$x+2y+4=0$

2．直线 $3x+y-4=0$ 与直线 $x-3y+4=0$ 的位置关系是（　　）．

A．平行　　B．垂直

C．重合　　D．相交但不垂直

3．点 $(2,5)$ 到直线 $4x-3y-1=0$ 的距离为（　　）．

A．$\frac{2}{5}$　　B．$\frac{4}{5}$　　C．$\frac{6}{5}$　　D．$\frac{8}{5}$

4．已知直线 l_1：$y=3x+1$ 与直线 l_2：$ax+y+1=0$，若 $l_1 \perp l_2$，则 a 的值为（　　）．

A．$-\frac{1}{3}$　　B．$\frac{1}{3}$　　C．-3　　D．3

5．直线 $3x-2y-6=0$ 在 x 轴与 y 轴上的截距分别为__________．

6．过点 $(-1,0)$ 且与直线 $x+2y-1=0$ 垂直的直线方程为__________．

7．两条平行直线 $x-3y+6=0$ 和 $x-3y-4=0$ 之间的距离为________．

8．设点 P 为 y 轴上一点，并且点 P 到直线 $3x-4y+6=0$ 的距离为 6，求点 P 的坐标．

9．求过两条直线 $x+y-6=0$ 和 $2x-y-3=0$ 的交点，且平行于直线 $3x+4y-1=0$ 的直线方程．

10．过点 $A(-1,n)$ 与点 $B(n,5)$ 的直线与直线 $x-2y+1=0$ 平行，求 n 的值．

11．直线 $y=3x-1$ 与直线 $x+ay+2=0$ 垂直，求实数 a 的值．

B 组

1．已知△ABC 的三个顶点分别为 $A(0,1)$，$B(3,0)$，$C(5,2)$，求△ABC 的面积．

2．求过直线 l_1：$2x+y-8=0$ 和 l_2：$x-2y+1=0$ 的交点，且到点 $P(0,-2)$ 的距离为 3 的直线方程．

少年易老学难成，一寸光阴不可轻．

——朱熹

8.4 圆

8.4.1 圆的标准方程

扫一扫

圆的标准方程

生活中的数学

圆是最完美的几何图形，是生活中一种随处可见的曲线，如硬币、车轮、表盘、井盖等. 因为有了圆，我们的世界变得多姿多彩、神奇美妙. 这节课，就让我们走进圆的世界，探索圆的奥秘.

知识精讲

我们知道，圆是平面内到定点的距离等于定长的点的轨迹，定点称为圆心，定长称为半径. 根据圆的定义，当圆心位置和半径大小确定后，圆就唯一确定了. 因此，圆心和半径是确定一个圆的最基本要素.

如图 8-16 所示，在平面直角坐标系中，已知一个圆的圆心为点 $C(a,b)$，半径为 r，通常将该圆记作圆 C.

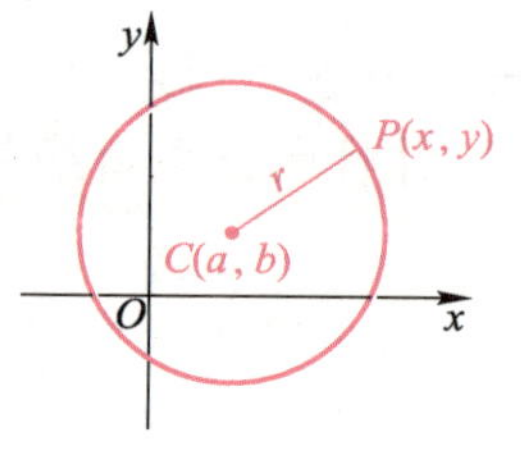

图 8-16

设 $P(x,y)$ 为圆 C 上任意一点，则 $|PC|=r$. 根据两点间的距离公式可得

$$\sqrt{(x-a)^2+(y-b)^2}=r,$$

将上式两边平方可得

$$(x-a)^2+(y-b)^2=r^2, \tag{8-10}$$

这个方程称为以点 $C(a,b)$ 为圆心、以 r 为半径的圆的标准方程.

如果圆心为坐标原点 $O(0,0)$，则半径为 r 的圆的标准方程为

$$x^2+y^2=r^2. \tag{8-11}$$

注意

利用圆的标准方程求圆心坐标时，应注意公式（8-10）中两括号内都是“−”号！

学以致用

例 1 写出下列各圆的标准方程.

（1）圆心为点 $C(-1,5)$，半径为 2；

（2）圆心在 x 轴上，半径为 $\sqrt{10}$，且过点 $(4,1)$.

解　(1) 圆心为点 $C(-1,5)$、半径 $r=2$ 的圆的标准方程为

$$(x+1)^2+(y-5)^2=4.$$

(2) 设圆的标准方程为

$$(x-a)^2+y^2=10.$$

因为圆过点 $(4,1)$，所以

$$(4-a)^2+1^2=10,$$

解得

$$a_1=1,\ a_2=7.$$

因此，所求圆的方程为

$$(x-1)^2+y^2=10 \text{ 或 } (x-7)^2+y^2=10.$$

例 2　已知圆的方程为 $(x-2)^2+(y+2)^2=25$.

(1) 写出圆心 C 的坐标和半径；

(2) 确定点 $A(-2,3)$，$B(6,1)$，$D(3,-4)$ 与圆的位置关系.

解　(1) 方程 $(x-2)^2+(y+2)^2=25$ 可化为

$$(x-2)^2+[y-(-2)]^2=5^2,$$

即

$$a=2,\ b=-2,\ r=5.$$

所以，圆心 C 的坐标为 $(2,-2)$，半径 $r=5$.

(2) 由于

$$|AC|=\sqrt{(2+2)^2+(-2-3)^2}=\sqrt{41}>r,$$

所以，点 A 在圆外.

由于

$$|BC|=\sqrt{(2-6)^2+(-2-1)^2}=5=r,$$

所以，点 B 在圆上.

由于

$$|DC|=\sqrt{(2-3)^2+(-2+4)^2}=\sqrt{5}<r,$$

所以，点 D 在圆内.

课堂练习

1. 根据下列圆的标准方程，分别求出圆心的坐标与半径，并画出图形.

(1) $(x+1)^2+(y-2)^2=4$；

(2) $x^2+(y+2)^2=3$.

2. 求圆心为点 $C(-2,1)$，且过点 $A(2,-2)$ 的圆的标准方程.

8.4.2　圆的一般方程

扫一扫

圆的一般方程

生活中的数学

为什么钟表或手表的表盘大多是圆形呢？

因为每一个标准的圆形都有一个属于自己的圆心，这样不仅可以方便地安装时针、分针和秒针等机械部件，还能更加简单地布置和安装表盘上的数字．当然也有一些长方形或正方形的手表表盘，但这些表盘在安装指针和数字时会比较麻烦．

知识精讲

将圆的标准方程展开整理，可得

$$x^2+y^2-2ax-2by+a^2+b^2-r^2=0.$$

令 $D=-2a$，$E=-2b$，$F=a^2+b^2-r^2$，则上式可化为

$$x^2+y^2+Dx+Ey+F=0.$$

那么，形如上式的方程是否一定是圆的方程呢？下面我们对此进行讨论．

将上式配方整理得

$$\left(x+\frac{D}{2}\right)^2+\left(y+\frac{E}{2}\right)^2=\frac{D^2+E^2-4F}{4}. \quad ①$$

讨论：（1）当 $D^2+E^2-4F>0$ 时，方程①是圆的标准方程，其圆心为 $\left(-\frac{D}{2},-\frac{E}{2}\right)$，半径 $r=\frac{\sqrt{D^2+E^2-4F}}{2}$；

（2）当 $D^2+E^2-4F=0$ 时，方程①表示一个点，即 $\left(-\frac{D}{2},-\frac{E}{2}\right)$；

（3）当 $D^2+E^2-4F<0$ 时，方程①无解，不表示任何图形．

因此，方程

$$x^2+y^2+Dx+Ey+F=0\,(D^2+E^2-4F>0), \quad (8\text{-}12)$$

称为**圆的一般方程**，其中 D，E，F 均为常数．

圆的一般方程是一个二元二次方程，观察发现，它具有以下特点．

（1）x^2 和 y^2 的系数均为 1．

（2）方程不含 xy 项．

头脑风暴

具备这两个特点的二元二次方程是否一定是圆的方程呢？

学以致用

例 3 判断下列各方程表示的图形．

（1）$x^2+y^2+4x-8y+11=0$；

（2）$x^2+y^2+4x-8y+20=0$；

（3）$x^2+y^2+4x-8y+25=0$．

解 （1）因

$$D^2+E^2-4F=4^2+(-8)^2-4\times11=36>0,$$

所以，该方程为圆的一般方程，由

$$-\frac{D}{2}=-2,\quad -\frac{E}{2}=4,\quad \frac{\sqrt{D^2+E^2-4F}}{2}=3,$$

可知，这是一个圆心坐标为 $(-2,4)$、半径为 3 的圆.

（2）因

$$D^2+E^2-4F=4^2+(-8)^2-4\times 20=0,$$

所以，该方程表示的是一个点，其坐标为 $(-2,4)$.

（3）因

$$D^2+E^2-4F=4^2+(-8)^2-4\times 25=-20<0,$$

所以，该方程不表示任何图形.

跃跃欲试

例 3 中的各方程还可通过配方法来确定它们所表示的图形. 请同学们自己尝试一下.

课堂练习

判断下列方程是否表示圆，如果是，求出圆心坐标和半径.

（1）$x^2+y^2-4x+2y-1=0$；

（2）$x^2+y^2-2x-2y+8=0$；

（3）$x^2+y^2-4x-1=0$；

（4）$x^2+y^2-6y+4=0$.

8.4.3　确定圆的条件

生活中的数学

无论是自行车还是汽车，它们的车轮都是圆形的. 那么，车轮为什么做成圆形呢？

这是因为圆形车轮不仅容易滚动，而且车轮上各点到车轮中心的距离都等于车轮的半径. 当车轮在平面上滚动时，车轮中心与平面的距离保持不变. 因此，当车辆在平坦的路上行驶时，坐车的人会感觉到非常平稳. 这些都是车轮做成圆形的数学道理.

知识精讲

圆的标准方程：　　$(x-a)^2+(y-b)^2=r^2$；

圆的一般方程：　　$x^2+y^2+Dx+Ey+F=0$.

通过观察这两个方程，可以发现它们分别含有三个字母系数 a，b，r 或 D，E，F. 确定了这三个字母系数，圆的方程也就确定了. 因此，求圆的方程关键就是确定 a，b，r 或 D，E，F 的值. 具体求解时，可根据所给的条件，采用待定系数法进行求解.

学以致用

例 4 求以点 $(-2,5)$ 为圆心，并且过点 $(3,-7)$ 的圆的方程.

分析 根据已知条件求出圆心的坐标和半径，从而确定字母系数 a,b,r，得到圆的标准方程，这是求圆的方程的常用方法.

解 由于点 $(-2,5)$ 与点 $(3,-7)$ 之间的距离就是半径，所以半径为

$$r=\sqrt{(3+2)^2+(-7-5)^2}=13,$$

故所求圆的方程为

$$(x+2)^2+(y-5)^2=169.$$

例 5 求经过三点 $A(-1,-3)$，$B(1,1)$，$C(4,2)$ 的圆的方程.

解 设所求圆的方程为 $x^2+y^2+Dx+Ey+F=0$，将点 $A(-1,-3)$，$B(1,1)$，$C(4,2)$ 的坐标分别带入方程可得

$$\begin{cases}(-1)^2+(-3)^2+D\times(-1)+E\times(-3)+F=0,\\ 1^2+1^2+D\times1+E\times1+F=0,\\ 4^2+2^2+D\times4+E\times2+F=0,\end{cases}$$

于是，得到

$$\begin{cases}-D-3E+F=-10,\\ D+E+F=-2,\\ 4D+2E+F=-20,\end{cases}$$

解得 $D=-8$，$E=6$，$F=0$.

故所求圆的一般方程为

$$x^2+y^2-8x+6y=0.$$

跃跃欲试

在求解例 5 时，如果设圆的方程为 $(x-a)^2+(y-b)^2=r^2$ 是否可以？比较一下哪种方法简单？

课堂练习

1. 求过直线 $x+3y+7=0$ 与直线 $3x-2y-12=0$ 的交点，且圆心为 $C(-1,1)$ 的圆的方程.

2. 求过 $A(0,0)$，$B(1,0)$，$C(0,2)$ 三点的圆的方程.

8.4.4 直线与圆的位置关系

扫一扫

直线与圆的位置关系

生活中的数学

观察图 8-17 中三幅海边日出的图片，在太阳升起的过程中，太阳逐渐脱离海平面，然后越升越高. 若将太阳看作圆，将海平面线看作直线，三幅图片分别反映了直线与圆之间的何种位置关系？

图 8-17

知识精讲

如图 8-18 所示，已知圆的半径为 r，设圆心 C 到直线 l 的距离为 d，则直线与圆的位置关系有以下几种.

（1）直线与圆相交：有两个交点，如图 8-18（a）所示.

（2）直线与圆相切：仅有一个交点，如图 8-18（b）所示.

（3）直线与圆相离：没有交点，如图 8-18（c）所示.

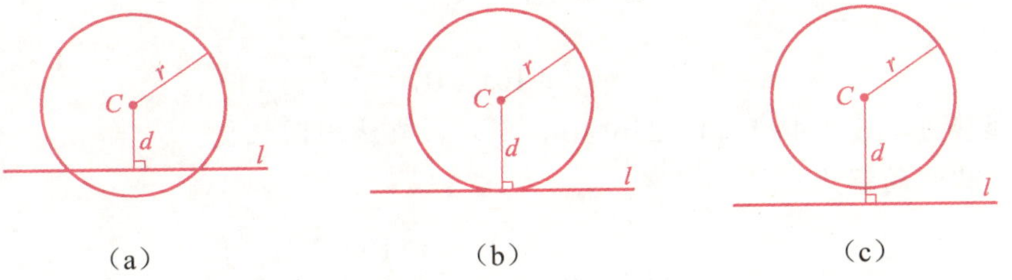

图 8-18

直线与圆的位置关系可以根据 d 与 r 的关系来判定.

（1）$d<r$：直线与圆相交.

（2）$d=r$：直线与圆相切.

（3）$d>r$：直线与圆相离.

在平面直角坐标系中，设圆的圆心为 $C(a,b)$，直线 l 的方程为 $Ax+By+C=0$，则圆心 C 到直线 l 的距离 d 为

$$d=\frac{|Aa+Bb+C|}{\sqrt{A^2+B^2}}.$$

比较 d 与 r 的大小，就可以判定出直线与圆的位置关系.

此外，还可应用代数法，联立方程组，得到

$$\begin{cases}Ax+By+C=0\\(x-a)^2+(y-b)^2=r^2\end{cases} \text{或} \begin{cases}Ax+By+C=0,\\x^2+y^2+Dx+Ey+F=0,\end{cases}$$

判断其解的个数，从而判定出直线与圆的位置关系.

上述方程组中，通过第一式写出一个 y 关于 x 的等式，代入第二式中，得出一个关于 x 的一元二次方程，由这个方程的判别式 Δ 的符号来判定直线与圆的位置关系.

> **提示**
>
> 用代数法判断直线与圆的位置关系时，还可求出它们公共点的坐标. 方程组的解即为公共点的坐标.

（1）$\Delta>0$，直线与圆相交.

（2）$\Delta=0$，直线与圆相切.

（3）$\Delta<0$，直线与圆相离.

学以致用

例 6 判断直线 l：$x-2y+2=0$ 与圆 $(x+2)^2+(y-1)^2=4$ 的位置关系，若相交，求出公共点的坐标.

分析 本题采用代数法，联立方程组，得到一元二次方程，根据方程的判别式，判断直线与圆的位置关系，方程组的解即为公共点的坐标.

解 根据题意，联立方程组，得到

$$\begin{cases}x-2y+2=0, & ①\\(x+2)^2+(y-1)^2=4, & ②\end{cases}$$

由①式解出 $y=\dfrac{1}{2}x+1$，代入②式，得

$$5x^2+16x=0.$$

因其 $\Delta=16^2-4\times5\times0=256>0$，所以，直线与圆相交.

方程组的解为

$$\begin{cases}x_1=0,\\y_1=1\end{cases}\text{或}\begin{cases}x_2=-\dfrac{16}{5},\\y_2=-\dfrac{3}{5}.\end{cases}$$

所以，直线与圆的交点为 $(0,1)$，$\left(-\dfrac{16}{5},-\dfrac{3}{5}\right)$.

例 7 求过点 $M(3,1)$，且与圆 $(x-1)^2+y^2=4$ 相切的直线 l 的方程.

分析 求直线 l 的方程时，关键是求出其斜率 k. 可以利用圆心到直线 l 的距离等于半径的条件来确定 k.

解 设直线 l 的方程为 $y-1=k(x-3)$，即 $kx-y-3k+1=0$.

圆 $(x-1)^2+y^2=4$ 的圆心为 $(1,0)$，半径 $r=2$.

因直线 l 与圆相切，所以圆心到直线的距离为

$$\frac{|k-3k+1|}{\sqrt{k^2+(-1)^2}}=2,$$

解得

$$k=-\frac{3}{4}.$$

所以，直线 l 的方程为

$$y-1=-\frac{3}{4}(x-3),$$

> 注意
>
> 例 7 中所使用的方法是待定系数法. 这种方法在利用代数法研究几何问题时有着广泛的应用.

即　$3x+4y-13=0$.

课堂练习

1．求以点 $A(2,-1)$ 为圆心，且与直线 $4x+3y=0$ 相切的圆的方程．

2．判断直线 $x+y=2$ 与圆 $x^2+y^2=2$ 的位置关系．

8.4.5　直线方程与圆的方程应用举例

生活中的数学

例 8　如图 8-19（a）所示，某隧道由半径为 3 m 的半圆和长、宽分别为 6 m 和 2 m 的矩形组成．有一载货卡车宽 3 m，车与货共高 4 m．

（1）建立适当的平面直角坐标系，求出圆弧所在圆的方程；

（2）判断该车能否通过此隧道．

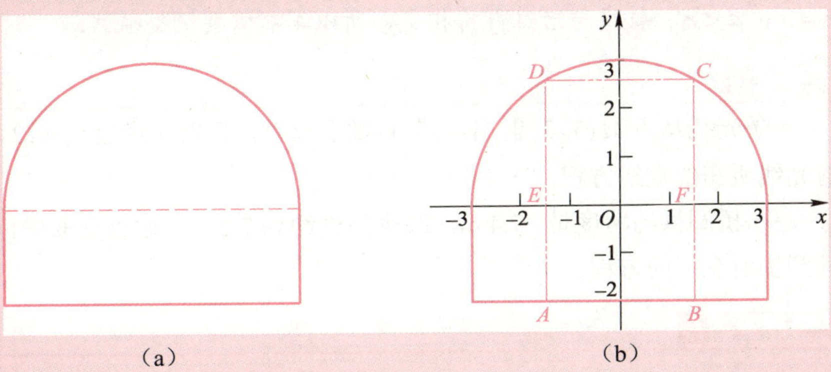

图 8-19

解　（1）如图 8-19（b）所示，以半圆的圆心为坐标原点，建立平面直角坐标系，则半圆的圆心为 $O(0,0)$，半径 $r=3$．所以，半圆所在的圆的方程为

$$x^2+y^2=9.$$

（2）如图 8-19（b）所示，$ABCD$ 为该车通过隧道时所处的位置．若该车能通过隧道，则应满足 $|AD|=|BC|>4$．因 $|AE|=|BF|=2$，现计算线段 ED 或 FC 的长度．

由于点 F 的坐标为 $\left(\frac{3}{2},0\right)$，设点 C 的坐标为 $\left(\frac{3}{2},m\right)$，因点 C 在圆弧上，

所以

$$\left(\frac{3}{2}\right)^2+m^2=9,$$

解得　$m_1=\frac{3}{2}\sqrt{3}\approx 2.6$ 或 $m_2=-\frac{3}{2}\sqrt{3}$（舍去）．

所以，　$|FC|\approx 2.6$.

因　$|BC|=|BF|+|FC|\approx 4.6>4$，

故该车能通过隧道.

例 9　我国海军军舰沿直线 $x-y+3=0$ 方向执行护航任务时，发现前方有一个以点 $A(1,1)$ 为圆心，半径为 3 海里（1 海里约为 1.852 km）的圆形暗礁群. 问军舰是否需要调整航线？

分析　利用直线与圆的位置关系进行判断，如果直线与圆不是相离关系，军舰就需要调整航线.

解　由题意知，圆形暗礁群所在的圆的方程为

$$(x-1)^2+(y-1)^2=9.$$

根据点到直线的距离公式，圆心 $A(1,1)$ 与直线 $x-y+3=0$ 的距离 d 为

$$d=\frac{|1-1+3|}{\sqrt{1^2+(-1)^2}}=\frac{3\sqrt{2}}{2},$$

因为 $r=3$， $d<r$，航线与暗礁群将相交，所以军舰需要调整航线.

课堂练习

1. 一条光线从点 $M(5,3)$ 射出，遇 x 轴后反射，反射光经过点 $N(2,6)$，求反射光线所在的直线方程.

> 提示
> 由平面镜的成像特点可知：像和物体关于平面镜对称.

2. 赵州桥圆拱的跨度是 37.4 m，圆拱高度约为 7.2 m，适当选取坐标系，求出其圆拱所在圆的方程.

小试牛刀 8.4

A 组

1. 圆 $(x-5)^2+(y+3)^2=8$ 的圆心和半径分别为（　　）.

A. $(-5,3)$，8　　B. $(-5,3)$，$2\sqrt{2}$

C. $(5,-3)$，$2\sqrt{2}$　　D. $(5,-3)$，8

2. 圆 $x^2+y^2-2x+4y-4=0$ 的圆心和半径分别为（　　）.

A. $(1,-2)$，9　　B. $(1,-2)$，3

C. $(-1,2)$，9　　D. $(-1,2)$，3

3. 点 $(-1,-2)$ 与圆 $x^2+y^2=4$ 的位置关系是（　　）.

A. 在圆内　　B. 在圆上

C. 在圆外　　D. 无法判断

4. 直线 $3x-4y+15=0$ 与圆 $(x-1)^2+(y-2)^2=4$ 的位置关系是（　　）.

A. 相离　　B. 相切

C. 相交且过圆心　　D. 相交但不过圆心

5. 若圆 $x^2+y^2=m$ 经过点 $(3,1)$，则圆的半径为________.

6. 圆心为坐标原点、半径为 5 的圆的方程是________.

7．圆 $x^2+y^2-4x=0$ 的圆心坐标为________，半径为________.

8．已知 $A(4,3)$，$B(6,-1)$ 两点，求以线段 AB 为直径的圆的方程.

9．判断下列直线与圆的位置关系.

（1）直线 $3x+y-6=0$ 与圆 $x^2+y^2-2y-4=0$；

（2）直线 $4x-3y+6=0$ 与圆 $x^2+y^2-8x+2y-8=0$.

10．从点 $M(2,2)$ 射出一条光线，经过 x 轴反射后过点 $N(-8,3)$，求反射点 P 的坐标.

B 组

1．直线 $2x+y+C=0$ 与圆 $x^2+y^2=25$ 相切，求 C 的值.

2．若 $x^2+y^2-4x+6y=k^2-14k$ 表示一个圆，求实数 k 的取值范围.

总章复习 8

路漫漫其修远兮，吾将上下而求索.

——屈原

百炼成钢

A 组

1．已知点 $A(-1,-5)$，$B(3,-1)$，则直线 AB 的倾斜角为（　　）.

A．30°　　B．45°　　C．60°　　D．90°

2．以点 $A(1,3)$，$B(-5,1)$ 为端点的线段的垂直平分线的方程为（　　）.

A．$3x-y+8=0$　　B．$2x-y-6=0$

C．$3x+y+4=0$　　D．$2x+y+2=0$

3．已知直线 $y=kx+b$ 过点 $A(1,3)$ 及点 $B(-5,15)$，则 k 和 b 的值分别是（　　）.

A．-2，5　　B．5，-2　　C．5，2　　D．2，5

4．点 $M(8,10)$ 到直线 $3x-4y-14=0$ 的距离为（　　）.

A．7　　B．6　　C．5　　D．4

5．直线 $2x+y=-1$ 与直线 $x+2y=1$ 的位置关系是（　　）.

A．平行　　B．垂直

C．重合　　D．相交但不垂直

6．直线 $x+y+1=0$ 与直线 $ax+2y-3=0$ 互相垂直，则 a 等于（　　）.

A．1　　B．$-\frac{1}{3}$　　C．$-\frac{2}{3}$　　D．-2

7．直线 $x+y+1=0$ 与直线 $ax+2y-3=0$ 互相平行，则 a 等于（　　）.

A．1　　B．-1　　C．2　　D．-2

8. 圆 $x^2+y^2-10y=0$ 的圆心到直线 $3x+4y-5=0$ 的距离等于（　　）.

A. $\frac{2}{5}$　　B. 3　　C. $\frac{5}{7}$　　D. 15

9. 半径为 3，圆心在 x 轴正半轴，且与 y 轴相切于坐标原点的圆的方程为（　　）.

A. $(x-3)^2+y^2=9$　　B. $(x+3)^2+y^2=9$

C. $x^2+(y+3)^2=9$　　D. $x^2+(y-3)^2=9$

10. 直线 $3x+y-18=0$ 与圆 $x^2+y^2-4x-6y+8=0$ 的位置关系为（　　）.

A. 相切　　B. 相离

C. 相交且过圆心　　D. 相交但不过圆心

11. 过 $A(3,-2)$，$B(3,1)$ 两点的直线的倾斜角为________.

12. 若点 $P(3,4)$ 是线段 AB 的中点，点 A 的坐标为 $(-1,2)$，则点 B 的坐标为________.

13. 直线 $2x+3y+1=0$ 与 x 轴的交点坐标为________.

14. 已知点 $(a+1,2a-1)$ 在直线 $x-2y=0$ 上，则 $a=$________.

15. 已知过点 $A(-1,m)$，$B(m,6)$ 的直线与直线 $x-2y+1=0$ 垂直，则 $m=$________.

16. 圆心为 $(-1,0)$、半径为 $\sqrt{2}$ 的圆的方程为________.

17. 已知直线 l 平行于直线 $6x-2y+5=0$，并且经过直线 $3x+2y+1=0$ 与直线 $2x+3y+4=0$ 的交点，求直线 l 的方程.

18. 设点 P 到直线 $x+y+1=0$ 的距离为 $\sqrt{2}$，且点 P 在 x 轴上，求点 P 的坐标.

19. 已知圆 $x^2+y^2+Dx+Ey-6=0$ 的圆心为点 $C(3,4)$，求圆的半径 r.

20. 求经过直线 $x+2y+1=0$ 与直线 $2x+y-1=0$ 的交点，圆心为 $C(4,3)$ 的圆的方程.

B 组

1. 直线 $3x+y+a=0$ 过圆 $x^2+y^2+2x-4y=0$ 的圆心，求 a 的值，并写出直线的点斜式方程.

2. 已知直线 l：$3x-4y+3=0$ 和点 $C(1,-1)$，求以点 C 为圆心并与直线 l 相切的圆的方程.

巅峰对决

1. 过点 $(1,2)$ 与圆 $x^2+y^2=5$ 相切的直线方程是（　　）.

A. $x-2y+3=0$　　B. $x-2y+5=0$

C. $x+2y-5=0$　　D. $x+2y-\sqrt{5}=0$

2．若直线 $x+y=m$ 与圆 $x^2+y^2=m\ (m>0)$ 相切，求 m 的值．

3．设圆 O 与直线 $x-y-1=0$ 相切，并经过点 $(2,-1)$，且圆心在直线 $2x+y=0$ 上，求圆 O 的方程．

数学的现代化 信息技术应用

利用几何画板绘制直线与圆

扫一扫

利用几何画板绘制直线与圆

上一章我们学习了几何画板中变换工具和自定义工具的使用方法，本章我们开始学习几何画板中构造点、直线和圆的基本方法，并学会利用动画工具、移动工具制作操作类按钮，从而展示出直线与圆的位置关系及其变换过程．

（1）打开几何画板，选中“线段直尺工具”图标，在画板空白处任意单击两下，绘出一条线段，标签设为“r”．

（2）选中“点工具”图标，在画板空白处单击，出现一个点，标签设为“O”．

（3）选中“移动箭头工具”图标，依次选中点 O 和线段 r，然后选择“构造”→“以圆心和半径作圆”选项，便得到一个以点 O 为圆心、以 r 为半径的圆，如图 8-20 所示．

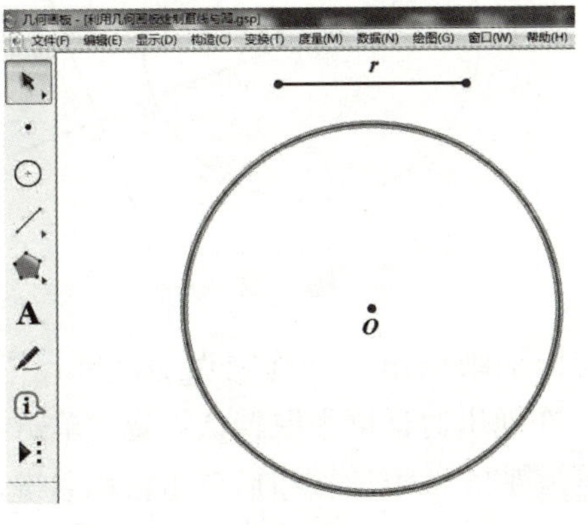

图 8-20

（4）选中“点工具”图标，在圆外空白处单击，绘制出一个点，标签设为“B”．选中“移动箭头工具”图标，依次选中点 O 和点 B，然后选择“构造”→“线段”选项，得到线段 OB，此时线段 OB 处于被选中状态．选择“构造”→“线段上的点”选项，线段 OB 上出现一个点，标签设为“A”，此时点 A 处于被选中状态．继续选中线段 OB，二者同时被选中．选择“构造”→“垂线”选项，画板上出现一条“很长”的直线，标签设为“l”，它是一条过点 A 且与线段 OB 垂直的直线，如图 8-21 所示．

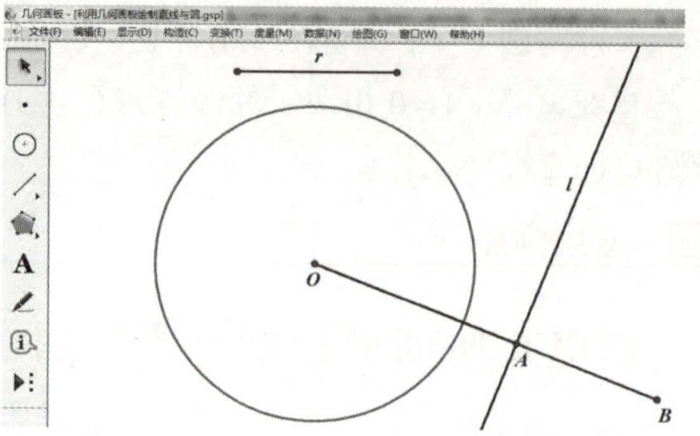

图 8-21

（5）仅选中线段 OB，选择“构造”→“线段上的点”选项，线段 OB 上出现一个点，标签设为“C”，用鼠标将点 C 拖放到圆内适当的位置．先单击画板空白处，再选中线段 OB，同时选中圆 O，选择“构造”→“交点”选项，得到线段 OB 与圆 O 的交点，标签设为“D”，如图 8-22 所示．

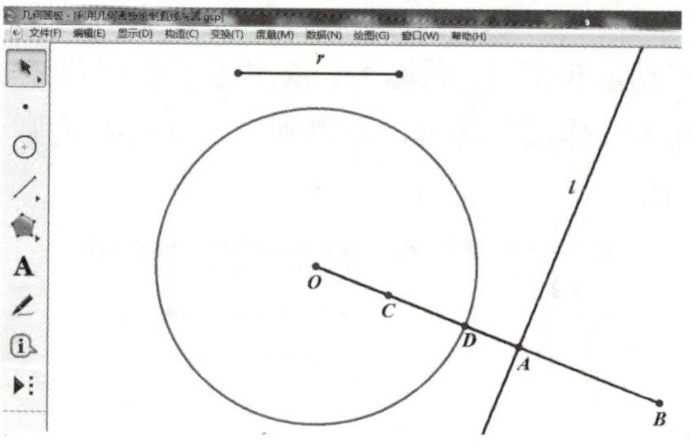

图 8-22

（6）下面我们制作动画按钮．仅选中点 A，选择“编辑”→“操作类按钮”→“动画”选项，在弹出对话框中取默认设置，单击“确定”按钮．此时画板上出现一个按钮“动画点”，选中该按钮后单击鼠标右键，选择“操作类按钮的标签”，在弹出的对话框中更改其标签为“直线与圆的位置关系”．

（7）单击画板空白处，依次选中点 A 和点 C，然后选择“编辑”→“操作类按钮”→“移动”选项，在弹出对话框中取默认设置，单击“确定”按钮．此时画板上出现一个按钮“移动A→C”，更改其标签为“相交”．与此类似，依次选中点 A 和点 D，相同操作后，得到按钮“移动A→D”，更改其标签为“相切”；依次选中点 A 和点 B，相同操作后，得到按钮“移动A→B”，更改其标签为“相离”．按钮制作完成，如图 8-23 所示．

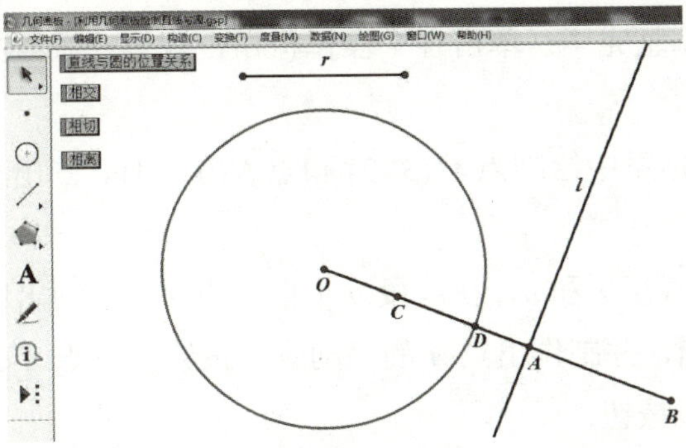

图 8-23

（8）为了便于观察，需要对图像进行调整．单击画板空白处，依次选中点 O 和点 A，然后选择“构造”→“线段”选项，此时线段 OB 变为虚线，而线段 OA 为实线．选中“标识工具”图标，将鼠标放在点 A 上方的直线处并按住左键，同时移动鼠标至点 A 左侧的线段上，此时出现一个圆角的标记，松开鼠标后变成一个小直角标记，且直线 l 上出现一个点，如图 8-24 所示．

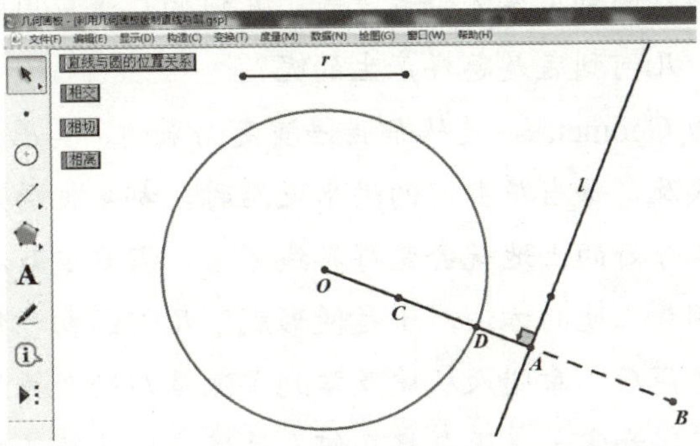

图 8-24

（9）单击画板空白处，依次选中线段 r 及其两个端点、点 C、点 D、点 B、线段 OB 以及直线 l 上新出现的点，然后选择“显示”→“隐藏对象”选项，将刚才选中的所有对象都隐藏起来，如图 8-25 所示．

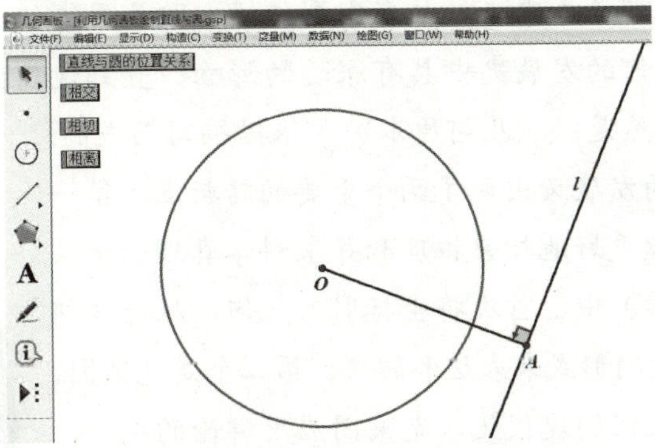

图 8-25

（10）图像调整完毕．单击各个操作按钮，观察动画效果．

做一做

1．在直角坐标系中绘制点 $M(3,2)$ 和点 $N(0,-1)$，画出直线 MN 并标出它的倾斜角．

2．画出两条线段 r 和 a，在线段 a 上取一点 A，绘制出以点 A 为圆心、以线段 r 为半径的圆，并制作出点 A 的“动画”按钮以及点 A 分别到线段 a 的两个端点的“移动”按钮．

趣味阅读

几何的发展简史

在日常生活中，几何的应用无处不在．例如，车辆轮胎为圆形，这样才会使阻力最小；房屋的顶梁多为三角形，因为三角形具有稳定性；蜜蜂的蜂巢筑成正六边形，这样空间利用率才会最大等．几何的广泛应用解决了生活中很多实际问题．那么，几何到底是怎样产生的呢？

几何的英文为 Geometry，是从希腊语演变而来的，其原意是土地测量．在四千多年前的古埃及，每当尼罗河的洪水泛滥时，都会把两岸的土地淹没．洪水退去之后，原本分好的土地就会变得界线不清，需要重新测量．长此以往，人们积累了许多测量土地的方法，于是便形成了几何的初步知识．

希腊与埃及通商后，希腊人从埃及学到了测量与绘图等几何初步知识，并在此基础上逐步充实和完善，逐渐将几何发展成一门系统的学问．

欧几里得

在几何的发展过程中，希腊数学家欧几里得起到了很大的作用．公元前 338 年，欧几里得将当时的几何知识进行了系统的总结和整理，并撰写《几何原本》．1607 年，中国学者徐光启和西方传教士利玛窦合作，将欧几里得的《几何原本》翻译成中文，并在中国传播．欧几里得的《几何原本》在几何的发展史中具有深远的影响，直到现在，许多几何课本仍然是以《几何原本》为依据编写而成的．

此后，几何的发展又出现了两个重要的转折点．第一个是在笛卡尔的《更好地指导推理和寻求科学真理的方法谈》附录《几何学》中，首次将坐标引入几何，从此几何问题便可以用代数的形式来表达和解决；第二个是克莱因、希尔伯特等人对几何的现代化，克莱因应用群论的观点，将几何变换视为特定不变量约束下的变换群，而希尔伯特

笛卡尔

为几何奠定了科学的公理化基础，对数学的严密化具有重要的先导作用.

几何虽然源自国外，但我国对几何的研究也有着悠久的历史. 在距今约 4 350～3 950 年前的黑陶文化时期，陶器上就有菱形、正方形和圆内接正方形等几何图形花纹. 先秦时期，墨翟所著的《墨经》里也记录了几何图形的一些知识. 另外，著名的《九章算术》中记载了土地面积和物体体积的计算方法，《周髀算经》中记载了直角三角形三边之间的关系等.

第 9 章

立体几何

9.1 平面的基本性质

9.2 直线与直线、直线与平面、平面与平面平行的判定与性质

9.3 直线与直线、直线与平面、平面与平面所成的角

9.4 直线与直线、直线与平面、平面与平面垂直的判定与性质

9.5 柱、锥、球及其简单组合体

一切平面图形中最美的是圆形，
一切立体图形中最美的是球形.

引言

在高楼林立的城市中，拔地凌空的建筑通常为柱体、锥体、球体等几何体. 实际上，我们生活在一个由点、线、面以及各种几何体构成的立体空间中. 因此，立体几何的知识对我们的日常生活非常必要. 本章将在认识空间中直线与平面相对位置的基础上，进一步学习柱、锥、球及其简单组合体的结构特征和相关计算.

要求

1. 了解平面的基本性质；
2. 理解直线与直线、直线与平面、平面与平面平行的判定与性质；
3. 了解直线与直线、直线与平面、平面与平面所成的角；
4. 理解直线与直线、直线与平面、平面与平面垂直的判定与性质；
5. 了解柱、锥、球及其简单组合体的结构特征及面积、体积的计算.

9.1 平面的基本性质

现实世界中有各种形状的物体，但无论它们是什么物体，如果只观察它们的形状，把它们抽象成数学上的图形，那么这些图形都是由点、线、面构成的.

点、线（特别是直线）、面（特别是平面）是空间的三个基本要素. 空间中的许多图形都是由点、直线（或它的一部分）、平面（或它的一部分）构成的.

> 想象力比知识更重要，因为知识是有限的，而想象力概括着世界的一切，推动着进步，并且是知识进化的源泉.
>
> ——爱因斯坦

9.1.1 平面的概念与表示

生活中的数学

生活中，光滑的墙壁、教室的黑板、电脑的显示屏等都给我们以平面的形象，它们共同的特点是平坦、光滑，如图 9-1 所示.

图 9-1

请思考：如何确定一个平面？怎样用数学语言表示平面呢？

知识精讲

数学中的**平面**是指平坦、光滑并且可以无限延展的图形.

我们知道，直线是可以无限延展的，通常画出直线的一部分来表示直线. 同样，我们也可以画出平面的一部分来表示平面.

为了形象直观，我们通常用一个平行四边形来表示平面，并用小写的希腊字母 α，β，γ，… 来表示不同的平面. 如图 9-2 所示的两个平面，分别记作平面 α 和平面 β. 有时也可用平行四边形四个顶点的字母或两个相对顶点的字母来表示平面. 如图 9-2（a）所示，平面 α 也可记作平面 $ABCD$、平面 AC 或平面 BD.

当平面水平放置时，通常把平行四边形的锐角画成45°，横边画成邻边的 2 倍长，如图 9-2（a）所示. 当平面竖直放置时，通常把平面画成矩形，如图 9-2（b）所示.

> **提示**
>
> 根据具体情况，有时也用其他的平面图形表示平面，如圆、三角形等.

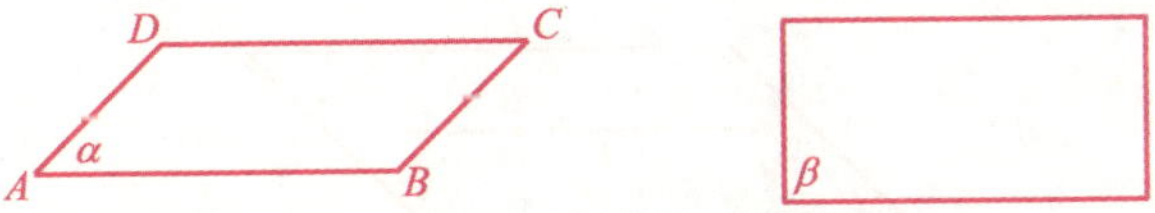

（a）　　（b）

图 9-2

学以致用

例 1 如图 9-3 所示，分别表示出该正方体的 6 个面.

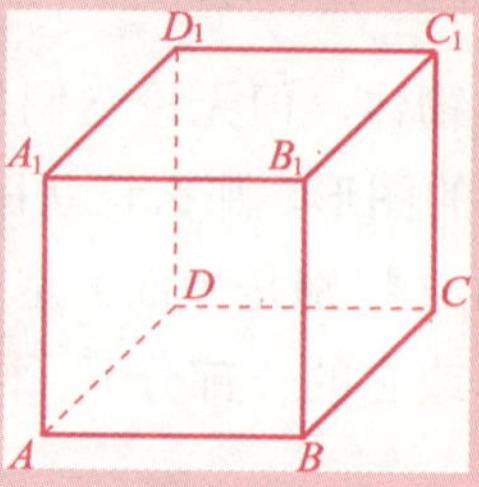

图 9-3

解 正方体的 6 个面可以分别表示为：平面 $ABCD$、平面 $A_1B_1C_1D_1$、平面 ABB_1A_1、平面 BCC_1B_1、平面 DCC_1D_1、平面 ADD_1A_1.

头脑风暴

请思考，图 9-3 中的线段 AD，DC，DD_1 为什么画成虚线？

跃跃欲试

请换一种方法表示该正方体的 6 个面.

课堂练习

1. 举出生活中常见平面的实例.
2. 分别绘制水平放置和竖直放置的平面，标上字母并表示出来.

9.1.2 平面的基本性质

在日常生活和生产实践中，经过长期观察，人们总结出关于平面的三个基本性质，并将其作为进一步推理的基础.

扫一扫

平面的性质与推论

生活中的数学

将一支笔平放在笔记本上，可以发现这支笔的一边紧贴在纸面上，也就是说这支笔紧贴笔记本的一边上的所有点都在纸面上，如图 9-4 所示.

图 9-4

知识精讲

直线和平面都可以看作点的集合．如图 9-5 所示，点 A，B 在直线 l 上，记作 $A\in l$，$B\in l$；点 A，B 在平面 α 内，记作 $A\in\alpha$，$B\in\alpha$.

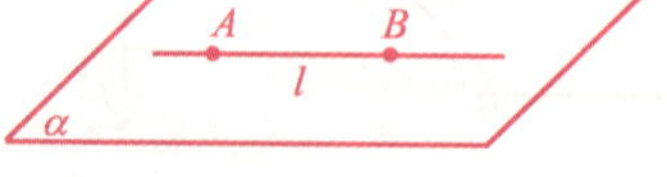

图 9-5

从上述观察和大量类似的事实中，可以归纳出平面的下述性质.

性质 1　如果一条直线上的两个点在一个平面内，那么这条直线上的所有点都在这个平面内.

此时称直线 l 在平面 α 内或平面 α 经过直线 l，记作 $l \subseteq \alpha$. 用图形表示直线 l 在平面 α 内时，要将直线画在平行四边形的内部.

生活中的数学

房间的屋顶和墙在墙角处有一个公共点. 细心观察可以发现，除了这个点外，它们还有其他的公共点，这些公共点的集合就是屋顶和墙的交线，如图 9-6 所示.

图 9-6

知识精讲

从上述观察和大量类似的事实中，可以归纳出平面的下述性质.

性质 2　如果两个平面有一个公共点，那么它们有且只有一条通过这个点的公共直线.

此时称这两个平面相交，并把所有公共点组成的直线称为这两个平面的交线. 如图 9-7 所示，平面 α 与平面 β 相交，交线为 l，记作 $\alpha \cap \beta = l$. 用图形表示两个平面相交时，一定要画出它们的交线，图形中被遮住部分的线段应画成虚线或者不画.

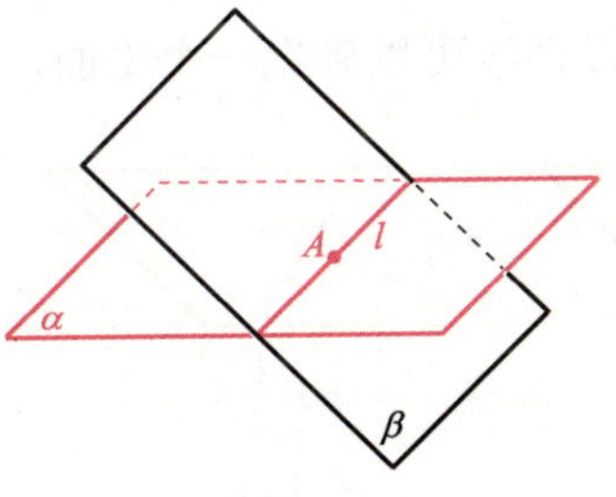

图 9-7

生活中的数学

观察房间的门可以发现，门的一侧通常有两个合页，另一侧有一把锁，当把门锁上后，门就固定在了一个位置，如图 9-8 所示.

提示

本章中，两个平面是指不重合的两个平面，两条直线是指不重合的两条直线.

聪明出于勤奋，天才在于积累.

——华罗庚

图 9-8

知识精讲

从上述观察和大量类似的事实中，可以归纳出平面的下述性质．

性质 3　不在同一直线上的三个点，可以确定一个平面．

此时可以确定一个平面，而且有且仅有一个平面，如图 9-9 所示．利用三脚架可以将照相机放稳，就是该性质的应用，如图 9-10 所示．

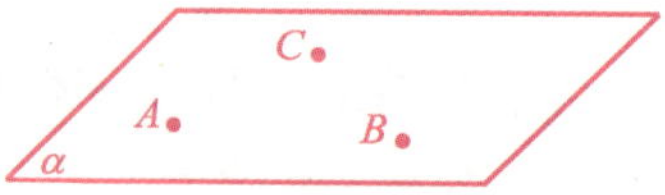

图 9-9

图 9-10

根据上述性质，可以得出以下三个推论．

推论 1　经过直线和这条直线外的一点可以确定一个平面，如图 9-11（a）所示．

头脑风暴

如何用两根细绳来检查一把椅子 4 条腿的下端是否在同一个平面内？

推论 2　经过两条相交直线可以确定一个平面，如图 9-11（b）所示．

推论 3　经过两条平行直线可以确定一个平面，如图 9-11（c）所示．

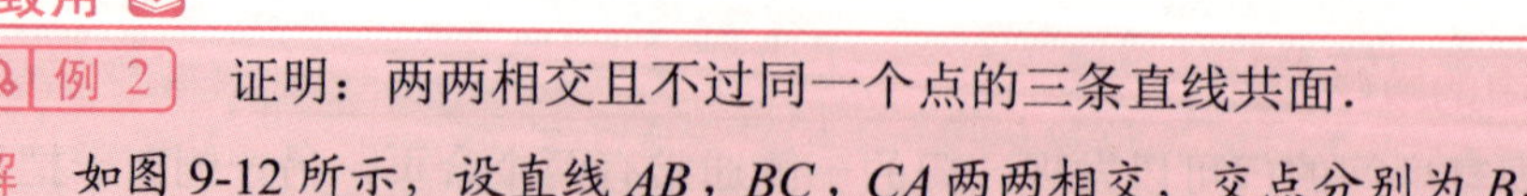

（a）　（b）　（c）

图 9-11

学以致用

例 2　证明：两两相交且不过同一个点的三条直线共面．

解　如图 9-12 所示，设直线 AB，BC，CA 两两相交，交点分别为 B，C，A．相交直线 AB 与 BC 确定一个平面 α，于是点 A 和点 C 都在平面 α 内，从而

直线 AC 也在平面 α 内．因此，直线 AB，BC，CA 共面．

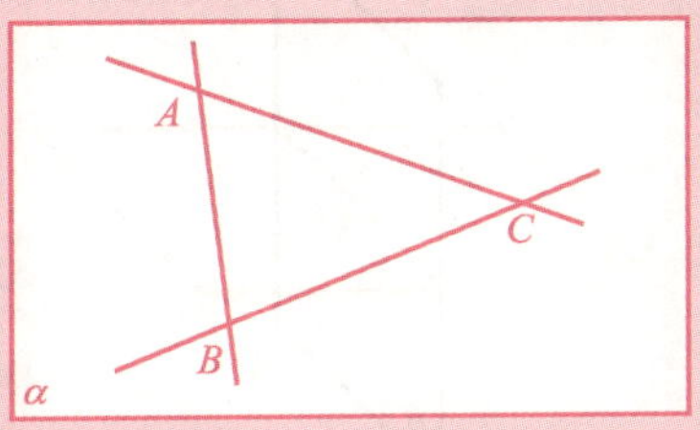

图 9-12

鉴错小能手

判断下列说法的正误．

（1）平面 α 与平面 β 有且仅有一个公共点．（　　）

（2）梯形是平面图形．（　　）

（3）已知 A，B，C 是直线 l 上的三个点，点 D 不是直线 l 上的点，则直线 AD，BD，CD 不在一个平面内．（　　）

小试牛刀 9.1

A 组

1．正方体的各顶点如图 9-13 所示，正方体的三个面所在平面 A_1C_1，A_1B，BC_1 分别记作 α，β，γ．

（1）$A_1\in\alpha$，B_1______α，C_1______α，D_1______α；

（2）$A\in\beta$，B______β，A_1______β，B_1______β；

（3）$A\notin\alpha$，B______α，A______γ，B______γ；

（4）$\alpha\cap\beta=A_1B_1$，$\beta\cap\gamma=$______，$\alpha\cap\gamma=$______．

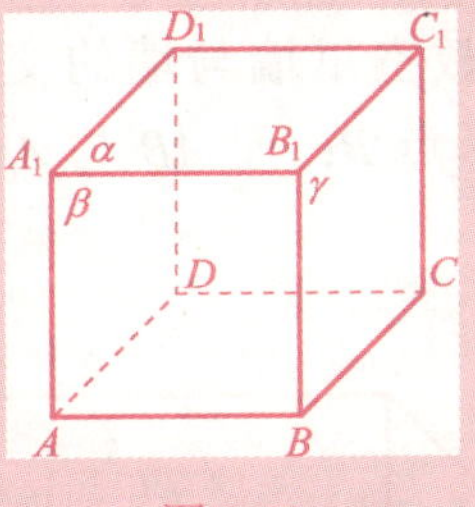

图 9-13

2．过直线外一点，向这条直线上的三个定点分别画三条直线．证明：这三条直线在同一个平面内．

3．一条直线与两条平行直线都相交，请判断这三条直线是否在同一个平面内．

4．如图 9-14 所示，判断该两平面相交的图形是否正确．如果不正确，请改正．

勉之期不止，
多获由力耕．
——欧阳修

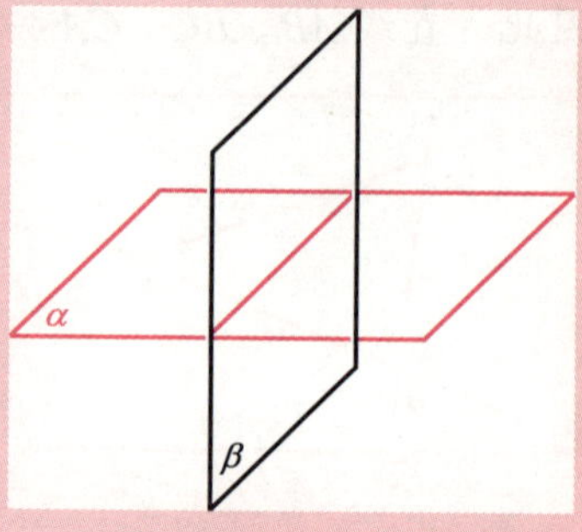

图 9-14

B 组

根据下列各点、直线和平面之间的位置关系，画出相应的图形，并用集合符号表示出来.

(1) 直线 a 与平面 α 相交于点 B，点 A 既不在直线 a 上，也不在平面 α 内；

(2) 平面 α 与平面 β 相交于直线 b，点 A 在直线 b 上.

9.2 直线与直线、直线与平面、平面与平面平行的判定与性质

9.2.1 直线与直线平行

生活中的数学

如图 9-15 所示，观察教室里墙与墙的交线，可以发现，$AB /\!/ CD$，$AB /\!/ C_1D_1$；AB 与 BC 相交于点 B；而 AB 与 A_1D_1，既不相交，也不平行，它们不在同一个平面内.

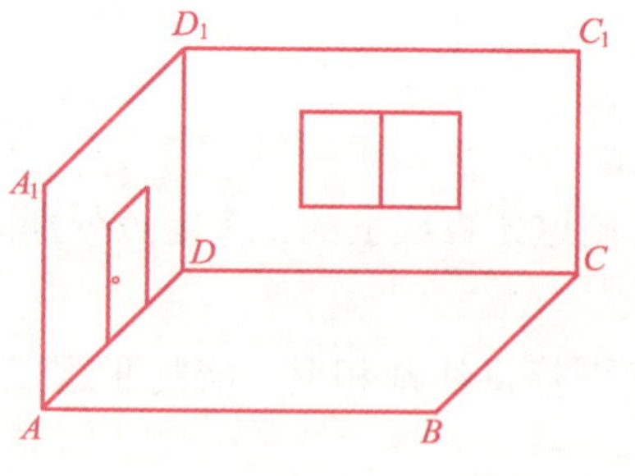

图 9-15

思考：两条直线的位置关系有哪几种？

跃跃欲试

你能找出图 9-15 中的其他相交直线、平行直线和异面直线吗？

知识精讲

1. 直线与直线的位置关系

在同一个平面内的直线称为**共面直线**，平行或相交的两条直线都是共面直线．不同在任何一个平面内的两条直线称为**异面直线**，图 9-15 中直线 AB 与直线 A_1D_1 即为两条异面直线．

因此，空间中两条直线有以下三种位置关系．

- **相交**：两直线在同一平面内，有且仅有一个公共点；
- **平行**：两直线在同一平面内，没有公共点；
- **异面**：两直线不同在任何一个平面内，没有公共点．

画异面直线时，通常用一个或两个平面衬托，以显示出它们不共面的特点，如图 9-16 所示．

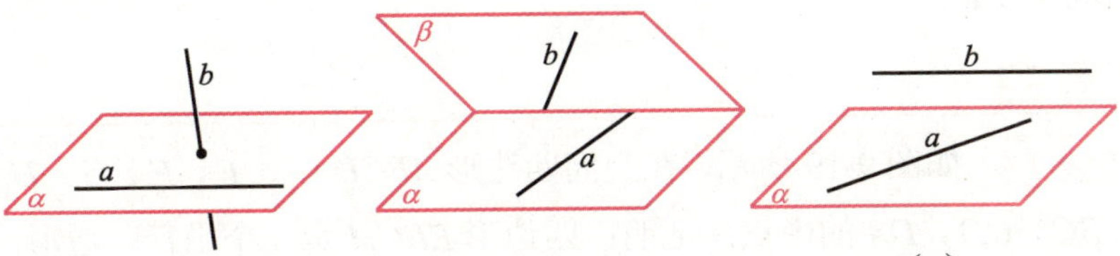

图 9-16

> **跃跃欲试**
>
> 用笔和书演示一下图 9-16 所示异面直线的位置关系．

如图 9-17 所示，将平面 α 内的四边形 $ABCD$ 的两条边 AD 和 DC 沿着对角线 AC 向上折起，使点 D 折叠到点 D_1 的位置．此时，A，B，C，D_1 四点不在同一个平面内，四边形 $ABCD_1$ 称为**空间四边形**．

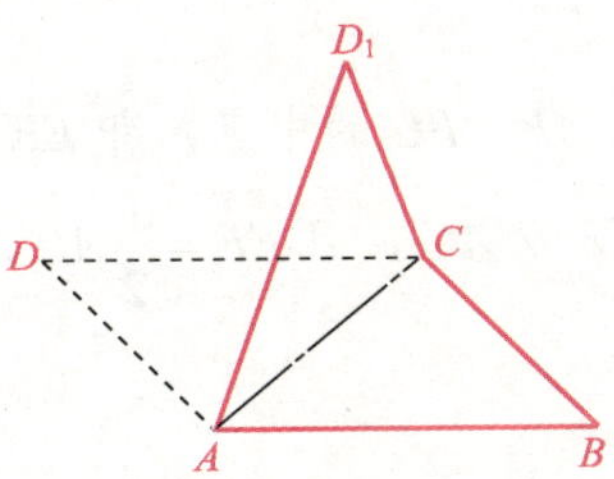

图 9-17

2. 直线与直线平行的判定与性质

我们知道，平面内平行于同一条直线的两条直线一定平行，那么空间中平行于同一条直线的两条直线是否也有这样的规律呢？

如图 9-18 所示，在长方体 $ABCD-A_1B_1C_1D_1$ 中，$AB \parallel A_1B_1$，$C_1D_1 \parallel A_1B_1$，并且有 $AB \parallel C_1D_1$，即空间中的两条直线也有这样的规律．

> **提示**
>
> 用“$ABCD-A_1B_1C_1D_1$”表示长方体，用到了棱柱的表示方法，具体内容参见 9.5.1.

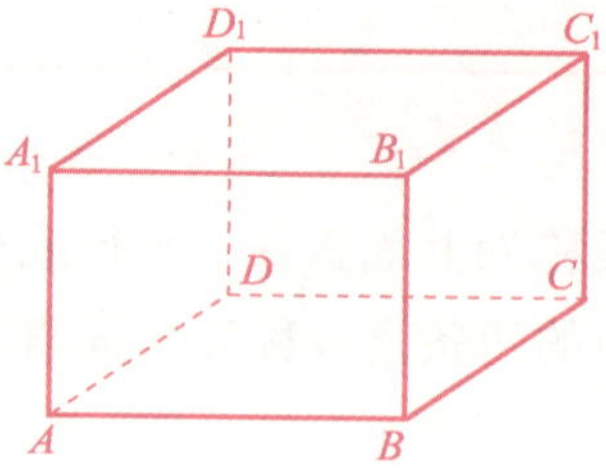

图 9-18

从上述观察和大量类似的事实中，可以归纳出平行直线有如下性质．

平行于同一条直线的两条直线平行．

我们经常利用这个性质来判断两条直线平行．上述性质也可以表述为：设 a，b，c 为直线，若 $a \parallel b$，$b \parallel c$，则 $a \parallel c$．三条直线 a，b，c 两两平行，可以记作 $a \parallel b \parallel c$．

头脑风暴

空间中，如果两个角的两条边分别对应平行，那么这两个角的度数存在什么关系？

学以致用

例 1 如图 9-19 所示，在空间四边形 $ABCD$ 中，E，F，G，H 分别为边 AB，BC，CD，DA 的中点．证明：四边形 $EFGH$ 是一个平行四边形．

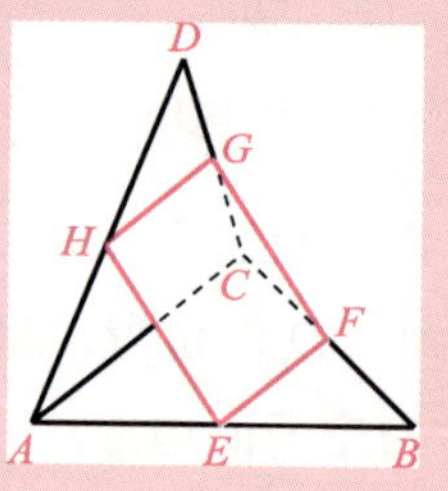

图 9-19

解 因 E，F 分别为边 AB，BC 的中点，即 EF 为 $\triangle ABC$ 的中位线，所以

$$EF \parallel AC，且 EF = \frac{1}{2}AC.$$

同理可得

$$GH \parallel AC，且 GH = \frac{1}{2}AC.$$

因此

$$EF \parallel GH，且 EF = GH，$$

即四边形 $EFGH$ 是平行四边形．

头脑风暴

空间四边形在折叠过程中，哪些量发生了变化，哪些量没有发生变化？

课堂练习

1．观察教室中的各种物品，举出空间中两条直线平行的例子．

2．将一张 A4 纸沿长度方向连续对折两次，然后打开，请分析这些折痕相互平行的原因？

9.2.2　直线与平面平行

生活中的数学

如图 9-20 所示为足球场上球门的示意图. 观察球门和地面可以发现，球门线 BC 在地面上；立柱 AB 和支柱 GF 都与地面相交于一点；横梁 AD 与地面没有公共点.

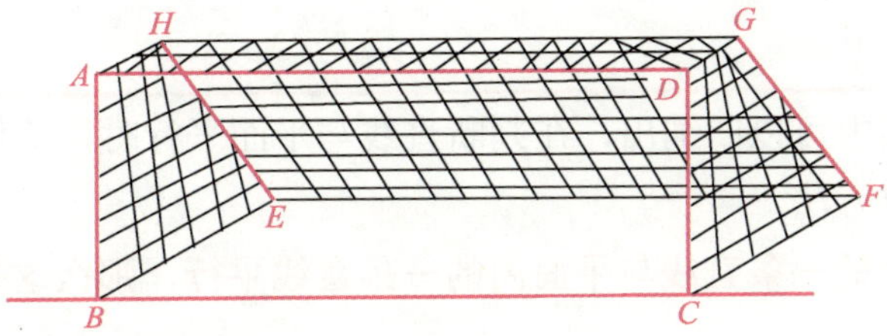

图 9-20

思考：直线与平面的位置关系有哪几种？

知识精讲

1. 直线与平面的位置关系

在 9.1 节中，我们已经知道，直线 l 与平面 α 有无穷多个公共点时，直线 l 在平面 α 内，如图 9-21（a）所示.

如果直线 l 与平面 α 只有一个公共点，则称直线 l 与平面 α 相交. 画直线与平面相交的图形时，应把直线延伸到平行四边形外，直线被平面遮住的部分画成虚线或不画，如图 9-21（b）所示.

如果直线 l 与平面 α 没有公共点，则称直线 l 与平面 α 平行，记作 $l // \alpha$. 画直线与平面平行的图形时，应把直线画在平行四边形外，并与平行四边形的一条边平行，如图 9-21（c）所示.

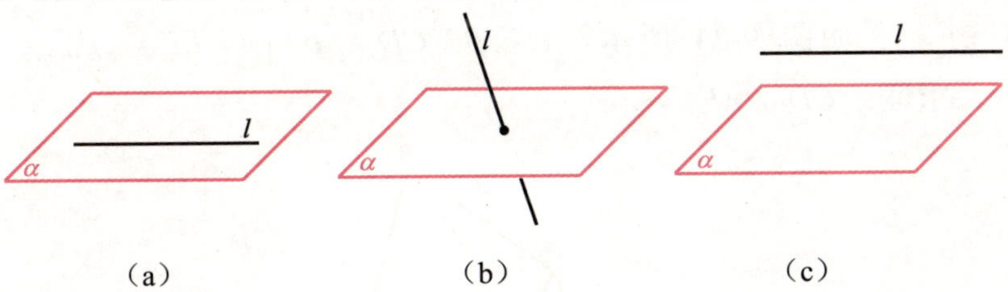

图 9-21

因此，直线与平面有以下三种位置关系.

- 直线在平面内：直线与平面有无穷多个公共点；
- 直线与平面相交：直线与平面有且只有一个公共点；
- 直线与平面平行：直线与平面没有公共点.

直线与平面相交及直线与平面平行统称为直线在平面外.

2. 直线与平面平行的判定与性质

生活中的数学

在桌面上放一张白纸，在白纸上画出两条平行直线 a，b，沿着其中一条直线 b 将纸折起．通过观察发现，在折起过程中，直线 a 与桌面始终保持平行的位置关系.

知识精讲

从上述实验中可以归纳出，在判断直线与平面平行时，除依据定义外，还可依据以下判定方法.

如果平面外的一条直线与平面内的一条直线平行，那么这条直线和这个平面平行.

> **提示**
> 直线与平面平行的判定定理可总结为：线线平行→线面平行.

根据这个判定定理，要画一条直线 a 与平面 α 平行时，可以在平面 α 内画一条直线 b，使 $a /\!/ b$，以显示直线 a 平行于平面 α 的特点，如图 9-22 所示.

当直线与平面平行时，具有如下性质.

如果一条直线和一个平面平行，并且经过这条直线的一个平面和这个平面相交，那么这条直线和交线平行.

如图 9-23 所示，如果直线 b 为平面 α 和平面 β 的交线，直线 a 在平面 β 内，且 $a /\!/ \alpha$，则 $a /\!/ b$.

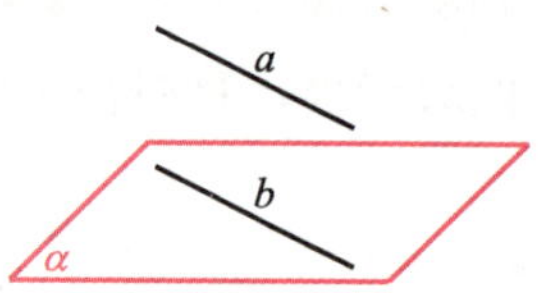

图 9-22

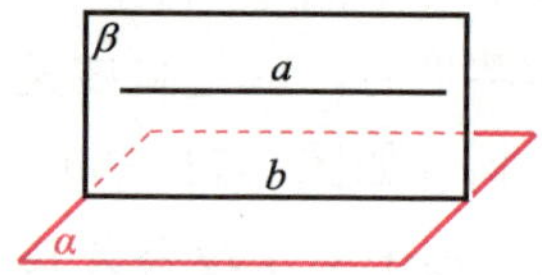

图 9-23

学以致用

例 2 如图 9-24 所示，$\alpha \cap \beta = CD$，$\alpha \cap \gamma = EF$，$\beta \cap \gamma = AB$，$AB /\!/ \alpha$，求证：$CD /\!/ EF$.

> **头脑风暴**
> 平行于同一个平面的两条直线是否一定相互平行呢？

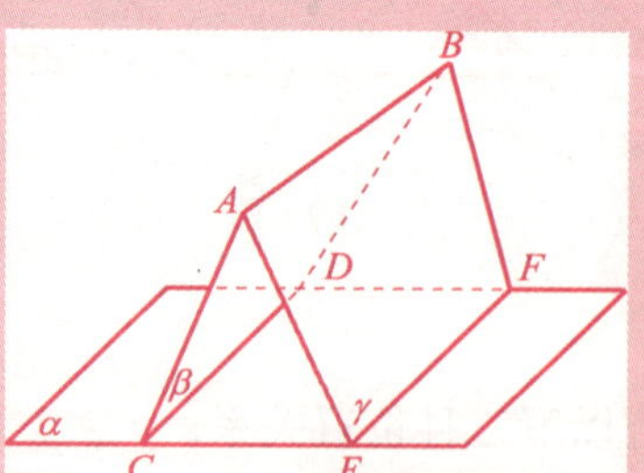

图 9-24

证明 因为 $\beta \cap \gamma = AB$，所以直线 AB 为平面 β 和 γ 的交线.

又因 $\alpha \cap \beta = CD$，$\alpha \cap \gamma = EF$，且 $AB // \alpha$，根据直线和平面平行的性质定理可得

$$AB // CD，AB // EF .$$

所以

$$CD // EF .$$

鉴错小能手

判断下列说法的正误.

（1）如果 a，b 是两条直线，且 $a // b$，那么直线 a 平行于经过直线 b 的任何平面.（　　）

（2）如果直线 a 和平面 α 满足 $a // \alpha$，那么直线 a 与平面 α 内的任意直线都平行.（　　）

（3）如果直线 a，b 和平面 α 满足 $a // \alpha$，$b // \alpha$，那么 $a // b$.（　　）

（4）如果直线 a，b 和平面 α 满足 $a // b$，$a // \alpha$，那么 $b // \alpha$.（　　）

9.2.3　平面与平面平行

生活中的数学

如图 9-25 所示是一座二层楼房的示意图，它的第一、二层的底面 α 和 β 无论怎样延伸都没有公共点，而它的前、后两个房顶 γ 和 δ 则有一条交线 AB.

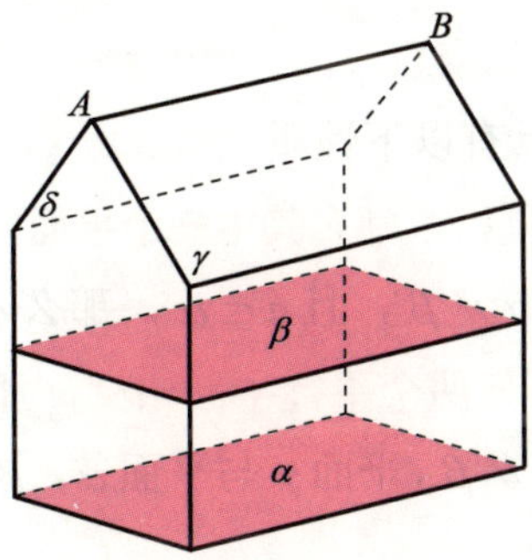

图 9-25

思考：平面与平面的位置关系有哪几种？

知识精讲

1. 平面与平面的位置关系

空间中两个平面的位置关系有以下两种.

- 平行：两个平面没有公共点；
- 相交：两个平面有一条公共直线.

头脑风暴

观察一下自己的周围还有哪些平面是相交平面或平行平面？

当空间中两个平面没有公共点时，称这两个平面互相平行．平面α和平面β平行，记作$\alpha // \beta$．画两个互相平行的平面时，应使两个平行四边形的对应边分别平行，如图 9-26 所示．

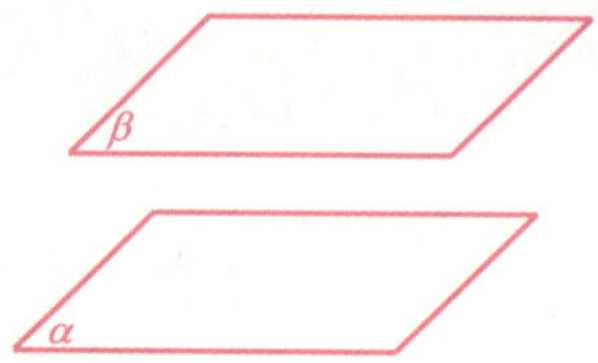

图 9-26

2. 平面与平面平行的判定与性质

生活中的数学

在进行乒乓球比赛时，必须保证台面与地面平行，因此技术人员通常采用水平仪进行检测．水平仪内的玻璃管中装水形成水柱，水柱相当于一条直线．当水柱内的水泡在中央时，表示水平仪所在的直线与地面平行．将水平仪交叉放置在台面上两次，如果两次结果都是水平仪内的水泡在中央位置，则表示台面与地面平行，可以进行比赛，否则就需要重新调整．

思考：水平仪检测台面与地面平行所依据的数学原理是什么？

知识精讲

通常，我们采用下面的方法来判定两个平面是否平行．

如果一个平面内有两条相交直线都平行于另一个平面，那么这两个平面平行．

当两个平面平行时，具有以下性质．

性质 1　如果两个平面平行，那么其中一个平面内的直线平行于另一个平面．

如图 9-27 所示，如果$\alpha // \beta$，且$a \subseteq \alpha$，那么$a // \beta$．

性质 2　如果一个平面与两个平行平面相交，那么它们的交线平行．

如图 9-28 所示，如果$\alpha // \beta$，平面γ与平面α，β都相交，交线分别为a，b，那么$a // b$．

提示

面面平行的判定定理可总结为：线面平行→面面平行．

头脑风暴

如果一个平面内的一条直线平行于另一个平面内一条直线，那么这两个平面是否一定平行？请用书和笔演示所得出的结论．

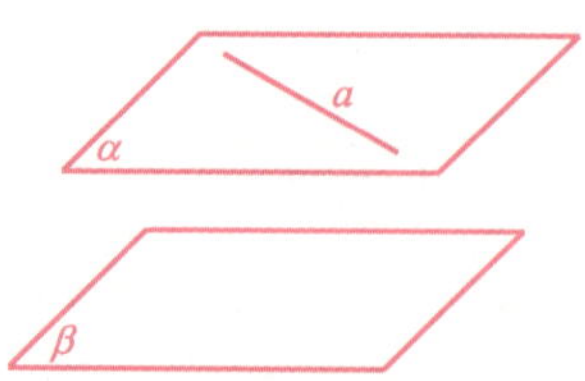

图 9-27

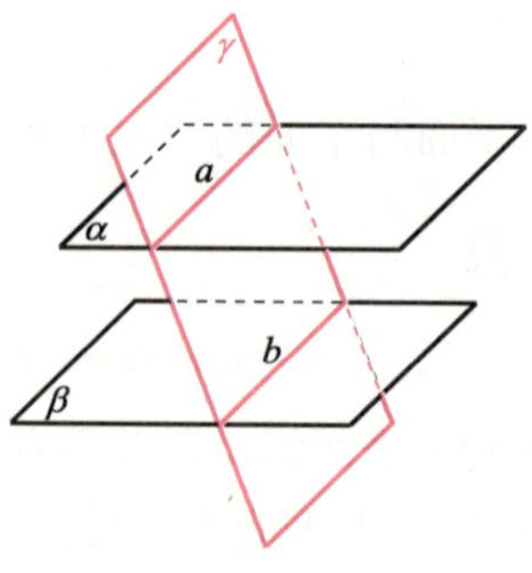

图 9-28

学以致用

例 3　如图 9-29 所示，在空间四边形 $ABCD$ 中，连接 BD，且 E，F，G，H 分别为边 AB，BC，CD，DA 的中点，试判断平面 EG 与直线 BD 是否平行？平面 EG 与直线 AC 是否平行？

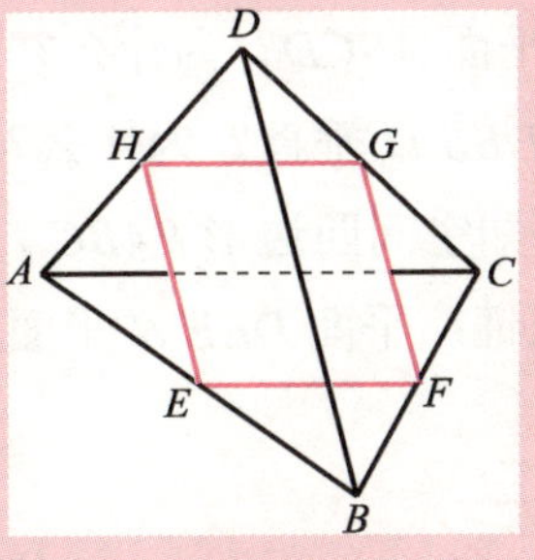

图 9-29

解　可以证明，四边形 $EFGH$ 为平行四边形，即 E，F，G，H 四点共面．因 E，H 分别为边 AB，DA 的中点，故

$$EH \parallel BD.$$

又因直线 EH 在平面 EG 内，直线 BD 在平面 EG 外，所以

$$直线 BD \parallel 平面 EG.$$

同理可得

$$直线 AC \parallel 平面 EG.$$

> **提示**
> 我们在解决面面平行的问题时，常将面面平行转化为线面平行来讨论．

> **跃跃欲试**
> 例 3 中，直线 AC 和直线 BD 是什么位置关系？

课堂练习

1．画出下列各图形．

（1）两个水平放置的相互平行的平面；

（2）两个竖直放置的相互平行的平面；

（3）与两个竖直平行平面相交的水平平面．

2．求证：夹在两个平行平面间且被两个平行平面所截的平行线段相等．

小试牛刀 9.2

A 组

1．判断下列说法是否正确．

（1）过直线外一点只可以作一条直线与这条直线平行；（　　）

（2）过平面外一点只可以作一条直线与这个平面平行；（　　）

（3）若两个平面平行于同一条直线，则这两个平面平行；（　　）

（4）若一个平面内的两条平行直线分别平行于另一个平面内的两条直线，则这两个平面平行．（　　）

> 石可破也，而不可夺坚；丹可磨也，而不可夺赤．
> ——《吕氏春秋》

2. 设空间中四条直线 a，b，c，d 满足 $a // b$，$b // c$，$c // d$，试判断 a 与 d 的关系.

3. 如图 9-30 所示的正方体中，

（1）哪些平面与直线 AB 平行？为什么？

（2）B_1D_1 是否平行于平面 $ABCD$？为什么？

（3）哪些直线与平面 DBB_1D_1 垂直？为什么？

4. 如图 9-31 所示，已知空间四边形 $PABC$，连接 PB，且 D，E，F 分别为 PA，PB，PC 的中点. 求证：平面 DEF // 平面 ABC.

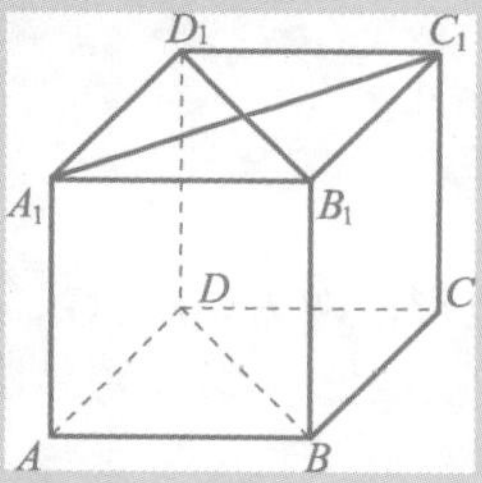

图 9-30

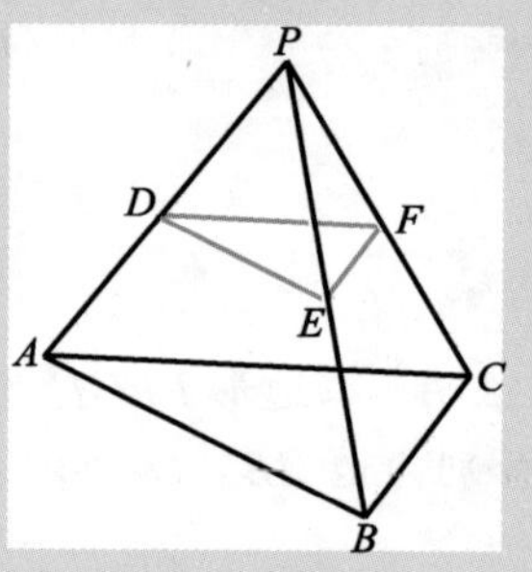

图 9-31

5. 如图 9-32 所示，在一块长方体木料中，E，F 分别为底边 AB，BC 的中点，经过平面 $A_1B_1C_1D_1$ 上的一点 P，画一条直线与直线 EF 平行，应该怎样画线？

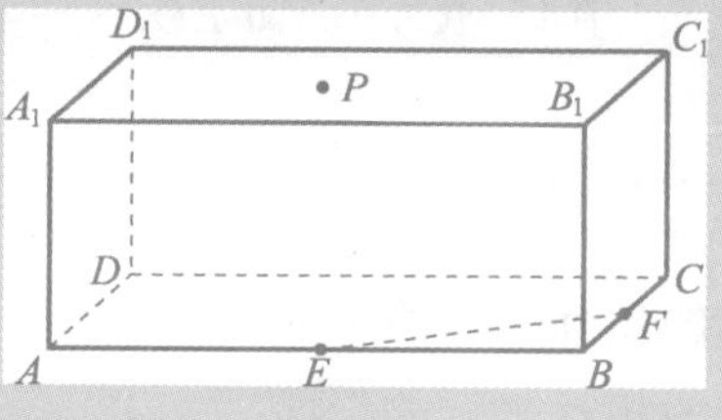

图 9-32

B 组

如图 9-33 所示，在空间四边形 $ABCD$ 中，连接 BD，且 E，F，G，H 分别为边 AB，BC，CD，DA 的中点，并且 $AC = BD$. 判断四边形 $EFGH$ 是否为菱形.

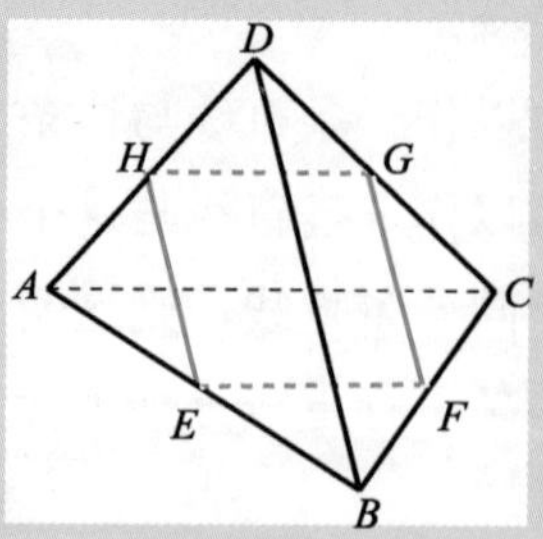

图 9-33

9.3 直线与直线、直线与平面、平面与平面所成的角

9.3.1 空间两条直线所成的角

生活中的数学

如图 9-34 所示的六角螺母，棱 AB 和 CD 所在的直线为异面直线，那怎样求它们的夹角呢？

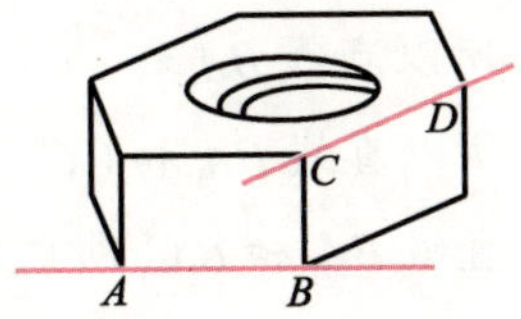

图 9-34

知识精讲

我们知道，两条相交直线的夹角是指这两条直线相交所成的最小正角.

经过空间任意一点分别作与两条异面直线平行的直线，则这两条相交直线的夹角称为**两条异面直线所成的角**.

如图 9-35 所示，直线 a，b 是异面直线，经过空间任意一点 O，作直线 a'，b'，使 $a' /\!/ a$，$b' /\!/ b$，则 a'，b' 的夹角 θ 即为异面直线 a，b 所成的角.

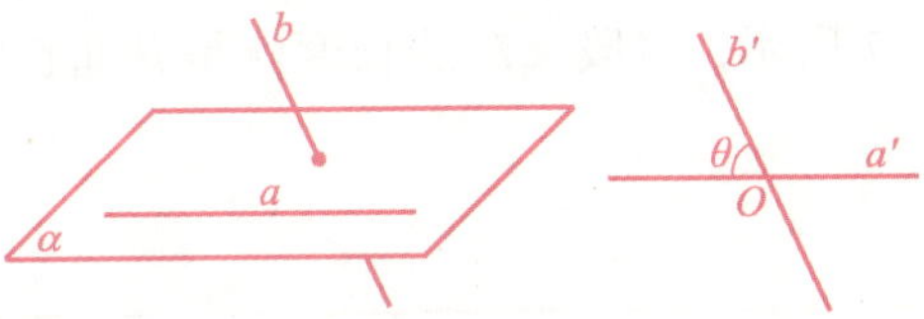

图 9-35

为了简便，点 O 可以从两条异面直线中上选取. 如图 9-36 所示，在直线 b 上任意选取一点 O，过点 O 作 $a' /\!/ a$，则直线 a' 与直线 b 所成的角 θ 即为异面直线 a，b 所成的角.

> 注意
>
> 异面直线 a，b 所成的角只由 a，b 的相对位置来决定，而与点 O 位置的选择无关.

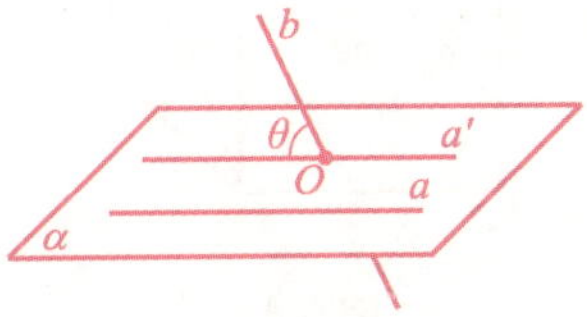

图 9-36

学以致用

例 1 如图 9-37 所示正方体中，求下列异面直线所成角的度数．

（1）BA_1 与 CC_1；（2）BA_1 与 B_1C_1．

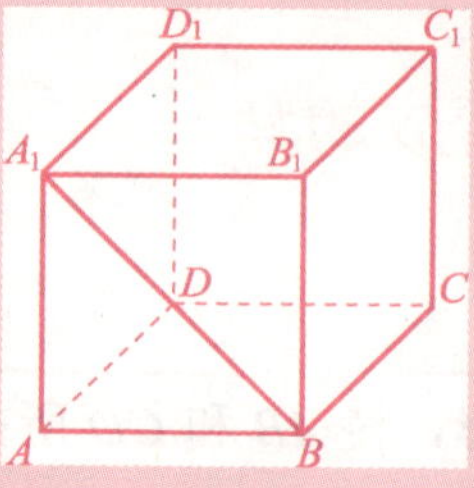

图 9-37

解 （1）因 $CC_1 \parallel BB_1$，所以直线 BA_1 和 CC_1 所成的角即为直线 BA_1 和 BB_1 所成的角．因 $\angle A_1BB_1 = 45°$，所以直线 BA_1 和 CC_1 所成的角为 45°．

（2）因 $B_1C_1 \parallel BC$，所以直线 BA_1 和 B_1C_1 所成的角即为直线 BA_1 和 BC 所成的角．因 $\angle A_1BC = 90°$，所以直线 BA_1 和 B_1C_1 所成的角为 90°．

跃跃欲试

例 1 中，异面直线 DD_1 和 A_1B_1 所成角的度数为多少？

知识精讲

当空间两条直线所成的角为直角时，称**这两条直线互相垂直**．直线 a 与直线 b 垂直，记作 $a \perp b$．

若空间两条直线互相垂直，则这两条直线可能相交（即在同一个平面内），也可能不相交（即为异面直线）．

我们把与两条异面直线都垂直且相交的直线称为**两条异面直线的公垂线**．两条异面直线的公垂线在这两条异面直线之间的线段长度称为**两条异面直线间的距离**．如图 9-37 所示，线段 A_1B_1 的长度就是异面直线 AA_1 和 B_1C_1 之间的距离．

课堂练习

如图 9-38 所示正方体中，求下列各组直线所成角的度数．

（1）AD 与 CC_1；（2）DD_1 与 BC_1．

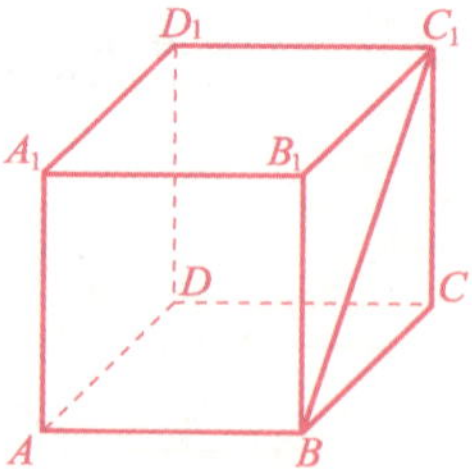

图 9-38

9.3.2　直线与平面所成的角

生活中的数学

如图 9-39 所示的正方体中，直线 AA_1 与直线 AB，BC，CD，DA，AC，BD 所成角的度数各是多少？

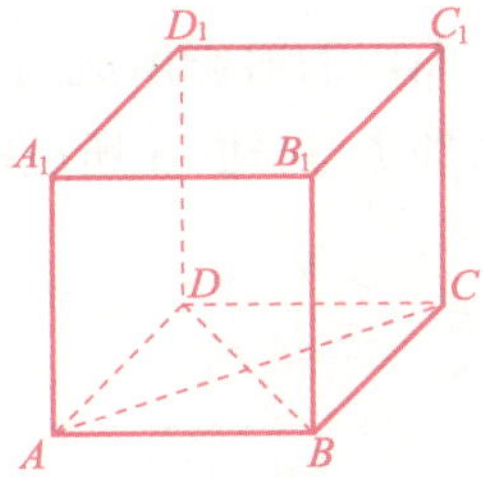

图 9-39

可以发现，这些角都是直角．从中你可以总结出什么规律？

知识精讲

1．直线与平面垂直

如果直线 l 和平面 α 内的任意一条直线都垂直，那么就称**直线 l 与平面 α 垂直**，记作 $l\perp\alpha$．直线 l 称为**平面 α 的垂线**，垂线 l 与平面 α 的交点称为**垂足**．

如图 9-40 所示，画直线 l 和平面 α 垂直时，要把直线 l 画成与平行四边形的横边垂直，其中交点 A 是垂足．

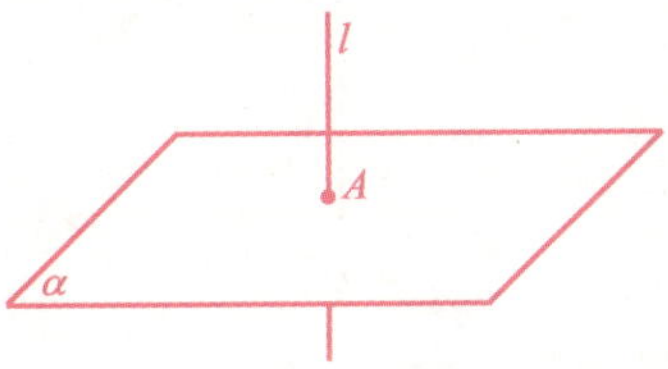

图 9-40

如图 9-41 所示，过点 P 向平面 α 作垂线，垂足 A 称为**点 P 在平面 α 内的射影**，点 P 与垂足 A 之间的线段 PA 称为**垂线段**．

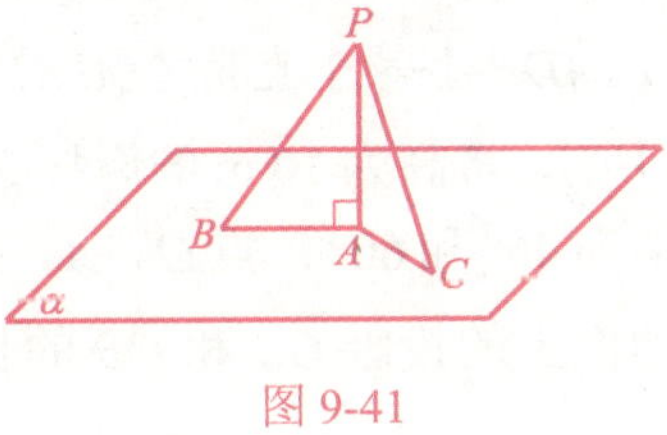

图 9-41

头脑风暴

如果两条平行直线中的一条垂直于一个平面，那么，另一条是否也垂直于这个平面呢？

直线 PB 与平面 α 相交但不垂直，称直线 PB 与平面 α 斜交，交点 B 称为斜足．直线 PB 称为平面 α 的斜线，点 P 与斜足 B 之间的线段 PB 称为点 P 到平面 α 的斜线段．过垂足 A 和斜足 B 的直线 AB 称为斜线在平面内的射影．

可以看出，从平面外一点向这个平面所作的垂线段和斜线段中，垂线段最短．因此，平面外一点 P 到平面 α 的垂线段的长度称为点 P 到平面 α 的距离．

2. 直线与平面所成的角

平面的一条斜线与其在平面内的射影所成的锐角，称为斜线和平面所成的角．如图 9-42 所示，θ 即为直线 l 与平面 α 所成的角．

> **头脑风暴**
>
> 如果两条直线与一个平面所成的角相等，那么这两条直线的位置关系有几种情况？

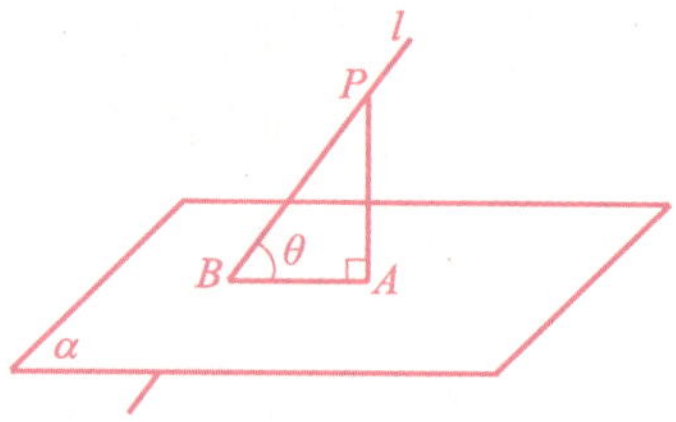

图 9-42

规定：如果直线与平面垂直，则它们所成的角是直角；如果直线与平面平行或在平面内，则它们所成的角为零角．因此，直线与平面所成角的取值范围为 $[0°,90°]$ 或 $\left[0,\dfrac{\pi}{2}\right]$．

学以致用

例 2 如图 9-43 所示，从平面 α 外一点 A 作平面 α 的两条斜线 AB，AC．若斜线 AB，AC 和平面 α 所成的角相等，求证：$AB=AC$．

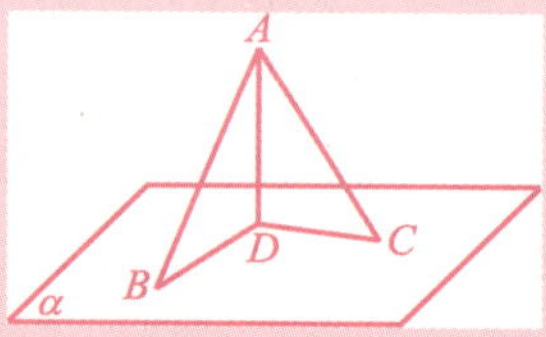

图 9-43

证明 过点 A 作垂直于平面 α 的直线 AD，垂足为 D，连接 DB，DC，则 $\angle ABD$ 和 $\angle ACD$ 分别是 AB，AC 与平面 α 所成的角．

在 $\triangle ADB$ 和 $\triangle ADC$ 中，$\angle ADB=\angle ADC=90°$，$\angle ABD=\angle ACD$，且 AD 为一条公共边，所以直角 $\triangle ADB$ 全等于直角 $\triangle ADC$，于是有 $AB=AC$．

例 3 如图 9-44 所示，将高为 10 m 的旗杆 PO 直立在地面上，绳子 PA 和 PB 与地面所成的角分别为 $45°$ 和 $60°$．点 O，A，B 都在地面上，求绳子 PA 和 PB 的长，以及它们在地面上的投影 OA 和 OB 的长．

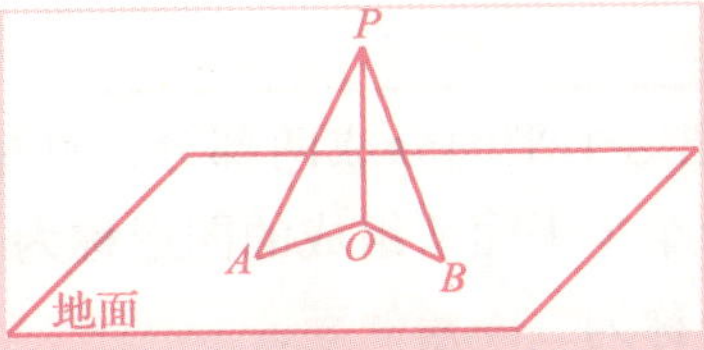

图 9-44

分析　$\triangle POA$ 和 $\triangle POB$ 是直角三角形，现知道一个锐角及 PO 的长度，利用三角函数可求出斜边的长度及斜线在地面上的投影 OA 和 OB 的长度.

解　由题意可知，在直角 $\triangle POA$ 和直角 $\triangle POB$ 中，$\angle PAO = 45°$，$\angle PBO = 60°$，$PO = 10\text{ m}$，因此，斜边的长度分别为

$$PA = \frac{PO}{\sin\angle PAO} = \frac{10}{\sin 45°} \approx 14.14\ (\text{m}),$$

$$PB = \frac{PO}{\sin\angle PBO} = \frac{10}{\sin 60°} \approx 11.55\ (\text{m}).$$

斜线在地面上的投影 OA 和 OB 的长度分别为

$$OA = \frac{PO}{\tan\angle PAO} = \frac{10}{\tan 45°} = 10\ (\text{m}),$$

$$OB = \frac{PO}{\tan\angle PBO} = \frac{10}{\tan 60°} \approx 5.77\ (\text{m}).$$

课堂练习

1. 在正方体 $ABCD-A_1B_1C_1D_1$ 中，求体对角线 BD_1 与平面 AC、平面 BA_1、平面 BC_1 所成的角.

2. 在长方体 $ABCD-A_1B_1C_1D_1$ 中，$AA_1 = AD = a$，$AB = 2a$，求体对角线 BD_1 与长方体的各个面所成角的余弦值.

9.3.3　平面与平面所成的角

生活中的数学

修筑水坝时，为了让水坝坚固耐用，应使水坝面和水平面形成适当的角度，如图 9-45 所示；建筑房屋时，为了美观并方便雨水排出，应使屋顶面与地平面形成适当的角度. 因此，我们需要研究两个平面所成的角.

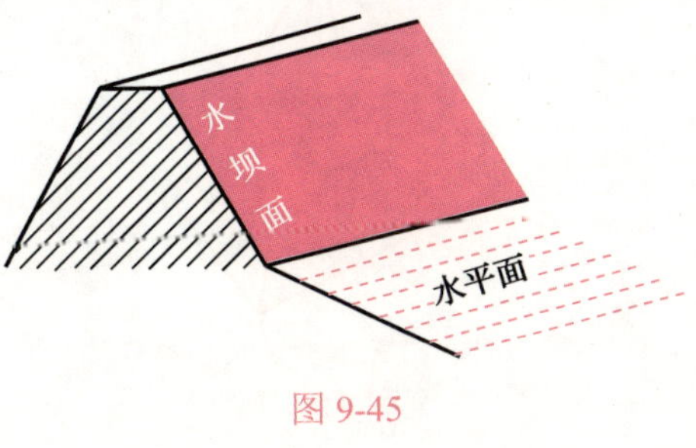

图 9-45

头脑风暴

请思考，在日常生活中，我们还会见到哪些二面角？

跃跃欲试

用纸折成一个二面角，在棱上选择不同的点作出二面角的平面角，度量它们是否相等，并思考其原因.

知识精讲

平面内的一条直线把这个平面分成两部分．其中，每一部分都称为**半平面**．从一条直线出发的两个半平面所组成的图形称为**二面角**，这条直线称为**二面角的棱**，这两个半平面称为**二面角的面**．

如图 9-46 所示，以直线 l（或 AB）为棱，两个半平面分别为 α，β 的二面角记作二面角 $\alpha-l-\beta$（或 $\alpha-AB-\beta$）．如图 9-47 所示的二面角还可以记作二面角 $M-AB-N$．

取二面角棱上任意一点为端点，在两个半平面内分别作垂直于棱的两条射线，这两条射线所成的角称为**二面角的平面角**．如图 9-47 所示，$\angle MON$ 和 $\angle PO'Q$ 都是二面角 $\alpha-l-\beta$ 的平面角．

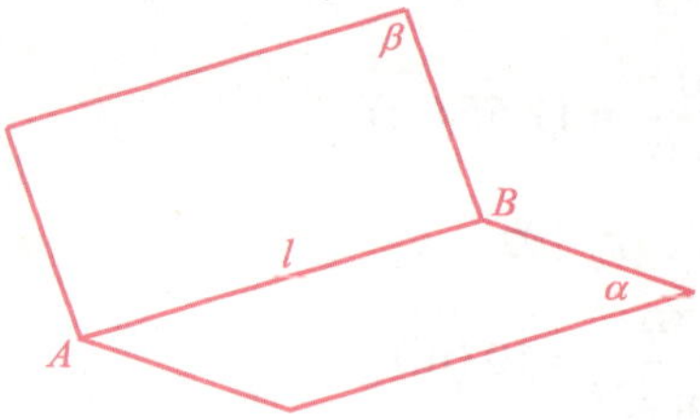

图 9-46

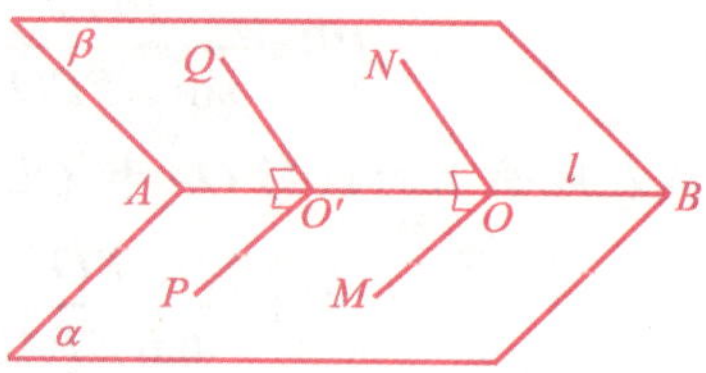

图 9-47

二面角的平面角的大小由平面 α 与平面 β 的相对位置所决定，与顶点在棱上的位置无关．当二面角给定后，其平面角的大小也就随之确定．因此，二面角的大小用它的平面角来度量．

当二面角的两个半平面重合时，规定二面角为零角；当二面角的两个半平面展开成一个平面时，规定二面角为 $180°$．因此，二面角的取值范围为 $[0°, 180°]$ 或 $[0, \pi]$．

平面角是直角的二面角称为**直二面角**．例如，房间里的墙面和地面所成的二面角就是直二面角．

学以致用

例 4 如图 9-48 所示棱锥中，$PD\perp$ 平面 ABC，$PE\perp AB$，$DE\perp AB$，且 $PD=3$，$\triangle PAB$ 为等边三角形，其边长为 4，求二面角 $P-AB-C$ 的大小．

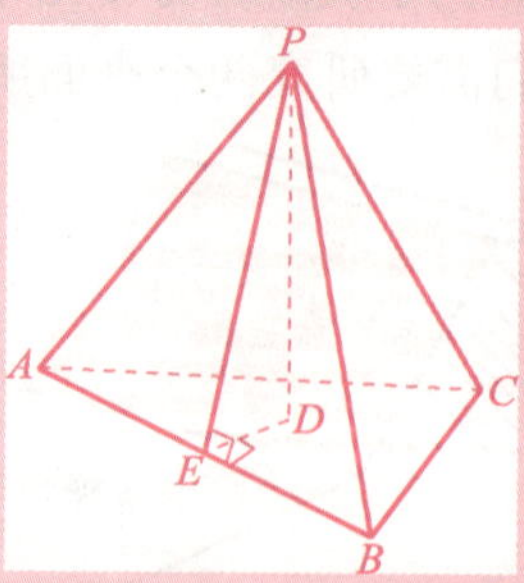

图 9-48

解 因 AB 为二面角 $P-AB-C$ 的棱，且 $PE\perp AB$，$DE\perp AB$，所以，$\angle PED$ 为二面角 $P-AB-C$ 的平面角.

因 $\triangle PAB$ 为等边三角形，所以 PE 为中线. 根据勾股定理可得

$$PE=\sqrt{PA^2-AE^2}=\sqrt{4^2-2^2}=2\sqrt{3}.$$

又因在直角 $\triangle PDE$ 中，$PD=3$，故

$$\sin\angle PED=\frac{PD}{PE}=\frac{3}{2\sqrt{3}}=\frac{\sqrt{3}}{2},$$

于是，得出 $\angle PED=60°$.

课堂练习

1. 若一个平面垂直于二面角的棱，则该平面与二面角的两个半平面的交线组成的角即为二面角的平面角. 这种说法是否正确？为什么？

2. 在正方体 $ABCD-A_1B_1C_1D_1$ 中，求二面角 $A-BB_1-D$ 的大小.

3. 在掀开笔记本电脑的过程中，我们可以直观地感受到两个面板所成的角度在逐渐变化. 请思考：笔记本电脑掀开到什么位置时，才能使两个面板所成的二面角为 $60°$？

扫一扫

两个半平面间立体几何问题

小试牛刀 9.3

A 组

1. 在正方体 $ABCD-A_1B_1C_1D_1$ 中，求下列直线或平面所成的角.

（1）直线 A_1C_1 与直线 B_1C； （2）直线 DB_1 与平面 $ABCD$；

（3）平面 ABC_1D_1 与平面 $ABCD$.

2. 如图 9-49 所示，平面 α 内有 $\triangle ABC$，$\angle ACB=90°$，$BC=5$，$AC=2\sqrt{14}$，$PB\perp\alpha$，$PB=12$，求 PC 和 PA 的长.

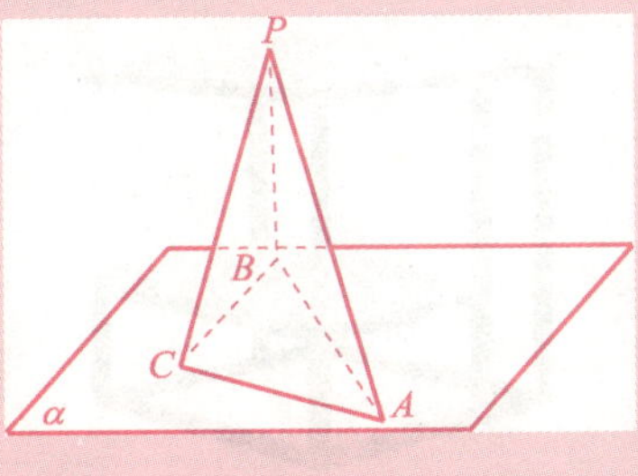

图 9-49

3. 在空间四边形 $ABCD$ 中，对角线 AC 与 BD 所成的角为 $30°$，$BD=4$ cm，$AC=2$ cm，E，F，G，H 分别为 AB，BC，CD，DA 的中点，求四边形 $EFGH$ 的面积.

4. 已知高为 18 m 的旗杆 DA 直立在地面上，绳子 DB 和 DC 与杆身所成的角分别为 $30°$ 和 $45°$，点 A，B，C 都在地面上.

纸上得来终觉浅，绝知此事要躬行.
——陆游

（1）求绳子 DB 和 DC 的长；

（2）求绳子 DB 和 DC 在地面上射影的长.

B 组

如图 9-50 所示长方体中，$AB = BC = 3\text{ cm}$，$AA_1 = 4\text{ cm}$，求直线 A_1B 与直线 AD_1 所成角的大小.

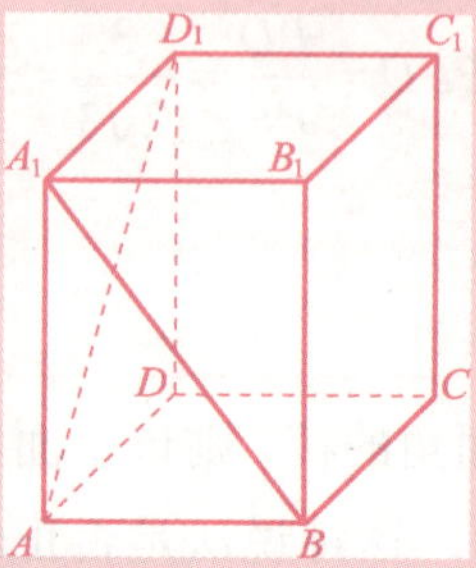

图 9-50

9.4 直线与直线、直线与平面、平面与平面垂直的判定与性质

9.4.1 空间两条直线垂直的判定与性质

生活中的数学

如图 9-51 所示为一件小茶几家具，请从中指出几组两条相交直线垂直与两条异面直线垂直的情况.

图 9-51

世事洞明皆学问，人情练达即文章.
——曹雪芹

知识精讲

当空间中两条直线所成的角为 90° 时，称这两条直线互相垂直. 直线 a 与直线 b 垂直，记作 $a \perp b$.

学以致用

例 1　如图 9-52 所示长方体中，判断直线 AA_1 和 B_1C_1 是否垂直.

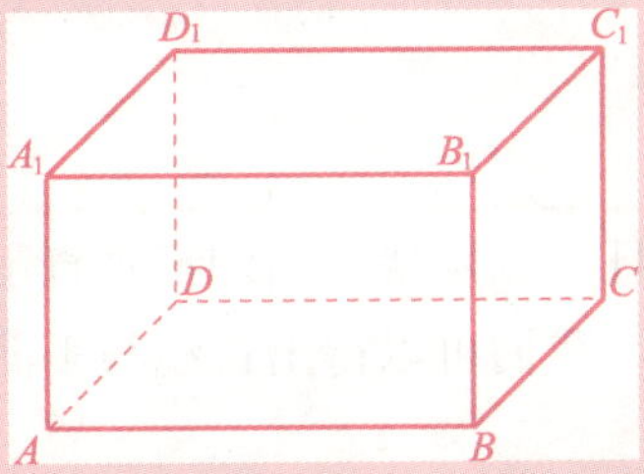

图 9-52

解　因 AA_1 和 B_1C_1 是异面直线，而 $B_1C_1 \parallel A_1D_1$，$A_1D_1 \perp AA_1$. 根据异面直线所成的角的定义，可知直线 AA_1 和 B_1C_1 成直角，因此

$$AA_1 \perp B_1C_1.$$

课堂练习

1. 垂直于同一条直线的两条直线是否平行？

2. 如图 9-52 所示长方体中，指出与直线 AB 垂直的棱，并说明它们与直线 AA_1 的位置关系.

9.4.2　直线与平面垂直的判定与性质

生活中的数学

如图 9-53 所示，将一本书打开，竖直放在桌面上. 此时书脊与书前后封面的底边是垂直的，且封面的两个底边均与桌面接触. 这样可以说明书脊垂直于桌面上的任意一条直线吗？

图 9-53

知识精讲

根据定义判断直线与平面垂直时，需要判定直线与平面内的任意一条直线都垂直，这种方法通常难以实现. 那么，如何判定直线与平面垂直呢？

从上述案例和大量实践中，可以归纳出直线与平面垂直的以下判定方法.

如果一条直线和一个平面内的两条相交直线都垂直，那么这条直线与这个平面垂直.

生活中的数学

观察道路旁边的路灯杆可以发现，它们都垂直于地面，并且这些路灯杆都是平行的．从这一事实中，我们可以得出直线与平面垂直的什么性质？

知识精讲

从上述案例和大量实践中，可以归纳出直线与平面垂直的以下性质.

垂直于同一个平面的两条直线互相平行.

如图 9-54 所示，若 $m\perp\alpha$，$n\perp\alpha$，则 $m\parallel n$.

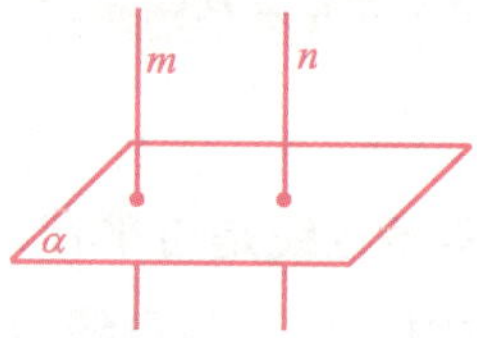

图 9-54

扫一扫

直线与平面垂直

头脑风暴

如果两条平行直线中的一条垂直于一个平面，那么另一条也垂直于这个平面吗？为什么？

学以致用

例 2 如图 9-55 所示，二面角 $\alpha-l-\beta$ 的大小为30°，$P\in\alpha$，点 P 到平面 β 的距离为 h，求点 P 到棱 l 的距离.

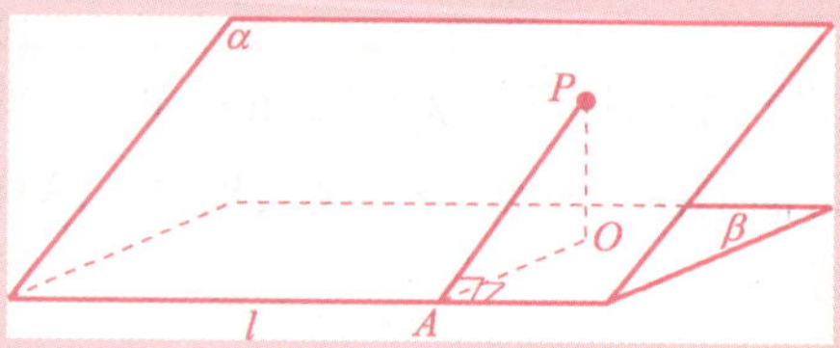

图 9-55

解 过点 P 作 $PA\perp l$，$PO\perp\beta$，连接 OA．因 $l\subseteq\beta$，所以 $PO\perp l$.

由于直线 l 与平面 POA 中的两条相交直线都垂直，因此，$l\perp$ 平面 POA，于是有 $l\perp OA$．所以，$\angle PAO$ 为二面角 $\alpha-l-\beta$ 的平面角，即 $\angle PAO=30°$.

在直角 $\triangle POA$ 中，$PO=h$，$\angle PAO=30°$，所以，$PA=2h$，即点 P 到棱 l 的距离为 $2h$.

例 3 如图 9-56 所示，$\alpha\cap\beta=CD$，$EA\perp\alpha$，$EB\perp\beta$．求证：

（1）$CD\perp$ 平面 EAB；

（2）$AB\perp CD$.

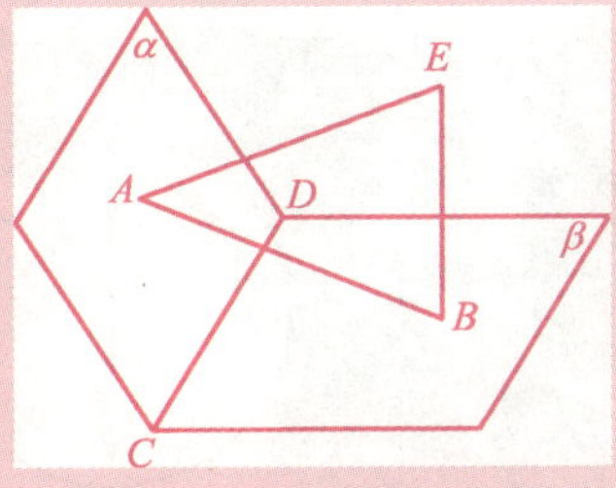

图 9-56

证明　(1) 因 CD 在平面 α 内，也在平面 β 内，而 $EA\perp\alpha$，$EB\perp\beta$，故 $EA\perp CD$，$EB\perp CD$.

又因 EA 和 EB 相交于点 E，于是，根据直线与平面垂直的判定定理可知：$CD\perp$平面 EAB.

(2) 因 AB 在平面 EAB 内，且 $CD\perp$平面 EAB，故 $AB\perp CD$.

提示

要判断一条已知直线与一个平面是否垂直，取决于在这个平面内能否找出两条相交直线和已知直线垂直，至于这两条相交直线和已知直线是否有公共点，是无关紧要的.

课堂练习

1. 在长方体 $ABCD-A_1B_1C_1D_1$ 中，直线 AB 与平面 BCC_1B_1 垂直吗？为什么？

2. 如图 9-57 所示，AB 和 CD 都是平面 α 的垂线，垂足分别为 B，D，点 A，C 分别在平面 α 的两侧，$AB=4\text{ cm}$，$CD=8\text{ cm}$，$BD=5\text{ cm}$，求 AC 的长.（提示：过点 A 作 $AE\,/\!/\,BD$，直线 AE 与 CD 交于点 E）

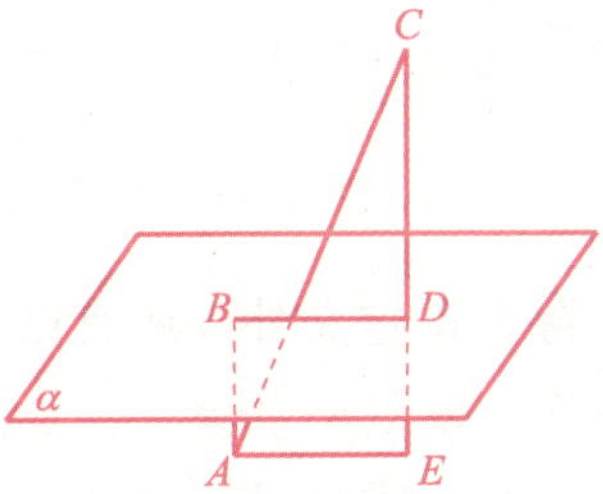

图 9-57

9.4.3　平面与平面垂直的判定与性质

生活中的数学

建筑工人砌墙时，通常会用到铅垂线. 如图 9-58 所示，铅垂线的一端系有一个铅锤，另一端用砖压在墙壁上. 观察铅垂线与墙面是否平行（在铅锤处应有一个空隙），即可判断所砌墙面是否经过地面的垂线，从而保证所砌的墙面与地面垂直. 请说出其中蕴含的数学原理.

图 9-58

知识精讲

两个平面相交，如果它们所成的二面角是直二面角，则称这两个平面互相垂直．平面α与平面β垂直，记作$\alpha\perp\beta$．

画表示两个平面互相垂直的图形时，一般将两个平行四边形的一组对边画成垂直的位置，可以把直立的平面画成矩形，如图 9-59（a）所示，也可以把直立的平面画成平行四边形，如图 9-59（b）所示．

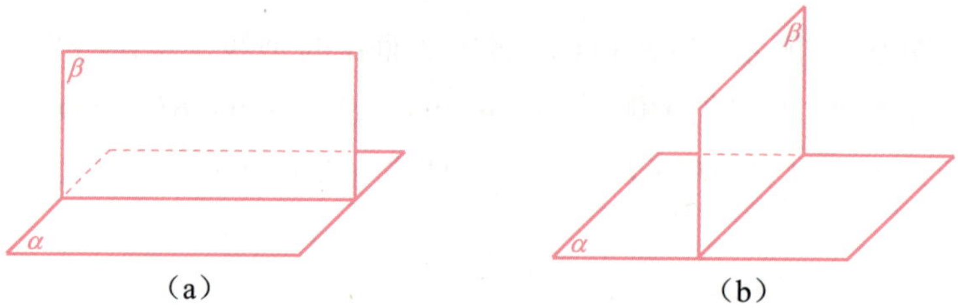

图 9-59

判定两个平面垂直时，除依据定义外，还有以下判定方法．

如果一个平面经过另一个平面的一条垂线，那么这两个平面互相垂直．

如图 9-60 所示，若$AB\perp\alpha$，$AB\subseteq\beta$，则$\alpha\perp\beta$．

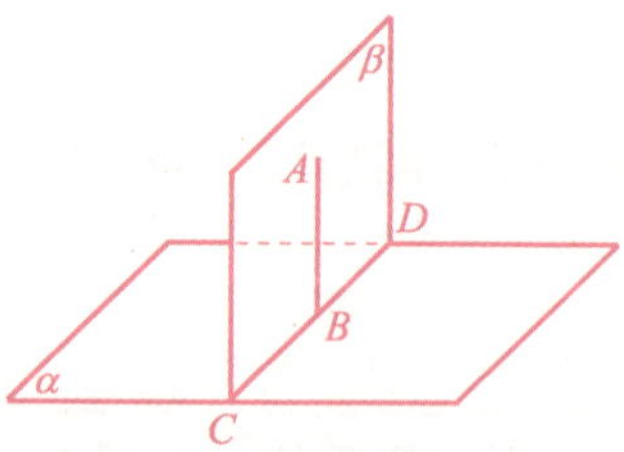

图 9-60

人学始知道，不学非自然．

——孟郊

如图 9-61 所示，在正方体$ABCD-A_1B_1C_1D_1$的侧面A_1ABB_1中，作$E_1E\perp AB$．可以看出，由于$E_1E\perp AB$，故$E_1E\parallel B_1B$，又$B_1B\perp BC$，因此$E_1E\perp BC$．所以，E_1E就与底面$ABCD$中的两条相交直线AB，BC都垂直，即E_1E与底面$ABCD$垂直．

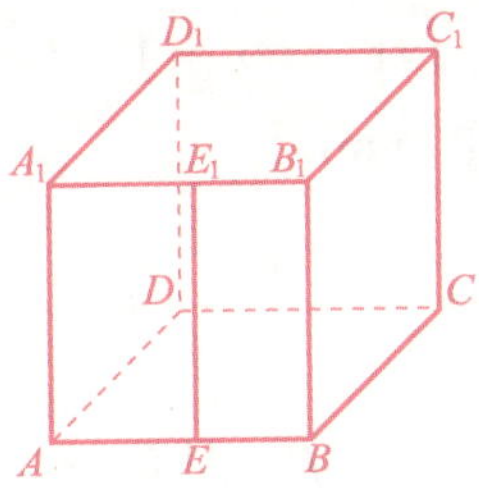

图 9-61

从上述案例和大量实践中，可以归纳出平面与平面垂直的以下性质．

如果两个平面垂直，那么一个平面内垂直于交线的直线与另一个平面垂直．

如图 9-60 所示，若 $\alpha \perp \beta$，$\alpha \cap \beta = CD$，$AB \subseteq \beta$，$AB \perp CD$，则 $AB \perp \alpha$．

学以致用

例 4　如图 9-62 所示，在正方体 $ABCD-A_1B_1C_1D_1$ 中，判断平面 B_1AC 与平面 B_1BDD_1 是否垂直．

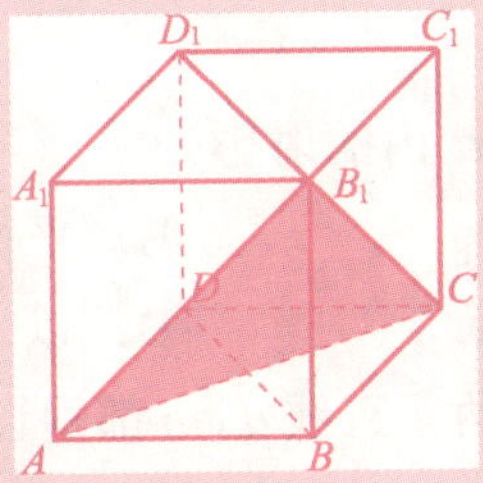

图 9-62

解　在正方体 $ABCD-A_1B_1C_1D_1$ 中，$B_1B \perp$ 平面 $ABCD$，所以 $B_1B \perp AC$．在底面正方形 $ABCD$ 中，$BD \perp AC$，因此 $AC \perp$ 平面 B_1BDD_1．因为 AC 在平面 B_1AC 内，所以平面 B_1AC 与平面 B_1BDD_1 垂直．

例 5　如图 9-63 所示，平面 α 和平面 β 垂直相交于直线 AB，平面 α 内有一条距离 AB 为 60 mm 的平行线 CD，平面 β 内有一个到 AB 距离为 91 mm 的点 E，求点 E 到直线 CD 的距离．

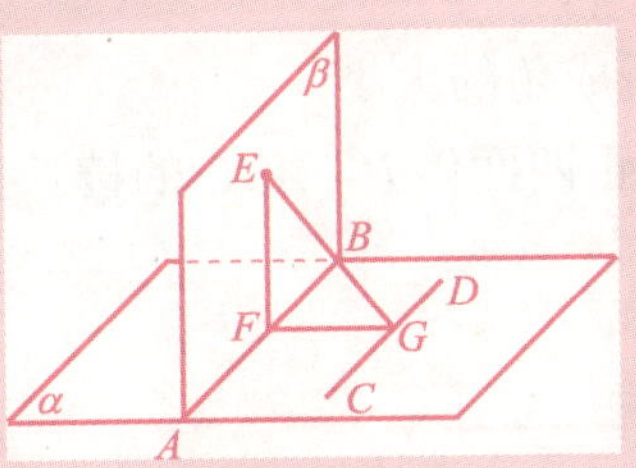

图 9-63

解　作 $EF \perp AB$，因 $\alpha \perp \beta$，$\alpha \cap \beta = AB$，$EF \subseteq \beta$ 所以，$EF \perp \alpha$．而 $CD \subseteq \alpha$，因此，$EF \perp CD$．

作 $EG \perp CD$，连接 FG，则 $EF \perp FG$，$FG \perp CD$．

因此，在直角 $\triangle EFG$ 中，$EF = 91\,\text{mm}$，$FG = 60\,\text{mm}$，根据勾股定理可得

$$EG=\sqrt{91^2+60^2}=109\,(\text{mm}),$$

故点 E 到直线 CD 的距离为 109 mm.

鉴错小能手

判断下列说法的正误.

（1）已知直线 l，m 和平面 α，β，且 $l\subset\alpha$，$m\subset\beta$，若 $l\perp m$，则 $\alpha\perp\beta$.（　　）

（2）已知直线 l 和平面 α，β，若 $l\perp\alpha$，$l\parallel\beta$，则 $\alpha\perp\beta$.（　　）

（3）在正四面体 $P-ABC$ 中，D，E，F 分别是 AB，BC，CA 的中点，则平面 $PDF\perp$ 平面 ABC.（　　）

（4）在正四面体 $P-ABC$ 中，D，E，F 分别是 AB，BC，CA 的中点，则平面 $PAE\perp$ 平面 ABC.（　　）

提示

正四面体的四个面是全等的等边三角形.

小试牛刀 9.4

A 组

1．两条异面直线在平面 α 内的射影为（　　）.

A．相交直线　　B．平行直线

C．一条直线和一个点　　D．以上三种情况均有可能

2．直线 l 与平面 α 内的两条直线 a，b 都垂直，则（　　）.

A．$l\parallel\alpha$　　B．$l\perp\alpha$

C．$l\subseteq\alpha$　　D．l 与 α 的关系不确定

3．若三个平面 α，β，γ 存在关系 $\alpha\perp\gamma$，$\beta\perp\gamma$，则 α 和 β（　　）.

A．垂直　　B．平行

C．相交　　D．以上三种情况均有可能

4．如图 9-64 所示，在长方体 $ABCD-A_1B_1C_1D_1$ 中，已知 $AB=AD=\sqrt{2}a$，$AA_1=a$，

（1）求证：$AC\perp B_1D_1$；

（2）求 BC_1 和 B_1D_1 所成角的大小.

5．如图 9-65 所示，正四面体 $P-ABC$ 的棱长为 a，求相邻两个面所成二面角的余弦值.

扫一扫

立体几何中的计数问题

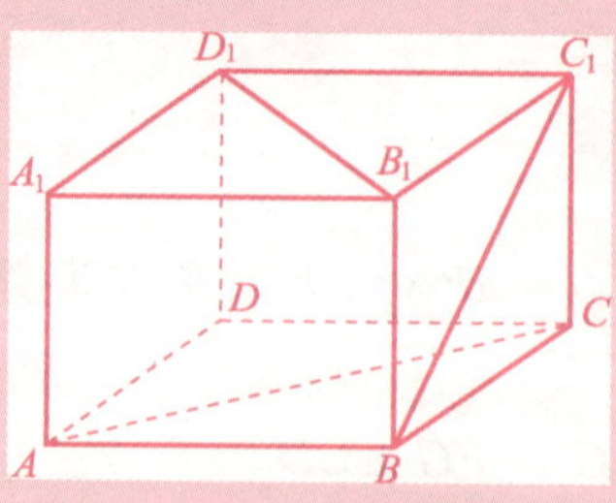

图 9-64

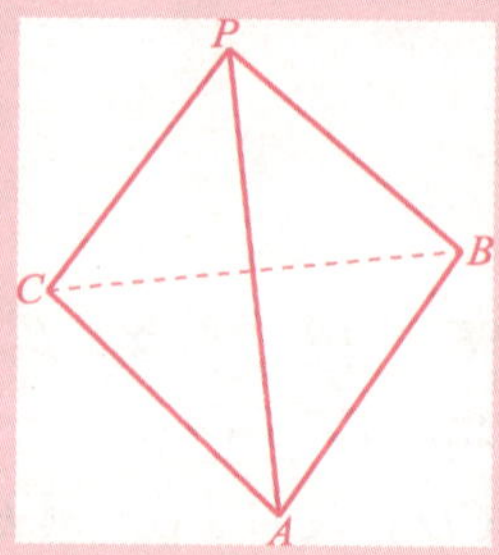

图 9-65

B 组

1．矩形 $ABCD$ 在平面 α 内，F 是平面 α 外一点，$FD \perp DA$，$FD \perp DC$，$FD = 8\text{ cm}$，$AB = 8\text{ cm}$，$BC = 6\text{ cm}$，求线段 FA，FB，FC 的长．

2．在正方体 $ABCD - A_1B_1C_1D_1$ 中，已知 E_1 为 A_1D_1 的中点，求二面角 $E_1 - AB - C$ 的大小．

9.5 柱、锥、球及其简单组合体

在初中阶段，我们已经认识了直棱柱、圆柱、圆锥和球等几何体，如图 9-66 所示．

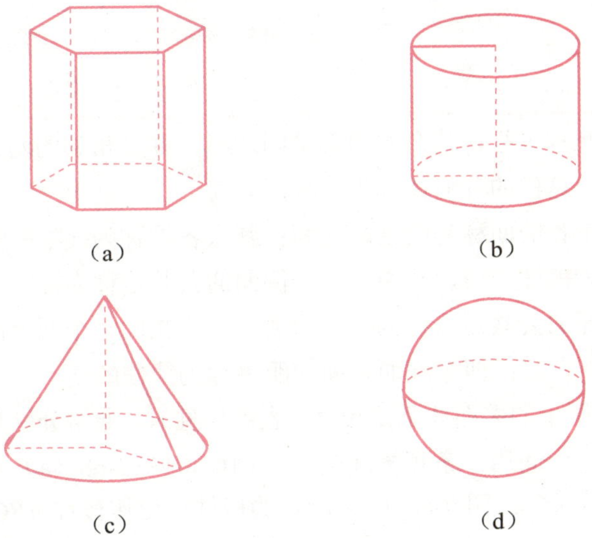

图 9-66

像直棱柱这样由若干个多边形围成的封闭几何体称为**多面体**．围成多面体的各个多边形称为**多面体的面**，两个相邻面的公共边称为**多面体的棱**，棱和棱的公共点称为**多面体的顶点**，连接不在同一个面上的两个顶点的线段称为**多面体的对角线**．

像圆柱、圆锥、球这样由一个封闭的几何图形绕一条定直线旋转而成的几何体称为**旋转体**．

下面我们分别对其进行简单介绍．

扫一扫

棱柱、圆柱——逃离异次元

提示

一个多面体至少有四个面．根据面数不同，多面体可分为四面体、五面体、六面体等．

9.5.1 棱柱与棱锥

1. 棱柱

生活中的数学

如图 9-67 所示，我们常见的一些物体，如三棱镜、砖头和六棱笔筒等，都给人以带棱的柱体的印象．

图 9-67

知识精讲

有两个面互相平行，其余各面都是四边形，并且相邻的两个四边形的公共边都互相平行，这样的几何体称为**棱柱**．

两个互相平行的面称为**棱柱的底面**；其余各面称为**棱柱的侧面**．相邻两个面的公共边称为**棱柱的棱**，其中，两个侧面的公共边称为**棱柱的侧棱**．

侧面与底面的公共顶点称为**棱柱的顶点**；不在同一个面上的两个顶点的连线称为**棱柱的对角线**；两个底面之间的距离称为**棱柱的高**．

> **头脑风暴**
> 细心观察一下，生活中我们常见的物体还有哪些是棱柱？

如图 9-68 所示的多面体都是棱柱．表示棱柱时，通常分别顺次写出两个底面顶点的字母，中间用一条短横线隔开．例如，图 9-68（a）所示的棱柱可记作棱柱 $ABC-A_1B_1C_1$；图 9-68（b）所示的棱柱可记作棱柱 $ABCD-A_1B_1C_1D_1$，或简记为棱柱 AC_1．

通常，棱柱可分为斜棱柱和直棱柱两大类．侧棱不垂直于底面的棱柱称为**斜棱柱**，如图 9-68（a）所示；侧棱垂直于底面的棱柱称为**直棱柱**，如图 9-68（b）所示；底面是正多边形的直棱柱称为**正棱柱**，如图 9-68（c）所示．

> **提示**
> 底面是平行四边形的四棱柱称为**平行六面体**；侧棱与底面垂直的平行六面体称为**直平行六面体**；底面是矩形的直平行六面体称为**长方体**；棱长都相等的长方体称为**正方体**．

根据底面多边形的边数不同，棱柱还可分为三棱柱、四棱柱、五棱柱等．如图 9-68 所示的棱柱分别为三棱柱、四棱柱和六棱柱．

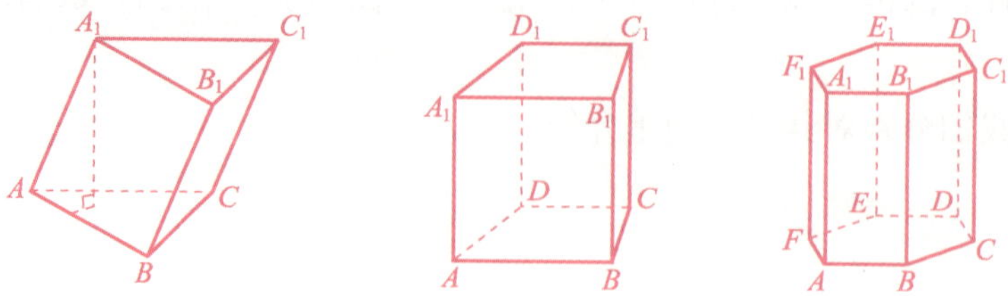

（a）　（b）　（c）

图 9-68

正棱柱主要有以下性质.

（1）侧棱垂直于底面，各侧棱长都相等，且等于正棱柱的高；

（2）侧面都是矩形；

（3）两底面中心的连线是正棱柱的高.

正棱柱所有侧面的面积之和称为**正棱柱的侧面积**，正棱柱的侧面积与两个底面面积之和称为**正棱柱的全面积**（或**表面积**）.

如图 9-69 所示为正棱柱的表面展开图，设其底面周长为 c，底面积为 $S_{底}$，高为 h，则正棱柱的侧面积、全面积和体积公式分别为

$$S_{正棱柱侧} = ch,$$

$$S_{正棱柱全} = ch + 2S_{底},$$

$$V_{正棱柱} = S_{底}h.$$

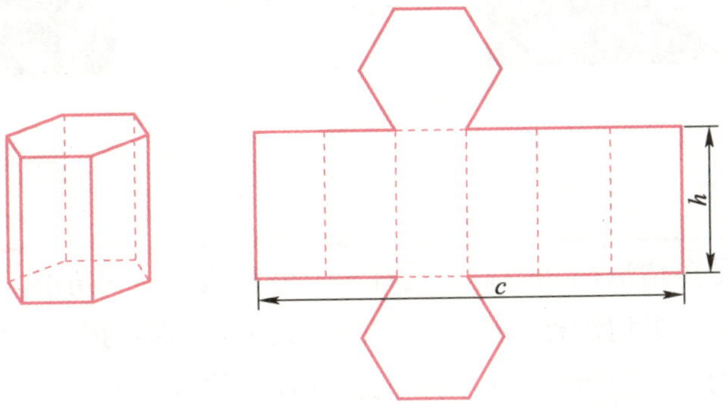

图 9-69

> **跃跃欲试**
>
> 已知三棱柱的底面边长为 4，高为 5，求这个三棱柱的侧面积和体积.

学以致用

例 1　除锈滚筒呈正六棱柱形，滚筒两端封闭，筒长 $l = 1.6\text{ m}$，底面边长为 $a = 0.46\text{ m}$，求做一个滚筒所需要的铁板面积是多少（精确到 0.1 m^2）?

分析　求做这个滚筒所需要的铁板面积，实际上是计算该正六棱柱滚筒的全面积.

解　如图 9-70 所示，正六棱柱底面为正六边形，其面积为

$$S_{底} = 6\times\frac{1}{2}a\times\frac{\sqrt{3}}{2}a = \frac{3\sqrt{3}}{2}a^2.$$

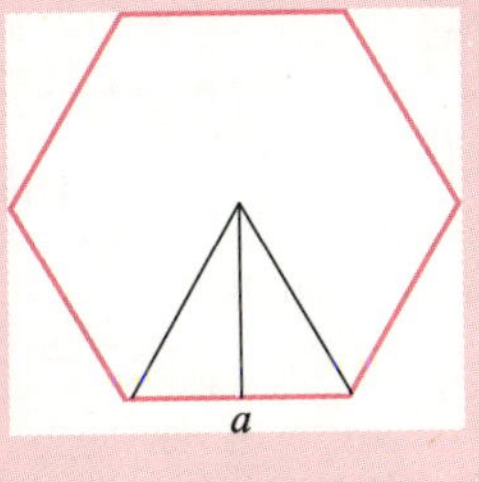

图 9-70

正六棱柱的侧面积为 $S_{侧}=6al$，所以，滚筒的全面积为

$$S=S_{侧}+2S_{底}=6al+3\sqrt{3}a^2=6\times0.46\times1.6+3\sqrt{3}\times0.46^2\approx5.5\,(\text{m}^2).$$

故做一个滚筒所需要的铁板面积约为 $5.5\ \text{m}^2$.

2. 棱锥

生活中的数学

如图 9-71 所示，金字塔、帐篷、建筑的尖顶等都给人以顶尖底平的带棱锥体的印象.

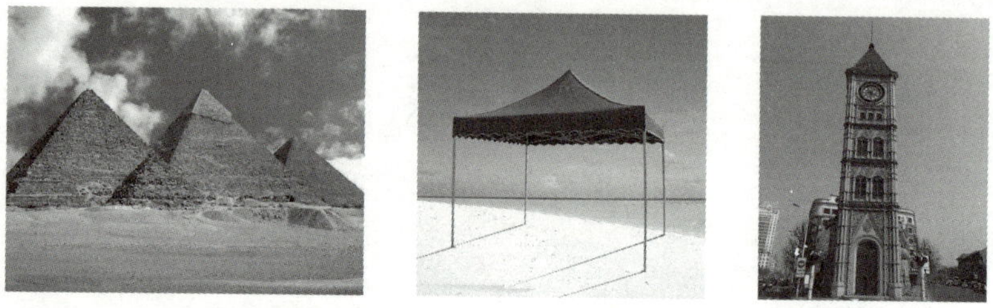

图 9-71

知识精讲

有一个面是多边形，其余各面是有一个公共顶点的三角形，这些面围成的几何体称为**棱锥**．多边形称为**棱锥的底面**，其余各面称为**棱锥的侧面**；相邻侧面的公共边称为**棱锥的侧棱**；各侧面的公共顶点称为**棱锥的顶点**；顶点到底面的距离称为**棱锥的高**.

> **头脑风暴**
>
> 如果四棱锥的侧棱长相等，那么它是不是正四棱锥？如果四棱锥的底面是正方形，那么它是不是正四棱锥？

如图 9-72 所示的多面体都是棱锥．棱锥用顶点和底面各顶点的字母表示，或用顶点和底面一条对角线端点的字母来表示，如图 9-72（b）所示棱锥可表示为 $S-ABCD$ 或 $S-AC$.

根据底面多边形的边数不同，棱锥可分为三棱锥、四棱锥、五棱锥等．如果棱锥的底面是一个正多边形，并且顶点在底面的射影在底面的中心上，这样的棱锥称为**正棱锥**．如图 9-72 所示分别为正三棱锥和正四棱锥.

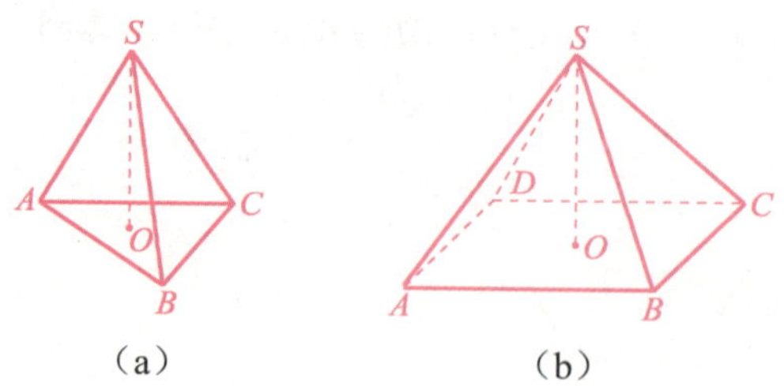

图 9-72

正棱锥主要有以下性质.

（1）正棱锥的各侧棱相等，各侧面是全等的等腰三角形，各等腰三角形底边上的高（称为**正棱锥的斜高**）相等.

（2）正棱锥的高、斜高及斜高在底面上的射影组成一个直角三角形；正棱锥的高、侧棱及侧棱在底面上的射影也组成一个直角三角形．

如图 9-73 所示为正棱锥的表面展开图，设其底面周长为 c，底面积为 $S_{底}$，高为 h，斜高为 h'，则正棱锥的侧面积、全面积和体积公式分别为

$$S_{正棱锥侧}=\frac{1}{2}ch',$$

$$S_{正棱锥全}=\frac{1}{2}ch'+S_{底},$$

$$V_{正棱锥}=\frac{1}{3}S_{底}h.$$

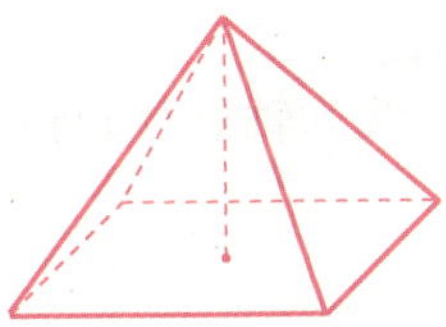

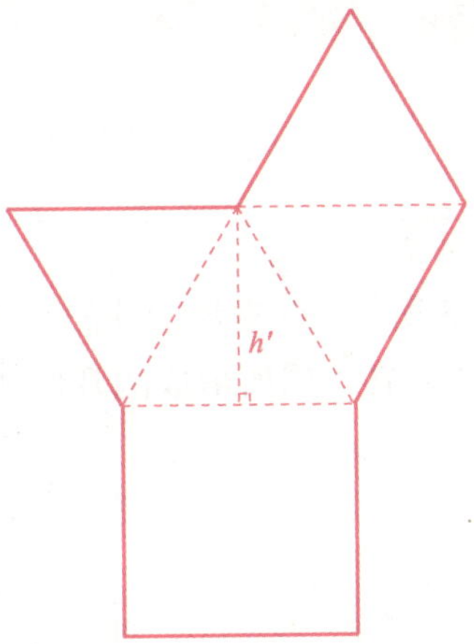

图 9-73

提示

如果棱锥被平行于底面的平面所截，那么所得的截面与底面相似，截面面积与底面面积的比等于顶点到截面距离的平方与棱锥高的平方之比．

学以致用

例 2　已知正四棱锥底面正方形的边长为 6 cm，高与斜高的夹角为 60°，求此正四棱锥的侧面积、全面积和体积（保留 4 位有效数字）．

解　如图 9-74 所示，作正四棱锥的高 SO、斜高 SE，连接 OE，则 $\triangle SOE$ 为直角三角形．

因 $OE=3\text{ cm}$，$\angle OSE=60°$，所以

$$h'=SE=2\sqrt{3}\text{ cm},\quad h=SO=\sqrt{3}\text{ cm}.$$

因此

$$S_{侧}=\frac{1}{2}ch'=\frac{1}{2}\times4\times6\times2\sqrt{3}=24\sqrt{3}\approx41.57\ (\text{cm}^2),$$

$$S_{全}=\frac{1}{2}ch'+S_{底}=24\sqrt{3}+6\times6\approx77.57\ (\text{cm}^2),$$

$$V=\frac{1}{3}S_{底}h=\frac{1}{3}\times6\times6\times\sqrt{3}=12\sqrt{3}\approx20.78\ (\text{cm}^3).$$

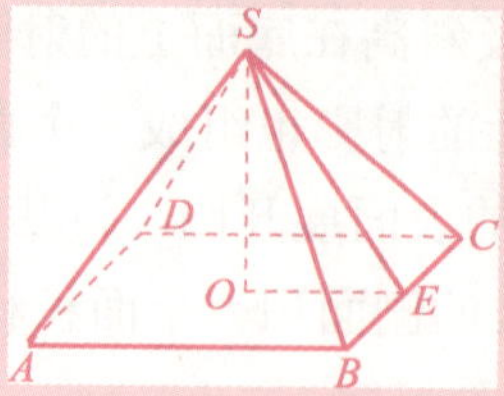

图 9-74

课堂练习

1. 设正三棱柱的高为 6，底面边长为 4，求它的侧面积、全面积及体积.
2. 设正四棱锥的高为 a，底面边长为 $2a$，求它的全面积和体积.

9.5.2 圆柱、圆锥、球

1. 圆柱

生活中的数学

如图 9-75 所示，以矩形卡片的一边所在的直线为轴进行旋转，通过观察可知，其余各边旋转一周所形成的几何体为圆柱.

士不可不弘毅，任重而道远.
——《论语》

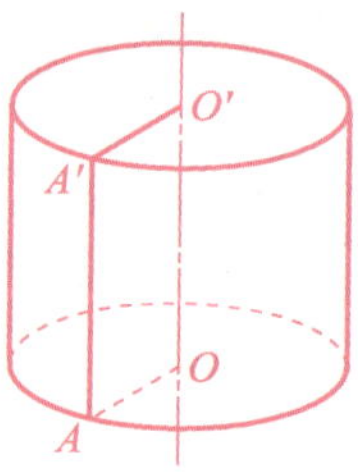

图 9-75

知识精讲

以矩形的一边所在的直线为旋转轴，其余各边旋转而成的曲面（或平面）所围成的几何体称为圆柱．旋转轴所在的直线称为圆柱的轴；无论旋转到什么位置，平行于轴的边都称为圆柱的母线；平行于轴的边旋转而成的曲面称为圆柱的侧面；垂直于轴的边旋转而成的圆面称为圆柱的底面；两底面之间的距离称为圆柱的高.

圆柱用表示轴的字母表示，如图 9-75 所示的圆柱表示为圆柱 OO'.

圆柱主要有以下性质.

（1）圆柱的两个底面是半径相等的圆，且互相平行.

（2）圆柱的母线与高平行且相等.

（3）平行于圆柱底面的截面是与底面半径相等的圆，圆柱的轴截面是宽为底面直径、长为圆柱高的矩形.

设圆柱的底面半径为 r，高为 h，则其侧面积、全面积和体积公式分别为

$$S_{圆柱侧}=2\pi rh,$$

$$S_{圆柱全}=2\pi r(h+r),$$

$$V_{圆柱}=\pi r^2 h.$$

跃跃欲试

请同学们自己尝试推导一下圆柱侧面积、全面积和体积的公式.

学以致用

例 3　已知圆柱的底面半径为 1 cm，体积为 $5\pi\ \text{cm}^3$，求圆柱的高与全面积.

解　由于底面半径为 1 cm，所以

$$\pi h=5\pi,$$

解得圆柱的高为

$$h=5\ \text{cm},$$

所以圆柱的全面积为

$$S_{圆柱全}=2\pi r(h+r)=12\pi\ (\text{cm}^2).$$

2. 圆锥

生活中的数学

如图 9-76 所示，以直角三角形卡片的一条直角边所在的直线为轴进行旋转，通过观察可知，其余两边旋转一周所形成的几何体为圆锥.

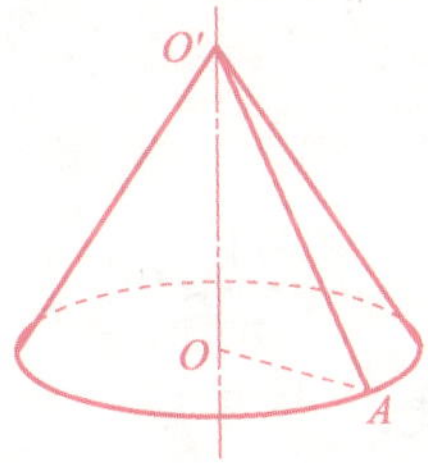

图 9-76

知识精讲

以直角三角形的一条直角边所在的直线为旋转轴，其余两边旋转而成的曲面（或平面）所围成的几何体称为圆锥．旋转轴所在的直线称为圆锥的轴；另一条直角边旋转而成的圆面称为圆锥的底面；斜边旋转而成的曲面称为圆锥的侧面；无论旋转到什么位置，斜边都称为圆锥的母线；母线与轴的交点称为圆锥的顶点；顶点到底面的距离称为圆锥的高.

圆锥用表示轴的字母表示，如图 9-76 所示的圆锥表示为圆锥 OO'.

圆锥主要有以下性质.

（1）平行于底面的截面是圆.

（2）圆锥的轴截面是以底面直径为底、母线为腰的等腰三角形，其底边上的高等于圆锥的高.

(3)圆锥的顶点与底面圆周上任意一点的距离都相等，且等于母线的长度.

设圆锥的底面半径为 r，母线长为 l，高为 h，则其侧面积、全面积和体积公式分别为

$$S_{圆锥侧}=\pi rl,$$

$$S_{圆锥全}=\pi r(l+r),$$

$$V_{圆锥}=\frac{1}{3}\pi r^2 h.$$

跃跃欲试

已知圆锥的母线长为 2，圆锥的高为 1，求该圆锥的体积.

学以致用

例 4　圆锥形沙堆的底面周长为 9.4 m，圆锥母线长等于 2.5 m，若每立方米沙的质量为 1.5×10^3 kg，现有这样的沙堆 10 个，用一辆载重 8 吨的汽车来运走这些沙，需要运多少次才能完成？

解　沙堆底面半径为

$$r=\frac{9.4}{2\pi}\approx 1.5\ (\text{m}).$$

沙堆高为

$$h=\sqrt{l^2-r^2}=\sqrt{2.5^2-1.5^2}=2\ (\text{m}).$$

所以，10 堆沙的质量为

$$M=\frac{1}{3}\pi r^2 h\times10\times1.5\times10^3=\frac{1}{3}\pi\times1.5^2\times2\times10\times1.5\times10^3\approx7.1\times10^4\ (\text{kg}),$$

即 10 沙砂约重 71 吨.

由于

$$n=\frac{71}{8}\approx 9,$$

故需要运 9 次才能将沙全部运走.

3. 球

生活中的数学

日常生活中有很多球形物体，如足球、篮球、乒乓球等，如图 9-77 所示. 那么，球是如何形成的呢？其表面积和体积应如何计算？

图 9-77

知识精讲

以半圆的直径所在的直线为旋转轴，由半圆弧旋转而成的曲面称为球面．球面所围成的几何体称为球体，简称球．半圆的圆心称为球心；连接球心和球面上任意一点的线段称为球的半径；连接球面上两点并且经过球心的线段称为球的直径．

如图 9-78 所示的球中，点 O 是球心，线段 OC 是球的半径，线段 AB 是球的直径．球用表示球心的字母表示，如图 9-78 所示的球可表示为球 O.

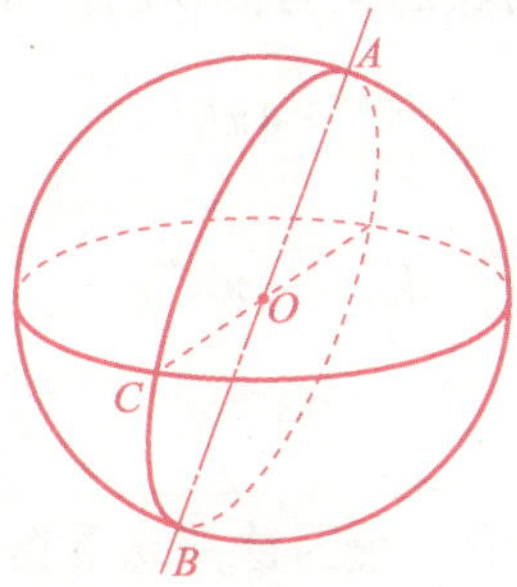

图 9-78

球面也可以看作与定点（球心）的距离等于定长（半径）的所有点的集合．如图 9-79 所示，用平面去截球，观察截面图形，球主要具有如下性质．

球的截面是圆面，并且球心与截面圆心的连线垂直于截面．

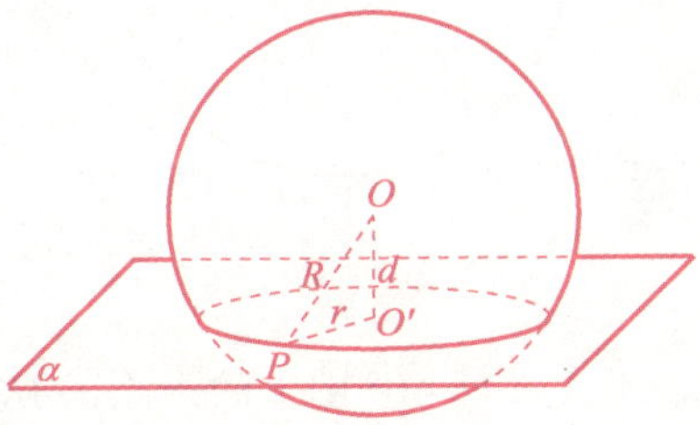

图 9-79

设球心到截面的距离为 d，球的半径为 R，截面上圆的半径为 r，则

$$r=\sqrt{R^2-d^2}.$$

经过球心的平面截球面所得的圆称为球的大圆，此时，$d=0$，$r=R$，截面圆的面积最大；不经过球心的平面截球面所得的圆称为球的小圆．

经过球面上两点的大圆在这两点间的一段劣弧（指不超过半个大圆的弧）的长度称为两点的球面距离．它是球面上这两点之间最短连线的长度，如图 9-80 所示，劣弧 $\overset{\frown}{AB}$ 的长度就是 A，B 两点的球面距离．

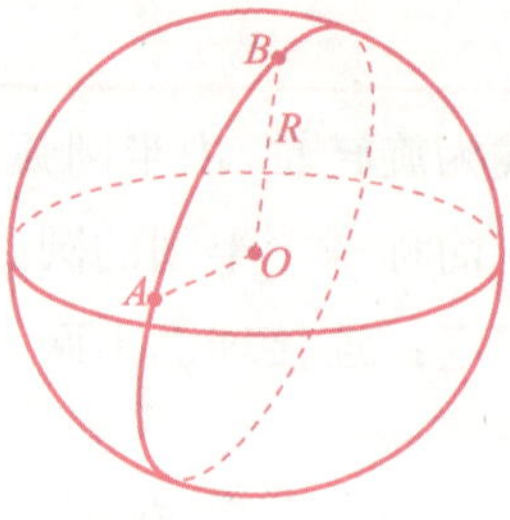

图 9-80

设球的半径为 R，则球的表面积与体积的计算公式为

$$S_{球}=4\pi R^2,$$

$$V_{球}=\frac{4}{3}\pi R^3.$$

学以致用

例 5 如图 9-81 所示，我国首都北京靠近北纬 40°，求北纬 40° 纬线的长度（地球半径约为 6 370 km）.

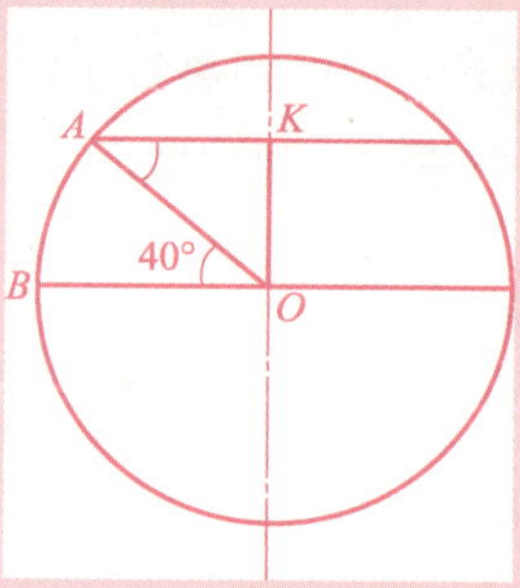

图 9-81

提示

把地球近似看作一个球时，经线就是球面上从北极到南极的半个大圆，赤道是一个大圆，其余的纬线都是小圆.

解 如图 9-81 所示，A 是北纬 40° 圈上的一点，AK 是小圆的半径，所以，$OK\perp AK$．设 c 是北纬 40° 的纬线长．因为 $\angle AOB=\angle OAK=40°$，所以

$$c=2\pi\cdot AK=2\pi\cdot OA\cos\angle OAK=2\pi\cdot OA\cos 40°$$

$$\approx 2\pi\times 6\ 370\times 0.766\approx 3.066\times 10^4\ (\text{km}),$$

故北纬 40° 纬线的长度约为 3.066×10^4 km.

例 6 一个球的大圆的半径为 7 cm，求这个球的表面积和体积各是多少（保留 4 位有效数字）？

解 因球的大圆的半径等于球的半径，所以球的表面积与体积分别为

$$S_{球}=4\pi R^2=4\pi\times 7^2\approx 615.8\ (\text{cm}^2),$$

$$V_{球}=\frac{4}{3}\pi R^3=\frac{4}{3}\pi\times 7^3\approx 1\ 436\ (\text{cm}^3).$$

课堂练习

1．已知圆柱的高为 h，其侧面展开图是一个正方形，求它的体积．

2．已知圆锥的底面半径为 1 cm，母线与底面半径的夹角为60°，求圆锥的体积．

3．用平面去截球，截得球的小圆半径为 4 cm，截面与球心的距离为 3 cm，求球的表面积和体积．

扫一扫

球的截面问题

9.5.3　简单组合体

生活中的数学

生活中常见的物体除了柱体、锥体和球等简单几何体外，还有大量物体是由这些简单几何体组合而成的，如图 9-82 所示的机械零件、建筑外形、路灯等．

图 9-82

知识精讲

由简单几何体组合而成的几何体称为**简单组合体**．柱、锥、球及其简单组合体在机械制造、建筑工程及日常生活中有着广泛的应用．

学以致用

例 7　如图 9-83 所示，李明给自己家设计了一个邮筒．这个邮筒是由直径为 0.3 m 的半球与底面直径为 0.3 m、高为 0.4 m 的圆柱组合成的几何体．求邮筒的表面积（投信口忽略不计，精确到 0.01 m^2）．

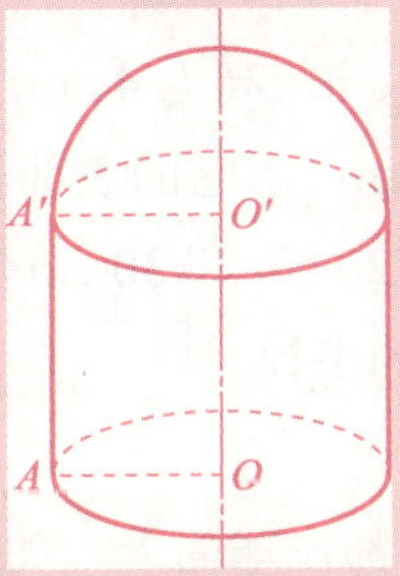

图 9-83

解 邮筒上部半球的表面积为

$$S_{半球面}=\frac{1}{2}\times 4\pi R^2=\frac{1}{2}\times 4\pi\times 0.15^2\approx 0.141\,(\mathrm{m}^2),$$

邮筒下部圆柱的侧面积为

$$S_{圆柱侧}=2\pi rh=2\pi\times 0.15\times 0.4\approx 0.377\,(\mathrm{m}^2),$$

邮筒下部圆柱的底面积为

$$S_{圆柱底}=\pi r^2=\pi\times 0.15^2\approx 0.071\,(\mathrm{m}^2),$$

所以邮筒的表面积为

$$S_{油筒}=S_{半球面}+S_{圆柱侧}+S_{圆柱底}=0.141+0.377+0.071=0.589\,(\mathrm{m}^2).$$

课堂练习

图 9-84

某甜品店制作了一种蛋筒冰淇淋，其上半部分是半球形，下半部分是圆锥形，如图 9-84 所示. 现将半径为 10 cm 的圆形蛋皮平均分成 5 个扇形蛋皮，然后用一个扇形蛋皮围成圆锥的侧面（蛋皮的厚度忽略不计）.

（1）求该蛋筒冰淇淋的高度；

（2）求该蛋筒冰淇淋的体积（精确到 $0.01\,\mathrm{cm}^3$）.

小试牛刀 9.5

A 组

1. 已知正四棱柱底面边长为 4 cm、高为 5 cm，求它的全面积和体积.

2. 已知正六棱柱底面边长为 10 cm、高为 15 cm，求它的体积.

3. 已知正方体的全面积为 $18\,\mathrm{cm}^3$，求这个正方体的体积.

4. 已知圆柱的轴截面是一个长为 6、宽为 4 的矩形，求该圆柱的侧面积和体积.

5. 将一个腰长为 4 的等腰直角三角形分别绕直角边和斜边旋转一周，求所得旋转体的侧面积和体积.

6. 某圆柱的底面半径为 2 cm、高为 4 cm，求它的全面积.

7. 球的大圆的周长为 80 cm，求它的表面积和体积.

8. 如果把两个直径分别为 20 cm 和 30 cm 的铸铁球熔成一个球，在不考虑损耗的情况下，求所熔成的球的半径.

B 组

1. 已知正方体的八个顶点都在球面上，如果这个球的体积是 $8\,\mathrm{cm}^3$，求该正方体的体积.

2. 已知正三棱锥 $P-ABC$ 的底面边长为 2，侧面与底面所成的二面角为

60°，求正三棱锥的高和体积．

3．已知圆锥底面半径为 a，母线与底面所成的角为30°，求它的体积．

总章复习 9

百炼成钢

A 组

1．已知空间四点 A，B，C，D，若其中任意三点不共线，则经过其中三个点的平面有（　　）．

A．一个或两个　　B．一个或三个

C．一个或四个　　D．两个或三个

2．空间四边形各边相等，顺次连接各边中点所得四边形为（　　）．

A．正方形　　B．矩形

C．菱形　　D．平行四边形

3．设直线 $m//$ 平面 α，直线 n 在平面 α 内，则（　　）．

A．$m//n$　　B．m 与 n 相交

C．m 与 n 异面　　D．m 与 n 平行或异面

4．如果直线 a，b 是异面直线，那么与 a，b 都平行的平面（　　）．

A．有且只有一个　　B．有两个

C．有无数个　　D．不一定存在

5．在空间中，过直线外一点与该直线平行的平面有（　　）．

A．1 个　　B．2 个　　C．3 个　　D．无数个

6．若两个球的表面积之比为 1∶9，则这两个球的体积之比为（　　）．

A．1∶27　　B．1∶9　　C．1∶3　　D．$1:\sqrt{3}$

7．已知一个球的表面积为 π，则其体积为（　　）．

A．$\frac{\pi}{3}$　　B．$\frac{\pi}{6}$　　C．$\frac{2\pi}{3}$　　D．$\frac{4\pi}{3}$

8．将一个棱长为 2 的正方体木块削成一个球，并使其体积最大，则这个球的表面积为（　　）．

A．2π　　B．4π　　C．8π　　D．16π

9．下列结论中，错误的是（　　）．

A．在空间中，到定点的距离等于定长的点的集合是球

B．球面上三个不同的点，不可能在一条直线上

C．过球面上两个不同的点，只能作一个大圆

D．球的表面积与球的半径乘积是球的体积的三倍

长风破浪会有时，直挂云帆济沧海．

——李白

10．在空间中，两条没有公共点的直线的位置关系是____________．

11．已知正四棱锥底面边长为 a，侧面积是底面积的 2 倍，则它的体积是__________．

12．如图 9-85 所示，从点 P 向边长为 2 的等边 $\triangle ABC$ 所在的平面作垂线段 AP，且 $AP=2$．求 PB 与平面 ABC 所成的角．

13．如图 9-86 所示，$\alpha\cap\beta=a$，$b\subseteq\alpha$，$c\subseteq\beta$，$b\parallel c$，求证：$a\parallel b\parallel c$．

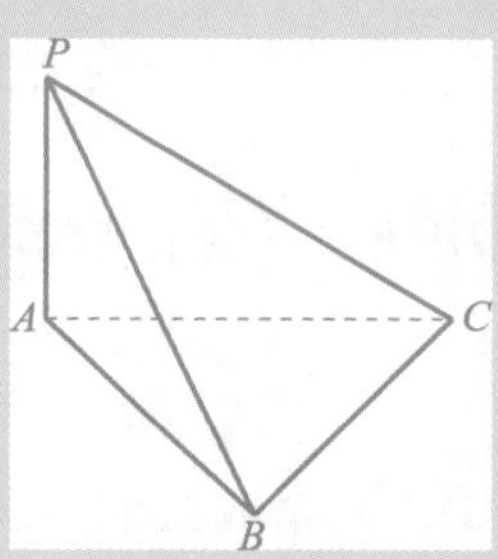

图 9-85

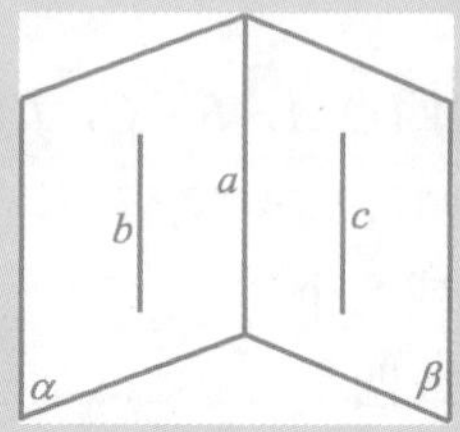

图 9-86

14．如图 9-87 所示，在正方体 $ABCD-A_1B_1C_1D_1$ 中，求二面角 $A-BB_1-D$ 的大小．

15. 如图 9-88 所示，在 $\triangle ABC$ 中，$\angle ACB=90°$，$PA\perp$ 平面 ABC，$AD\perp PC$，求证：$AD\perp$ 平面 PBC.

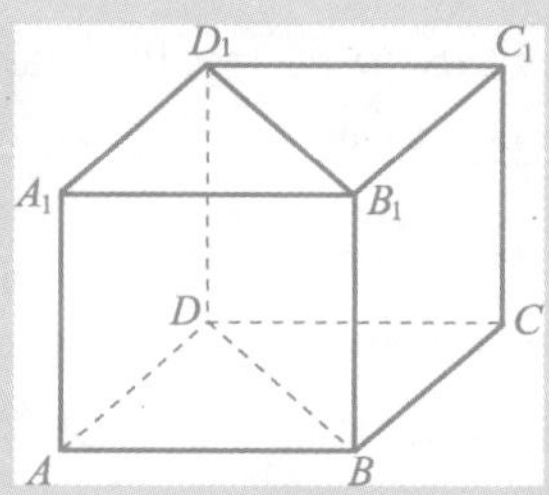

图 9-87

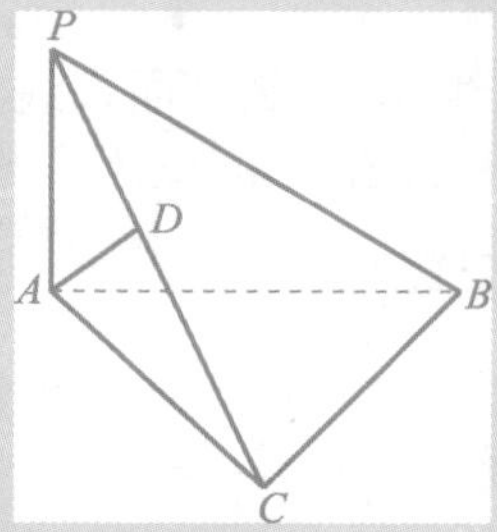

图 9-88

B 组

1．已知平面 $\alpha\parallel$ 平面 β，点 A，C 在平面 α 内，点 B，D 在平面 β 内，直线 AB 与直线 CD 相交于点 S，设 $AS=18$，$BS=9$，$CD=24$，求 CS 的长.

2．某工件是高为 6 cm、底面边长为 5 cm 的正四棱柱形，以它的两个底面中心的连线为轴，钻出一个直径为 4 cm 的圆柱形孔．求剩余部分几何体的体积．

巅峰对决

1．已知四棱柱 $ABCD-A_1B_1C_1D_1$ 的外接球体积为 $\frac{4\pi}{3}$，底面 $ABCD$ 是边长为 1 的正方形，则四棱柱 $ABCD-A_1B_1C_1D_1$ 的侧面积为（　　）．

A．4　　B．$4\sqrt{2}$　　C．$4\sqrt{3}$　　D．无法确定

2．古希腊数学家阿基米德的墓碑上刻着一个圆柱，圆柱内有一个内切球，这个球的直径恰好与圆柱的高相等，如图 9-89 所示．相传这个图形表达了阿基米德最引以为豪的发现，下面让我们来重新求解这个伟大的发现．

（1）求圆柱的体积与球的体积之比；

（2）求圆柱的表面积与球的表面积之比．

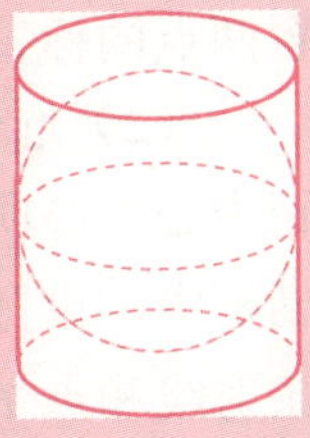

图 9-89

数学的现代化　信息技术应用

利用几何画板绘制立体几何图形

我们主要介绍绘制简单的立体几何图形和变化的长方体两部分内容．

1．绘制简单的立体几何图形

利用几何画板可以绘制各种立体几何图形，主要用到“自定义工具”→“立体几何”选项．如图 9-90 所示，首先选中所要绘制的几何体的名称，然后在画板上选择合适的位置，单击并拖动，即可得到几何体的直观图形．如图 9-91 所示为绘制的四棱锥、三棱柱、六面体的直观图形．

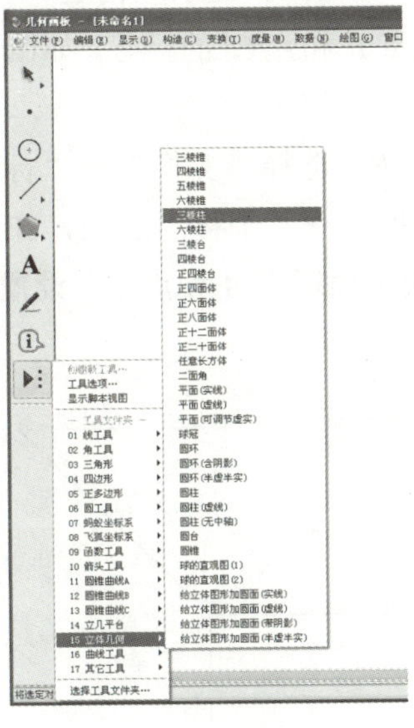

图 9-90

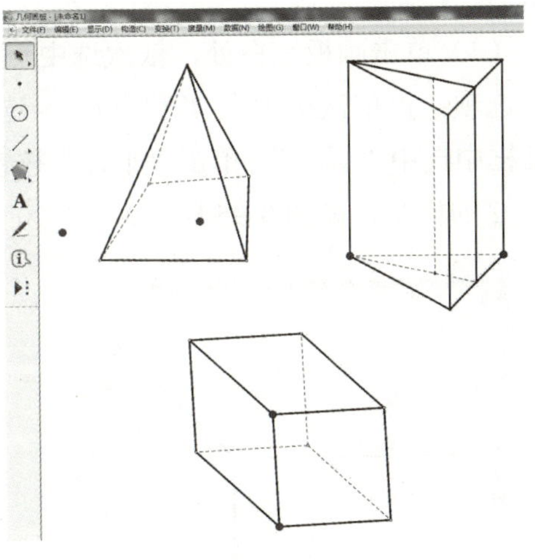

图 9-91

2．绘制变化的长方体

利用几何画板绘制变化的长方体时，主要用到了“构造”和“变换”工具，并利用“移动”和“系列”工具制作按钮．

（1）打开几何画板软件，选中“线段直尺工具”图标，在弹出的子菜单中选中“射线直尺工具”图标．在画板空白处任意单击两下，绘出射线．设

扫一扫

绘制变化的长方体

置两点的标签分别为 B'，A'，如图 9-92 所示.

（2）选中“移动箭头工具”图标，仅选中点 B'，选择“变换”→“标记中心”选项. 选中射线和点 A'，再选择“变换”→“旋转”选项，在弹出对话框中，设置“固定角度”为“90”度，单击“旋转”按钮，画板上出现第二条射线和点 E，而且处于选中状态. 继续选择“变换”→“旋转”选项，这次在弹出对话框中设置“固定角度”为“135”度，单击“旋转”按钮，此时画板上出现第三条射线和点 F. 设置点 E 和点 F 的标签，如图 9-93 所示.

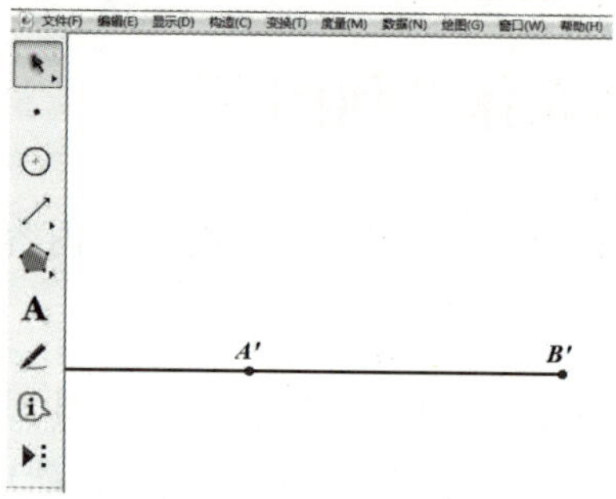

图 9-92

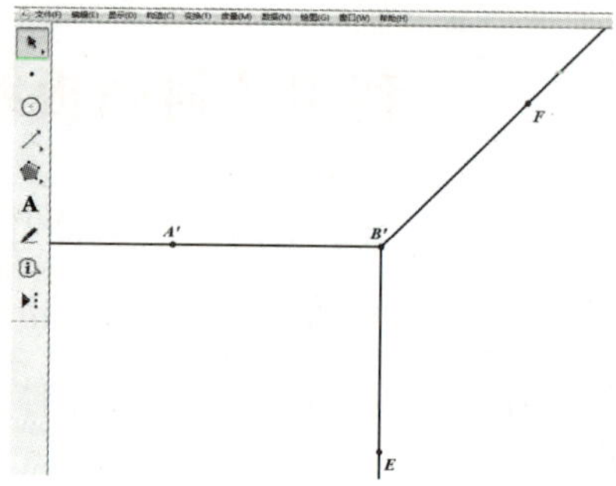

图 9-93

（3）单击画板空白处，同时选中第二条、第三条射线，选择“构造”→“射线上的点”选项，画板上出现点 B 和点 C'. 设置点 B 和点 C' 的标签，如图 9-94 所示.

（4）单击画板空白处，依次选中点 B' 和点 B，选择“变换”→“标记向量”选项；再依次选中点 A' 和点 C'，选择“变换”→“平移”选项，在弹出对话框中选中“标记”，单击“平移”按钮，画板上出现点 A 和点 C. 设置点 A 和点 C 的标签，如图 9-95 所示.

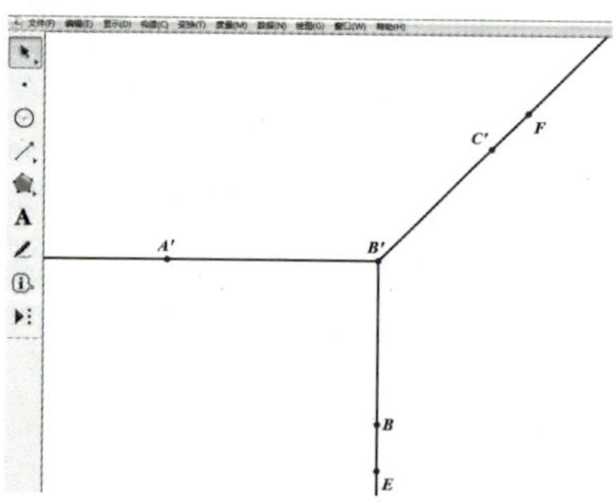

图 9-94

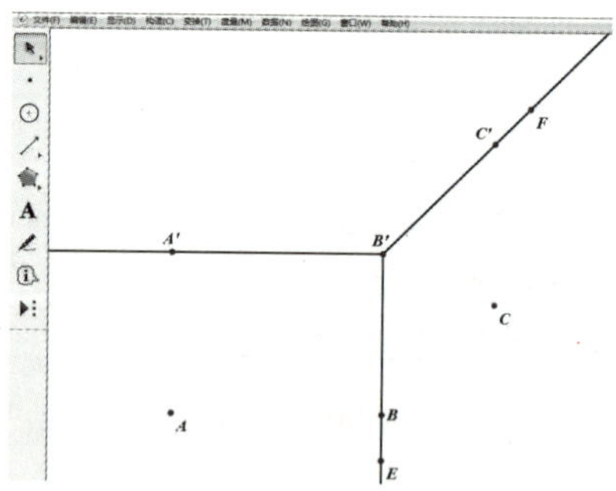

图 9-95

（5）单击画板空白处，依次选中点 B' 和点 A'，选择“变换”→“标记向量”选项；再依次选中点 C' 和点 C，选择“变换”→“平移”选项，在弹出对话框中选中“标记”，单击“平移”按钮，画板上出现点 D' 和点 D. 设置点 D' 和点 D 的标签，如图 9-96 所示.

（6）单击画板空白处，依次选中三条射线，选择“显示”→“隐藏射线”选项．选中“射线直尺工具”图标，重新选中“线段直尺工具”图标，然后连接长方体的 12 条棱．完成后选中“移动箭头工具”图标，然后选中每条棱，右击，在弹出的快捷菜单中，设置所有可以看到的棱为“中等”和“实线”线型，所有不可以看到的棱为“细线”和“虚线”线型．完整的长方体绘制完成，如图 9-97 所示．

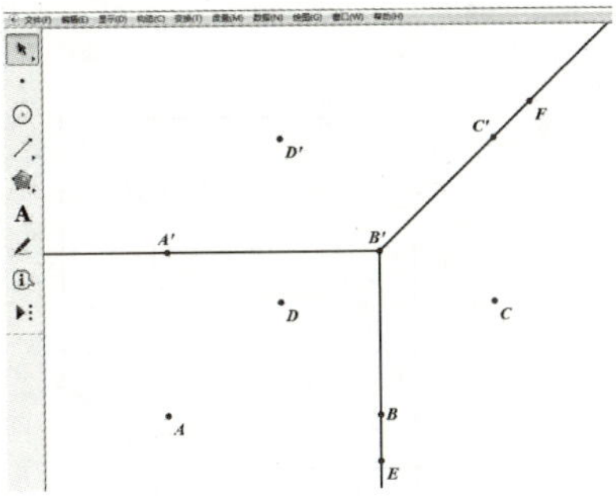

图 9-96

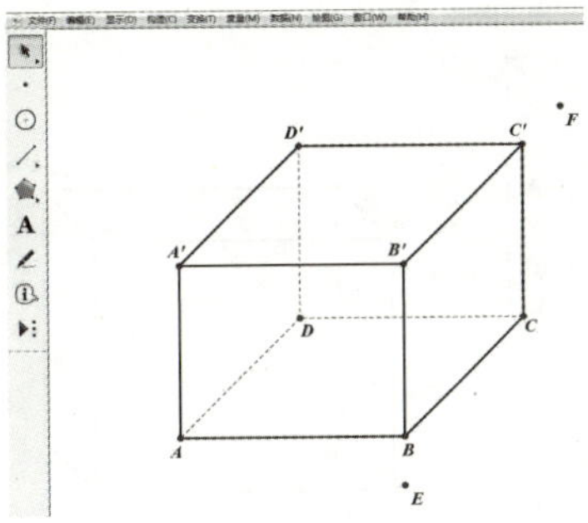

图 9-97

（7）现在开始制作长方体变换为正方体的控制按钮．选中点 B'，选择“变换”→“标记中心”选项．选中点 F，再选择“变换”→“缩放”选项，在弹出对话框中，设置“固定比”为“$\frac{1}{2}$”，单击“缩放”按钮，画板上出现一个点，设置其标签为 G，如图 9-98 所示．

（8）单击画板空白处，依次选中点 B 和点 E，选择“编辑”→“操作类按钮”→“移动”选项，在弹出对话框中，设置“速度”为“高速”（动作会瞬间完成），单击“确定”按钮，此时画板上出现一个按钮“移动B→E”；类似地，选中点 C' 和点 G，相同操作后，画板上出现按钮“移动C'→G”．用鼠标框选这两个按钮，选择“编辑”→“操作类按钮”→“系列”选项，在弹出对话框中，设置“系列动作”为“同时执行”，单击“确定”按钮，此时画板上的图形如图 9-99 所示．

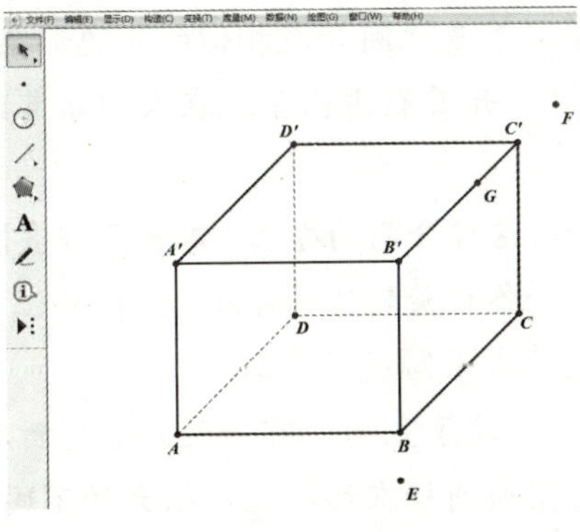

图 9-98

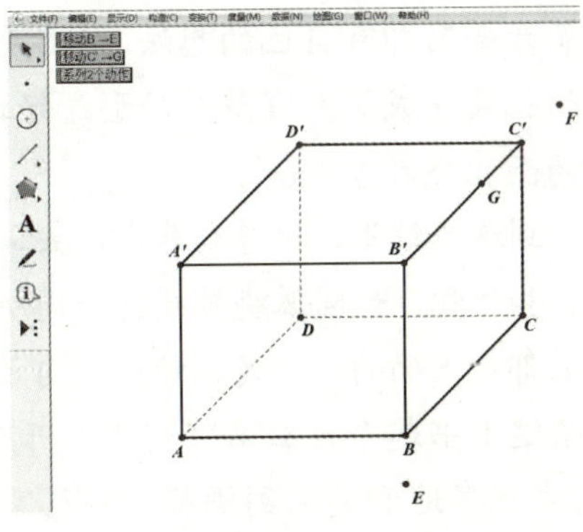

图 9-99

（9）为了便于观察，需要对图像进行调整．单击画板空白处，然后同时选中点 E、点 F、点 G、按钮“移动B→E”和按钮“移动C′→G”，选择“显示”→“隐藏对象”选项，更改按钮“系列2个动作”的标签为“正方体”．同学们可以试着拖动点 A'、点 B 和点 C'，来改变长方体的大小，如图 9-100 所示．当单击按钮“正方体”时，会发现“长方体”立刻变成“正方体”，如图 9-101 所示．

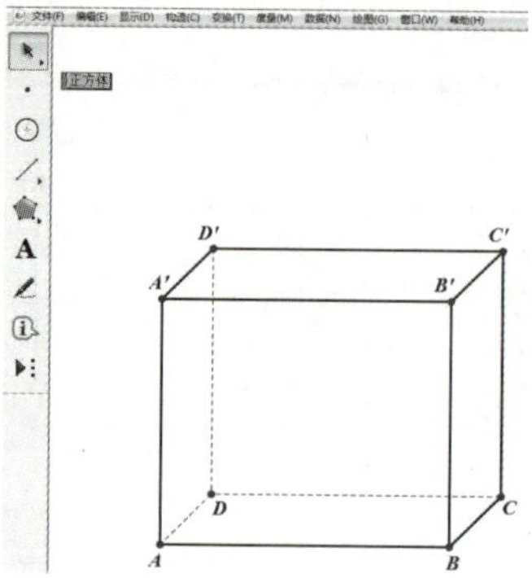

图 9-100

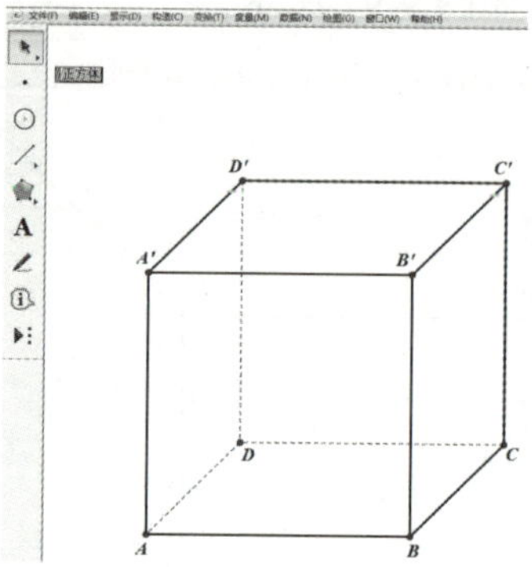

图 9-101

做一做

1．使用“自定义工具”→“立体几何”选项，绘制三棱锥、圆柱和球．

2．熟悉几何画板的绘图功能，尝试绘制本章中各几何体的直观图．

趣味阅读

开普勒与葡萄酒桶

开普勒不仅是一位出色的天文学家，还是一位卓越的数学家．由于家境比较贫寒，他当过家庭教师，主要教授数学．业余时间，开普勒开始潜心研究数学知识，偶然间，他对求圆的面积产生了浓厚的兴趣．

此前数学家主要采用分割法求圆的面积，但不管分割多少次，得到的都是近似值．如果想让得出的结果更加精确，只能增加分割次数．

而开普勒却有自己的想法．与之前数学家总是把圆分成相似的六边形不同，开普勒把圆分成了无穷多个扇形．经过计算，开普勒得出了现在人们非常熟悉的圆的面积公式 $S=\pi r^2$．

看到这个结果，开普勒非常高兴，他使用这种分割的办法，求出了许多图形的面积和体积，如圆弧绕轴旋转一周所产生的各种旋转体的体积．经过验证，这些结果都是正确的．于是，他就把自己的这些成果写成了一本书．

给这本书起个什么名字好呢？开普勒一时没了主意．有一天，他到酒店去喝酒，发现奥地利的葡萄酒桶和自己家乡的葡萄酒桶在形状上有很大的不同．为什么要做成这种形状呢？高一点不行吗？矮一点不行吗？扁一点好不好呢？

开普勒的兴趣又被调动起来了，他拿出纸笔来画图计算．结果发现，奥地利的酒桶做成这个形状是有原因的．用同样的材料，做成这个形状，能够装最多的葡萄酒．

这个发现让开普勒感到十分意外，同时也给了他灵感．于是，他把自己的新书命名为《葡萄酒桶的立体几何》．

第 10 章

概率与统计初步

对“不确定”事件，用数据说话

引言

在我们的身边存在着很多“确定”和“不确定”的事件. 例如，我们确定太阳会从东边升起，但我们不确定明天是否是晴天；我们确定中秋节的月亮会很圆，但我们不能确定中秋节当天是否下雨；我们能确定一批种子中有能发芽的，但我们不能确定具体有几粒能发芽.

对于“不确定”的事件，我们虽然不能笃定结果，但我们可以通过获取和分析数据作出判断. 本章我们就来学习对“不确定”的事件如何用数据说话.

要求

1. 掌握分类及分步计数原理；
2. 理解随机事件与概率的概念；
3. 理解总体、样本的概念；
4. 了解常见的抽样方法；
5. 掌握用样本估计总体的方法；
6. 了解一元线性回归.

10.1 计数原理

扫一扫

计数原理

10.1.1　分类计数原理

生活中的数学

小明在上海上学，他春节放假回家可以选择坐火车、汽车或者飞机，出发当日的火车有 5 班，汽车有 1 班，飞机有 3 班，那么他可以选择的回家方式共有多少种？

知识精讲

面对多种并列的选择时，要判断共有多少种方法，可以对选项先进行分类，再将各类选项中的选择数量相加即可.

因此，在上述情境中，小明可以选择这 3 类方式中的任何一种，他可选择的回家方式共有

$$5+1+3=9\,(\text{种}).$$

由此，我们可以推出，若完成一件事，有 n 类办法，在第 1 类办法中有 k_1 种不同的方法，在第 2 类办法中有 k_2 种不同的方法，……，在第 n 类办法中有 k_n 种不同的方法，那么完成这件事的方法共有

$$N=k_1+k_2+\cdots+k_n\,(\text{种}). \qquad (10\text{-}1)$$

这一计数原理称为**分类计数原理**，也称**加法原理**.

注意

使用分类计数原理时应注意以下几点.

(1)用其中任何一种方法均可独立完成这件事.

(2)各类方法之间是相互独立的.

(3)同一类中的各种方法也是相互独立的.

学以致用

例 1　书架上有 6 本不同的历史书，5 本不同的文学书，7 本不同的科技书. 一个学生要从中任选一本，请问共有多少种不同的选法？

解　这个学生任选一本书，有 3 类选法.

第 1 类选法：选历史书，从 6 本书中任选一本，有 6 种方法.

第 2 类选法：选文学书，从 5 本书中任选一本，有 5 种方法.

第 3 类选法：选科技书，从 7 本书中任选一本，有 7 种方法.

根据分类计数原理，可得不同的选法有

$$N=6+5+7=18\,(\text{种}).$$

课堂练习

1. 某职业学校计算机二班的学生共分为 3 个学习小组，A 组有 5 人，B 组有 7 人，C 组有 8 人，老师要从班中选出一人参加学校举办的编程大赛，共有多少种选法？

2．两位同学约在一个饭店吃饭，点菜时发现饭店提供川菜、粤菜和浙菜 3 类菜，其中，川菜有 10 种，粤菜有 8 种，浙菜有 7 种，两位同学只准备点一个菜，他们有多少种选法？

10.1.2　分步计数原理

生活中的数学

小明毕业后在北京工作，他春节回家时发现只能坐火车，但没有直达的车，他必须在郑州中转．他回家当日从北京到郑州的可选车次有 3 班，从郑州回家的可选车次有 2 班，那么他可以选择的回家方式共有多少种？

知识精讲

对于无法通过一次选择完成的事，要判断共有多少种方法，可以对选择先分步，再依次完成每步的选择．

因此，在上述情境中，小明可以先选出从北京到郑州的车次，再选出从郑州到家的车次，如图 10-1 所示．

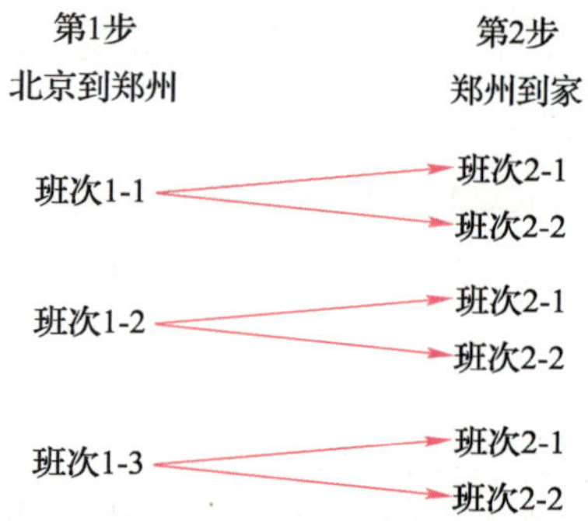

图 10-1

头脑风暴

若北京到郑州的火车有 2 班，郑州到家的车有 3 班，结果会有变化吗？

可以看出，第 1 步有 3 种选择，而第 2 步中，对于第 1 步的每种选择，第 2 步都有 2 种选择，因此最终选法共有

$$3\times 2=6\,(\text{种}).$$

由此，我们可以推出，若完成一件事，需要分成 n 个步骤，完成第 1 个步骤有 k_1 种不同的方法，完成第 2 个步骤有 k_2 种不同的方法，……，完成第 n 个步骤有 k_n 种不同的方法，并且只有这 n 个步骤都完成后，这件事才能完成，那么完成这件事的方法共有

$$N=k_1\cdot k_2\cdot\cdots\cdot k_n\,(\text{种}). \tag{10-2}$$

这一计数原理称为**分步计数原理**，也称**乘法原理**．

学以致用

例 2 某职业学校计算机新生班有男生 20 人，女生 5 人．开学伊始，班里要选出男、女各一名生活委员，共有多少种选法？

解 此事可分 2 个步骤完成．

第 1 步：从 20 名男生中选出 1 名生活委员，有 $k_1=20$ 种选法．

第 2 步：从 5 名女生中选出 1 名生活委员，有 $k_2=5$ 种选法．

根据分步计数原理，可得

$$N=k_1\cdot k_2=20\times 5=100\,(\text{种}),$$

即共有 100 种选法．

例 3 桌上有 3 支不同的圆珠笔，4 支不同的铅笔，5 把不同的尺子．若从中各取出一个，配成一套学习用具，最多可有多少种配套方法？

解 此事可分为 3 个步骤完成，每个步骤选一种文具，分别有 3 种、4 种和 5 种方法，应用分步计数原理，配套方法共有

$$3\times 4\times 5=60\,(\text{种}).$$

课堂练习

1．某单位要从 3 个候选人中选出主任和副主任，共有多少种选法？

2．学校开设了选修课，其中艺术类有 3 门，体育类有 2 门，文学类有 7 门．学校要求每位学生需在这 3 类选修课中各选一门学习，每位学生有多少种不同的选法？

鉴错小能手

学校举办运动会，每班可以报名 5 个项目，每个项目最多可以报 3 个人，且为了保证更多学生参与进来，每个学生只能选择一个项目．

汽修一班的体育委员认为，班里共有 20 名同学，按学校的规定，如果每个项目都选人参加，且每个项目都按最多的人数报名，那么他们一共会有 $3\times 5=15$ 种报名方式．你认为体育委员的想法正确吗？为什么？

小试牛刀 10.1

A 组

1．一个商场销售某种型号的空调，其中，本地产品有 5 种，进口产品有 3 种．要买 1 个这种型号的空调，有多少种不同的选法？

2．学校举办运动会，田赛项目共有 5 项，径赛项目共有 6 项，某班同学想在这些项目中选 1 个参加，该同学有几种选法？

3．完成一件工作有两种方法，有 2 个人只会第 1 种方法，另外 5 个人只会第 2 种方法，从这 7 个人中选一人完成此项工作，有多少种选法？

4．质检单位对某工厂生产的零件进行抽检，甲组样品有 10 件，乙组样品有 20 件，从甲组样品和乙组样品中各抽出一件进行检测，共有多少种方法？

5．用 1，3，5，7，9 可以组成多少个三位数？

6．投掷 1 枚骰子可能出现 6 种不同的结果，若同时投掷 2 枚骰子，可能出现的结果有多少种？

7．某手机密码由 4 位数字组成，每位数字都可以从 0～9 的整数中任意选取，那么可以设置多少种不同的密码？

8．把 4 封不同的信任意投入 3 个信箱中，共有多少种不同的投法？

B 组

用数字 0，2，4，6，8 可以组成多少个 3 位数？

10.2 概率

扫一扫

随机事件发生的概率

10.2.1 随机事件

生活中的数学

观察下列现象．

（1）抛掷 1 枚骰子，点数 1 朝上．

（2）太阳从东方升起．

（3）过马路时遇到红灯．

（4）从一个定点射飞镖，正中靶心．

（5）鲤鱼用肺呼吸．

可以看出，在这些现象中，（2）是必然会发生的；（1）、（3）、（4）可能发生，也可能不发生；（5）是不可能发生的．

知识精讲

像上述（2）、（5）这样，在一定条件下，事先就能断定发生或不发生的现象称为**确定性现象**；而像上述（1）、（3）、（4）这样，在一定条件下，可能发生、也可能不发生的现象称为**随机现象**．

头脑风暴

我们周围还有哪些现象是确定性现象，哪些现象是随机现象？

我们通常使用试验和观察的方法来研究随机现象．进行试验和观察时，试验的所有可能结果都应该是可知的，我们只是不能预测某次试验的确切结果．在相同的条件下，试验和观察可以重复进行．

这类试验和观察称为**随机试验**，随机试验的结果称为**随机事件**，简称**事件**，常用大写字母 A，B，C，… 表示．如果用 A 表示某随机事件，则可以写作 $A=\{$事

件的具体内容}．例如，“抛掷 1 枚骰子，点数 1 朝上”这一随机事件，可以记作

$$A=\{抛掷 1 枚骰子，点数 1 朝上\}.$$

与随机事件相对，在一定条件下，必然要发生的事件称为**必然事件**，用 Ω 表示；在一定条件下，不可能发生的事件称为**不可能事件**，用 $\varnothing$ 表示．

在研究随机现象时，为了讨论方便，我们将必然事件和不可能事件也看作随机事件（特例）．

学以致用

例 1　设在一个班级中有 50 名同学，女生有 40 名，男生有 10 名．

（1）$A=\{$随机选出 11 人均为男生$\}$；

（2）$B=\{$随机选取 11 人均为女生$\}$；

（3）$C=\{$随机选取 12 人，其中有女生$\}$．

指出 A，B，C 中的必然事件及不可能事件．

解　由于 50 人中有 10 名男生，随机抽取 11 名均为男生是不可能的；随机选取 11 人，可能全是女生，也可能男、女都有；随机选取 12 人，其中含有女生是必然的．

因此，事件 C 是必然事件，事件 A 是不可能事件．

课堂练习

设在 100 件商品中有 5 件次品．

（1）$A=\{$随机抽取 1 件为次品$\}$；

（2）$B=\{$随机抽取 6 件都是次品$\}$；

（3）$C=\{$随机抽取 20 件，其中有正品$\}$．

指出 A，B，C 中的必然事件及不可能事件．

知识精讲

若例 1 中，我们随机选取 10 人，则事件 $A=\{$没有男生$\}$、$B=\{$有 1 名男生$\}$、$C=\{$男生不超过 1 名$\}$之间存在什么联系呢？

由于“男生不超过 1 名”包括“没有男生”和“有 1 名男生”两种情况，因此，事件 C 可以用事件 A 和事件 B 进行描述，即事件 C 总是伴随着事件 A 或事件 B 的发生而发生．

像事件 A 和 B 这样，作为试验和观察的基本结果，在试验和观察中不可再分的最简单的随机事件称为**基本事件**；像事件 C 这样，可以用基本事件来描绘的随机事件称为**复合事件**．

> **跃跃欲试**
> 请举出生活中的某一随机试验的基本事件和复合事件．

学以致用

例 2　抛掷 1 枚骰子，观察掷出的点数，指出下列事件中的基本事件

和复合事件.

（1）$A=\{$点数是 2$\}$；（2）$B=\{$点数是 4$\}$；（3）$C=\{$点数是偶数$\}$.

解 事件 A，B 都是试验的一个可能，而 C 包含 A，B 两个基本事件，因此事件 A，B 是基本事件，事件 C 是复合事件.

课堂练习

抛掷 1 枚骰子，观察掷出的点数，指出下列事件中的基本事件和复合事件.

（1）$A=\{$点数是 2$\}$；（2）$B=\{$点数是 4$\}$；

（3）$C=\{$点数是 3$\}$；（4）$D=\{$点数小于 5$\}$.

10.2.2 频率与概率

生活中的数学

我们在做游戏时，常常会抛出一枚硬币，让硬币的正反面来决定游戏的先后顺序，那么我们在抛硬币之前所选的正、反面有什么依据吗？这种方法为什么能为大家所接受？

若反复抛掷一枚硬币，并记录正面向上的次数，会发现随着抛掷次数的增多，正面向上的次数呈现什么样的规律？

知识精讲

我们已经知道，在相同条件下做试验，重复 n 次，若随机事件 A 发生了 m 次（$0\leqslant m\leqslant n$），则 m 称为事件 A 发生的**频数**；比值 $\frac{m}{n}$ 称为事件 A 发生的**频率**.

曾有人做过抛掷硬币的大量重复试验，观察硬币落下后正面向上的情况，结果如表 10-1 所示.

表 10-1

抛掷次数 n	正面向上的次数 m	正面向上的频率 m/n
2 048	1 061	0.518 1
4 040	2 048	0.506 9
12 000	6 019	0.501 6
24 000	12 012	0.500 5
30 000	14 984	0.499 5
72 088	36 142	0.501 4

设事件 $A=\{$抛掷硬币时正面向上$\}$，从表 10-1 可以看出，当抛掷次数 n 很大时，事件 A 发生的频率总落在 0.5 附近．这说明事件 A 发生的频率具有稳

定性．常数 0.5 就是其稳定值．我们可以用它来描述事件 A 发生的可能性大小，从而认识事件 A 发生的规律．

对于给定的随机事件 A，当试验次数足够多时，如果事件 A 发生的频率 $\frac{m}{n}$ 稳定在某个常数上，那么，就把这个常数称为事件 A 发生的**概率**，记作 $P(A)$．

由于在 n 次重复试验中，事件 A 发生的次数 m 总满足 $0 \leqslant m \leqslant n$，即 $0 \leqslant \frac{m}{n} \leqslant 1$，因此，事件的概率具有以下性质．

（1）对随机事件，$0 \leqslant P(A) \leqslant 1$．

（2）对于必然事件，$P(\Omega)=1$．

（3）对于不可能事件，$P(\varnothing)=0$．

> **提示**
>
> 我们通常是通过计算事件 A 的频率来估计事件 A 的概率，并利用事件 A 的概率来描述试验中事件 A 发生的可能性大小．

学以致用

例 3　某射箭运动员在同一条件下进行射箭练习，结果如表 10-2 所示．

表 10-2

射箭次数 n	10	15	20	30	45	60	90
中靶次数 m	8	12	15	25	38	48	70
中靶频率 m/n	0.800	0.800	0.750		0.844	0.800	0.778

（1）这位运动员射箭 30 次时，中靶的频率为多少？

（2）这位运动员本次射箭，中靶的概率为多少？

解　（1）射箭 30 次时，中靶的频率为

$$\frac{m}{n}=\frac{25}{30}\approx 0.833.$$

（2）由于中靶频率都在 0.800 左右摆动，故这位运动员本次射箭，中靶的概率约为 0.800.

课堂练习

某餐厅要了解客人对餐厅的满意程度，进行了 5 次问卷调查，结果如表 10-3 所示．

表 10-3

被调查人数 n	400	550	601	650	702
满意人数 m	361	493	541	589	631
满意频率 m/n					

（1）计算表中的各个频率；

（2）顾客对餐厅满意的概率 $P(A)$ 约为多少？

10.2.3 古典概型

扫一扫

古典概型

生活中的数学

抛掷一枚骰子，可能出现的点数分别为 1 点、2 点、3 点、4 点、5 点、6 点．每个点数出现的可能性有何特点？

知识精讲

由于骰子的材质是均匀的，所以出现每个点数的可能性是相等的，都是$\frac{1}{6}$．

抛掷一枚骰子的试验有以下两个特点．

（1）试验中所有可能出现的基本事件为有限个．

（2）每个基本事件发生的可能性相同．

我们把满足上述条件的随机试验的概率模型称为**古典概型**．

头脑风暴

射击运动员向靶心射击，这一试验的结果为有限个：命中 10 环、命中 9 环、……、命中 1 环、命中 0 环，请问这是古典概型吗？

在古典概型中，设一次试验的基本事件总数为 n，事件 A 包含 m 个基本事件，那么事件 A 发生的概率为

$$P(A)=\frac{m}{n}. \qquad (10\text{-}3)$$

学以致用

例 4 抛掷一枚骰子，求出现的点数是 3 的概率．

解 这是古典概型问题．抛掷一枚骰子出现的点数分别为 1，2，3，4，5，6，而这 6 个基本事件是等可能性事件．

设 $A=\{$出现的点数是 3$\}$，则 A 是 6 个基本事件中的一个，即 $m=1$，故事件 A 发生的概率为

$$P(A)=\frac{m}{n}=\frac{1}{6}.$$

头脑风暴

抛掷一枚骰子，出现的点数不超过 2 的概率是多少？

课堂练习

袋子中有 2 个白球和 1 个红球，从袋子中任取 1 个球，求取到红球的概率．

知识精讲

在抛掷一枚骰子的试验中，若设 $A=\{$点数为 1$\}$，$B=\{$点数为 2$\}$，则事件 A 和事件 B 是不可能同时发生的．

像这样，不可能同时发生的两个事件称为**互斥事件**．

设 $C=\{$点数不超过 2$\}$，若事件 C 发生，就意味着事件 A 和事件 B 中至少有一个发生，这时，事件 C 就称为事件 A 和事件 B 的**和事件**，记作 $C=A\cup B$．

由于事件 C 包含两个基本事件，故其概率为

$$P(C)=\frac{2}{6}=\frac{1}{3}.$$

已知 $P(A)=\frac{1}{6}$，$P(B)=\frac{1}{6}$，所以可得到 $P(C)=P(A)+P(B)$．

于是，对互斥事件 A 和 B，有

$$P(A\cup B)=P(A)+P(B). \tag{10-4}$$

式（10-4）称为互斥事件的概率加法公式．此公式为计算概率的基本公式之一，运用它可以计算某些复合事件的概率．

提示

互斥事件的概率加法公式还可推广到多个两两互斥事件．例如，对于两两互斥事件 A，B，C，有

$P(A\cup B\cup C)$
$=P(A)+P(B)+P(C)$．

学以致用

例 5　抛掷一枚骰子，求 $C=\{$点数为 5 或不超过 3$\}$ 的概率．

解　设 $A=\{$点数为 5$\}$，$B=\{$点数不超过 3$\}$，则事件 A 与事件 B 为互斥事件，并且

$$P(A)=\frac{1}{6},\quad P(B)=\frac{3}{6}=\frac{1}{2}.$$

所以
$$P(C)=P(A\cup B)=P(A)+P(B)=\frac{1}{6}+\frac{1}{2}=\frac{2}{3}.$$

***例 6**　抛掷一枚骰子，求 $D=\{$点数不为 1，2 和 3$\}$ 的概率．

解　由于 $D=\{$点数不为 1，2 和 3$\}=\{$点数为 4，5 或 6$\}$，设 $A=\{$点数为 4$\}$，$B=\{$点数为 5$\}$，$C=\{$点数为 6$\}$．A,B,C 两两互斥，故 $D=A\cup B\cup C$，所以

$$P(D)=P(A\cup B\cup C)=P(A)+P(B)+P(C)=\frac{1}{6}+\frac{1}{6}+\frac{1}{6}=\frac{1}{2}.$$

课堂练习

1．袋子里有 3 颗草莓糖、5 颗香蕉糖、6 颗榴莲糖，糖果的外包装完全一样，小明从中任意拿出一颗糖，设 $C=\{$取出草莓糖或香蕉糖$\}$，试用加法公式计算 $P(C)$．

2．在 15 张奖券中，有 2 张一等奖，3 张二等奖，从中抽取 1 张，求中奖的概率．

小试牛刀 10.2

A 组

1．指出下列事件中的随机事件、必然事件和不可能事件．

（1）太阳从西边落下；

（2）明天下雨；

（3）从含有 3 个残次品的 100 个零件中任意抽取 3 个，有 2 件残次品；

（4）在标准大气压下，水在常温下会结冰；

（5）三角形的内角和等于 360°；

（6）若 x 为实数，则 $x^2>0$.

2．从标有1，2，3的 3 张卡片中任取一张，写出所有的基本事件，并指出事件 $A=\{$取到的卡是奇数卡$\}$所包含的基本事件.

3．某研究所对一种花的种子在相同条件下的发芽情况进行了大量重复试验，结果如表 10-4 所示.

表 10-4

每批花种粒数 n	5	20	25	35	45	60	105
发芽粒数 m	2	6	8	10	13	19	30
发芽频率 m/n							

（1）计算上述试验中花种的发芽频率；

（2）花种的发芽概率为多少？

4．学校一年级有 120 个学生，在第一学期语文期末考试中，有 12 个人不及格，求该校一年级学生第一学期语文期末考试的及格率.

5．同时抛掷 2 枚硬币，求两枚硬币均正面朝上的概率.

6．从 0，1，2 三个数中，任取两个数，求这两数中包含奇数的概率.

7．任意抛掷 3 枚硬币，恰有一枚反面朝上的概率是多少？

8．某面试考场设有 25 张考签，编号为 1，2，…，25．考试时，考生可任意抽取一张作答.

（1）求抽到 1 号考签的概率；

（2）求抽到前 4 号考签的概率.

9．从 6 个人中选 2 个人上台发言，有多少种选法？

B 组

1．从 1，2，3，4 中任取两个数，求两数都是奇数的概率.

2．4 件商品中，有 2 件是合格品，2 件是次品，从中任取 2 件商品.

（1）恰好有 1 件是次品的概率；

（2）没有出现次品的概率；

（3）至多有 1 件是次品的概率.

10.3 总体、样本与抽样方法

10.3.1 总体与样本

生活中的数学

观察下列研究内容.

（1）某部队想知道 1 000 枚某型号炮弹的杀伤半径，从中选取了 10 枚炮弹进行发射试验，以考察这一批炮弹的杀伤半径.

（2）研究所要了解农田中某种病虫害的灾情，随意选定了 6 块地，仔细检查虫卵数，然后估计一公顷农田大约有多少虫卵，会不会发生病虫害等.

（3）环境监测中心为了解北京的空气质量情况，在北京城中分散地选择了 10 个点，进行数据采集.

这些研究采取的方法有什么共同特点？

知识精讲

在统计中，所研究对象的全体称为**总体**，组成总体的每个对象称为**个体**.

要了解总体的情况，最好是能对总体中的每个个体逐一进行研究，但这有时是难以实现的.

一方面，有些总体的容量太大，无法逐个试验，例如，某电视台调查节目的全国收视率时，不可能调查到全国所有的家庭；另一方面，有些试验具有破坏性，不允许逐个进行试验，例如，检测炮弹杀伤半径时不可能发射所有炮弹进行检测.

因此，我们经常采用的办法是，随机从总体中抽取一部分个体，对这些个体进行试验，再通过分析试验结果来推测总体的性质.

从总体中抽取的考察对象的集体称为总体的一个**样本**，样本中所含个体的数目称为**样本容量**.

例如，研究 1 000 枚某型号炮弹的杀伤半径时，这 1 000 枚炮弹的杀伤半径就是研究对象的总体，每个炮弹的杀伤半径是研究的个体，从中抽取的 10 枚炮弹的杀伤半径为一个样本，样本容量为 10.

学以致用

例 1　为了掌握某地新生婴儿的体重情况，随机在几个医院中抽取 100 名婴儿测量体重．请指出其中的总体、个体、样本及样本容量.

解　该地所有婴儿的体重为总体，每个婴儿的体重为个体，被抽取的 100 名婴儿的体重是样本，样本容量为 100.

例 2　为研究某校学生的期末英语成绩，在该校所有学生中随机抽取 300 人进行调查．请指出其中的总体、个体、样本及样本容量．

解　该校所有学生的期末英语成绩为总体，每个学生的期末英语成绩为个体，被抽取的 300 个学生的期末英语成绩为样本，样本容量为 300.

课堂练习

1．要测试一批种子的发芽率，随机抽取 20 粒种子进行检测．请指出其中的总体、个体、样本及样本容量．

2．在某小区的所有业主中，随机选出 50 位参加物业的问卷调查．请指出其中的总体、个体、样本及样本容量．

10.3.2　抽样

生活中的数学

若要进行以下研究，你会如何选择样本？

（1）从一批苹果中选出 20 个，检测坏苹果的比例．

（2）在全校 20 个班级的 1 500 名学生中，选取 50 名进行心理健康调查．

（3）考查某学校学生的身高情况，学校的小学部有 200 人，初中部有 250 人，高中部有 150 人．

知识精讲

1．简单随机抽样

设一个总体含有有限个个体，且其个体总数为 N，如果通过逐个抽取（不放回）的方法从中抽取样本，且每次抽取时每一个体被抽到的概率相等，则这样的抽样称为**简单随机抽样**．

简单随机抽样体现了抽样的客观性与公平性，由于这种抽样方法比较简单，所以成为了其他更复杂抽样方法的基础．那么如何实施简单随机抽样呢？下面介绍两种常用的方法．

（1）抽签法．

从一批苹果中选取 20 个检测好坏时，在实际操作过程中，苹果是堆叠在一起的，不可能一一平放好，因此每个苹果被选中的可能性一般是不相等的，放在上面的和靠前的更容易被选中．

对于这种情况，我们可以将苹果按某种顺序（箱、层、行、列等）进行编号，将编号做成纸签，将签混匀，通过抽签，找到签上编号对应的苹果．

这种抽样方法就称为**抽签法**（俗称抓阄法）．

头脑风暴

如果用简单随机抽样从个体数为 N 的总体中抽取一个容量为 n 的样本，那么每个个体被抽到的概率是多少？

抽签法是最常用的简单随机抽样方法，主要步骤如下.

① 将总体中的所有个体（共有 N 个）编号，并把号码写在签上.

② 把做好的签放到箱子里，搅拌均匀后，从中逐个抽出 n 个签，得到一个容量为 n 的样本.

抽签法简便易行，当总体的个体数不多时，适宜采用这种方法. 例如，从某班级中抽取 5 人去参加某主题研讨会，就可采用抽签法来抽取样本.

> **提示**
>
> 对个体进行编号时，也可以利用已有的编号，如学生的学号、座位号等.

（2）随机数法.

当总体中的个体数较多时，“混匀”不容易做到，此时可以采用**随机数法**抽样.

产生随机数的方法很多，利用计算器（或计算机）就可以方便地产生随机数.

这里，我们通过 CASIO *fx*-82*ES PLUS A* 函数型计算器，利用 [•] 键的第二功能产生随机数. 操作方法是：首先设置精确度，并将计算器设置为小数状态，依次按键 [SHIFT]→[MODE]→[2]，然后依次按键 [SHIFT]→[RAN#]，之后每按一次 [=] 键，就能随机得到 0～1 之间的一个纯小数.

扫一扫

怎样进行简单随机抽样

采用随机数法抽样时，主要步骤如下.

① 编号：将总体中的 N 个个体编号.

② 选号：指定随机号的范围，利用计算器产生 n 个有效的随机号（范围之外或重复的号无效），得到一个容量为 n 的样本.

学以致用

例 3　年级主任要抽查某班的数学考试试卷，此班有 60 人，学号为 1～60，请利用随机数法从中抽出 10 名同学的试卷.

解　将计算器的精确度设为 0.01，取小数点后面两位数作为抽取的学号，如果超过 60 就舍去，重复的也舍去. 这样，用计算器得到随机数

$$0.18, 0.41, 0.47, 0.36, 0.08, 0.30,$$

$$0.50, 0.30, 0.28, 0.14, 0.04, 0.92.$$

所以，抽取的学号为

$$18, 41, 47, 36, 8, 30, 50, 28, 14, 4.$$

课堂练习

分别使用抽签法和随机数法抽取一个福利彩票的号码（7 个数字）.

知识精讲

2. 系统抽样

在全校 20 个班级的 1 500 名学生中，选取 50 名进行心理健康调查时，若

使用抽签法和随机数法，很可能出现抽出的学生集中在某些班级，而另一些班级没有抽到学生的情况．

为避免这种情况发生，可以先将 1 500 名学生分为 50 段，每段 30 人，然后规定抽取每段的第 5 个顺序号的学生（也可以作其他规定），即第 5 号、35 号、65 号、……、1 475 号，组成一个容量为 50 的样本．

像这样，当总体中的个体数较多时，可将总体分成均衡的几个部分，然后按照预先定出的规则，从每一部分中抽取一定数目的个体，得到所需要的样本，这种抽样方法称为**系统抽样**（也称为机械抽样）．

从容量为 N 的总体中，采用系统抽样抽取容量为 n 的样本时，主要步骤如下．

> **注意**
> 确定分段间隔时，若 $\frac{N}{n}$ 不是整数，可以从总体中剔除一些个体，使剩下的个体总数 N' 能被 n 整除，这时的分段间隔为 $\frac{N'}{n}$．

① 编号：将总体的 N 个个体进行编号．

② 确定分段间隔：一般用 $\frac{N}{n}$（取整数）作间隔分段，将总体分成 n 段．

③ 抽样：按事先确定的规则抽取样本，如抽取每段的第 k 个顺序号的个体，得到容量为 n 的样本．

学以致用

例 4 为了解参加奥数的 1 000 名学生的成绩，利用系统抽样，抽取一个容量为 50 的样本．请完成这个抽样．

解 先将这 1 000 名学生进行编号 $1,2,3,\cdots,1000$．将 1 000 名学生分为 50 段，每段 20 名学生，按规定抽取各段第 8 个顺序号的学生，得到容量为 50 的样本．学生号码依次为

$$8,28,48,\cdots,988.$$

课堂练习

某中职学校为了解 2019 级学生的身体发育情况，从 2 000 名学生中，利用系统抽样，抽取一个容量为 100 的样本，请完成这个抽样．

知识精讲

3. 分层抽样

考查某校学生的身高情况，学校有小学部、初中部和高中部．可以发现，这三个阶段的学生年龄存在差距，其身高也有显著的差异，而简单随机抽样和系统抽样没有考虑到不同阶段学生在样本中的比例，所以用这两种方法并不能从各个阶段的学生中均选出具有代表性的样本．

当总体由差异明显的几部分组成时，为了使样本能更充分地反映总体的情况，通常将总体分成几个部分，然后按各部分所占的比例进行抽样，这种抽样

称为**分层抽样**，其中，所分的各部分称为**层**.

对分层抽样的每一层进行抽样时，可采用简单随机抽样或系统抽样.

学以致用

例 5　某校高二年级学生共有 1 000 人，其中，重点班有 200 人，普通班有 800 人. 为了解学生数学期中考试的得分情况，现要抽取 100 个学生的数学试卷进行考查，如何进行抽样？

解　因重点班、普通班的人数比例为1∶4，所以 100 份试卷应按此比例来分配，即从重点班、普通班中抽取的试卷分别为 20 份、80 份.

课堂练习

1. 考查某地区城乡中 5 岁儿童的身高状况，应该如何抽取样本比较好？（该地区城乡儿童比例为1∶5）

2. 某果园在两块地种果树，其中山地种 50 亩，平地种 20 亩，现需要对 7 亩地的果树进行估产，应该如何抽取样本较好？

小试牛刀 10.3

A 组

1. 某校为了调查三年级学生的视力情况，从三年级学生中随机选了 20 人进行视力检测. 请指出其中的总体、个体、样本及样本容量.

2. 欲从全班 50 名学生中随机抽取 10 人去参加社区活动，试分别用抽签法和随机数法确定这 10 名学生.

3. 为评估某小区 800 套房屋的质量，要利用系统抽样，从这些房屋中抽取 40 套进行检查，请完成抽样.

4. 某村有 1 200 人，现要抽取 300 人调查村民对村干部的满意程度，请利用系统抽样法完成抽样.

5. 某单位家属楼有住户 150 人，其中有儿童 15 位，青年人 35 位，中年人 75 位，老年人 25 位. 单位组织此楼住户免费体检，体检后，设计利用分层抽样调查该楼住户健康状况的方案.

6. 选取适当的方法抽样调查零件的质量.

（1）某种型号、同一批次的零件；

（2）某种型号，一周内所有批次的零件；

（3）一周内生产的四种零件，每种零件各生产了一个批次；

（4）一周内生产了三种零件，第一种生产了 2 个批次，第二种生产了 4 个批次，第三种生产了 5 个批次.

扫一扫

三种抽样方法的应用

B 组

1. 某学校想调查学生上课迟到的状况，请设计一个抽样方案.
2. 设计一个抽样方案，调查某电视台中秋晚会的收视率.
3. 设计一个抽样方案，调查学生对学校食堂饭菜的满意率.

10.4 用样本估计总体

10.4.1 用样本的频率分布估计总体

生活中的数学

某中学要调查一年级男生的身高情况，便从中随机抽取了 50 名学生测量身高，结果如下（单位：cm）.

168，170，162，163，165，160，154，163，153，159，
150，158，159，156，164，163，164，156，162，165，
160，165，159，157，163，170，160，165，157，164，
155，156，153，164，165，162，167，152，161，162，
162，165，159，157，163，170，159，165，157，164.

分析此样本的数据可知，最大值为 170，最小值为 150，它们的差为 $170-150=20$．取组距为 3，确定分点，将数据分为 7 组，列出频数分布表，如表 10-5 所示.

表 10-5

分组	频数累计	频数
149.5~152.5	丅	2
152.5~155.5	正	4
155.5~158.5	正 下	8
158.5~161.5	正 正	9
161.5~164.5	正 正 正	15
164.5~167.5	正 下	8
167.5~170.5	正	4
合计	50	50

注意：在分组时，要注意设定的分点数值不能与样本数据重合.

你能根据表中的频数看出该中学一年级男生的总体身高大概在什么水平吗？

知识精讲

我们已经知道，在研究样本的频数分布时，需对其进行分组. 各组内数据

的个数称为该组的频数．频数虽然能够反映出数据具体分布在各组内的个数，但是还不够直观，想要估计各分组在总体中的分布情况还有些困难，此时我们就可以引入频率的概念．

对样本进行分组后，每组的频数与全体数据的个数之比称为该组的频率．计算表 10-5 中各组的频率，可得频率分布表，如表 10-6 所示．

表 10-6

分组	频数	频率
149.5～152.5	2	0.04
152.5～155.5	4	0.08
155.5～158.5	8	0.16
158.5～161.5	9	0.18
161.5～164.5	15	0.30
164.5～167.5	8	0.16
167.5～170.5	4	0.08
合计	50	1.00

根据频率分布表，可以画出频率分布直方图，如图 10-2 所示．频率分布直方图的横轴表示数据分组情况，以组距为单位；纵轴表示频率与组距之比．

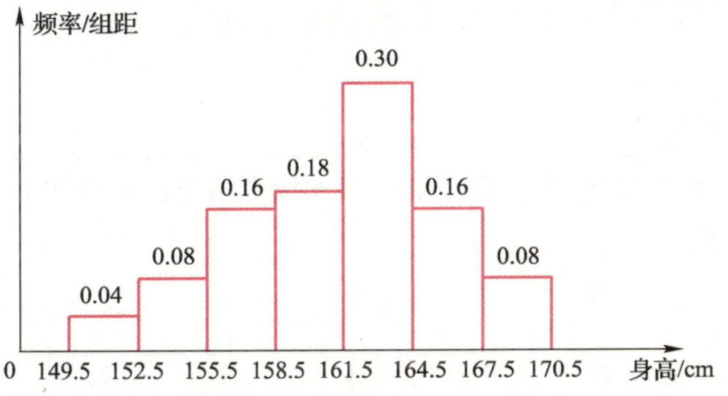

图 10-2

由频率分布直方图可以直观地看出，此中学一年级男生的身高为 161.5～164.5 cm 的概率最高，为 0.3．

综上所述，用样本的频率分布估计总体的步骤如下．

（1）选择恰当的抽样方法得到样本数据．

（2）找出数据的最大值、最小值，确定组距和组数，确定分点，列出频率分布表．

（3）绘制频率分布直方图．

（4）观察频率分布表与频率分布直方图，根据样本的频率分布，估计总体

提示

在频率分布直方图中，某一组距的频率数值等于对应矩形的面积．各小矩形的面积之和等于 1．

中某事件发生的概率.

课堂练习

已知一个样本如下.

10，17，19，12，20，14，13，13，18，16，

15，13，11，10，21，17，14，12，11，19.

（1）根据样本情况填写表 10-7；

表 10-7

分组	频数累计	频数	频率
9.5～11.5			
11.5～13.5			
13.5～15.5			
15.5～17.5			
17.5～19.5			
19.5～21.5			
合计			

（2）画出频率分布直方图.

10.4.2 用样本均值、标准差估计总体

生活中的数学

某英语补习机构要比较 A 班和 B 班的周考情况，A 班和 B 班同学的成绩如表 10-8 所示.

表 10-8

A 班		B 班	
学生编号	学生成绩	学生编号	学生成绩
A-01	90	B-01	100
A-02	89	B-02	77
A-03	88	B-03	100
A-04	88	B-04	78
A-05	84	B-05	100
A-06	85	B-06	84
A-07	88	B-07	69
A-08	87	B-08	100
A-09	90	B-09	79
A-10	85	B-10	87

两班的老师分别计算出了各自班级的平均成绩进行对比，A 班的平均成绩为 87.4 分，B 班的平均成绩也为 87.4 分.

你认为 A 班和 B 班的平均成绩能反映出其总体成绩水平吗？为什么？

知识精讲

分析样本数据时，除了常用频率分布来估计总体之外，还经常需要利用样本均值、标准差来估计总体.

1. 用样本均值估计总体

我们已经知道，如果有 n 个数 x_1，x_2，…，x_n，那么 $\overline{x}=\dfrac{x_1+x_2+\cdots+x_n}{n}$ 称为这 n 个数的算术平均数或均值.

如果样本中有 n 个数据 x_1，x_2，…，x_n，那么这个样本的均值为

$$\overline{x}=\frac{x_1+x_2+\cdots+x_n}{n}. \qquad (10\text{-}5)$$

样本均值反映出样本的平均水平. 我们可以用样本均值来估计总体的平均水平.

学以致用

例 1　某公司对甲、乙两人生产产品的质量评分如表 10-9 所示.

表 10-9

甲	94	95	95	96	93	97	94	95	96	95
乙	92	93	91	92	94	95	93	94	90	96

请判断谁生产的产品质量更好.

解　将甲、乙的成绩作为样本，来对他们生产产品的质量进行评估，分别计算数据的平均值，得

$$\overline{x}_{甲}=\frac{94+95+95+96+93+97+94+95+96+95}{10}=95,$$

$$\overline{x}_{乙}=\frac{92+93+91+92+94+95+93+94+90+96}{10}=93,$$

显然，$\overline{x}_{甲}>\overline{x}_{乙}$，所以甲生产的产品质量更好.

知识精讲

2. 用标准差估计总体

在本节“生活中的数学”中，两个班的英语成绩均值一样，但很明显能够发现，A 班和 B 班的成绩波动程度是不同的. 此时，为了更好地对比两组样本，就需要引入样本方差的概念.

如果样本中有 n 个数据 x_1，x_2，…，x_n，那么样本的方差为

$$s^2=\frac{1}{n-1}[(x_1-\overline{x})^2+(x_2-\overline{x})^2+\cdots+(x_n-\overline{x})^2]. \quad (10\text{-}6)$$

因此，在对比 A，B 两个班的英语成绩时，我们可以分别计算出两个班成绩的方差，得

$$s_A^2=\frac{1}{10-1}[(90-87.4)^2+(89-87.4)^2+\cdots+(85-87.4)^2]\approx 4.49,$$

$$s_B^2=\frac{1}{10-1}[(100-87.4)^2+(77-87.4)^2+\cdots+(87-87.4)^2]\approx 139.16,$$

可知 $s_A^2<s_B^2$，因此 A 班的成绩比 B 班的波动小，A 班的成绩更稳定.

由于样本方差的单位是数据单位的平方，使用起来不方便，所以我们常将方差开方，使用它的算术平方根来表示个体与样本均值之间的偏离程度，并将其称为**样本的标准差**，即

$$s=\sqrt{\frac{1}{n-1}[(x_1-\overline{x})^2+(x_2-\overline{x})^2+\cdots+(x_n-\overline{x})^2]}.$$

提示

样本的方差或标准差越大，说明样本数据对均值的偏离程度越大，此时，样本数据的波动较大；反之，样本数据的波动较小.

样本的方差或标准差可以描述样本数据对均值的偏离程度，从而可以用来估计总体的波动性.

计算样本的方差（或标准差）一般是很麻烦的，可以使用计算器或计算机软件完成计算．下面通过例题来说明.

学以致用

例 2 考察某校八年级学生的语文成绩，从中抽取的 10 名学生成绩分别为：85，70，58，87，75，66，55，49，46，92．试计算此样本的均值、方差和标准差（精确到 0.01）.

解 使用 CASIO *fx－82ES PLUS A* 型函数计算器计算样本均值、方差和标准差的步骤如下.

（1）将计算器设置为统计计算（STAT）状态.

按一次 [MODE] 键，显示 [1：COMP 2：STAT 3：TABLE]，表示进入状态选项，按键 [2] 进入统计计算状态.

（2）输入数据.

在上一步的基础上，按键 [1] 进入单个变量输入数据状态，依次输入各个数据，每输入一个数据后，都要按 [=] 键；输入最后一个数据 92 并按 [=] 键后，再按 [AC] 键.

（3）显示计算结果.

① 依次按键：[SHIFT] → [1] → [4] → [1] → [=]，显示样本容量为：$n=10$.

② 依次按键：[SHIFT] → [1] → [4] → [2] → [=]，显示样本均值为：$\overline{x}=68.3$.

③ 依次按键：[SHIFT] → [1] → [4] → [4] → [=]，显示样本标准差为：$s=16.32$.

④ 在显示样本标准差的基础上，依次按键 $\boxed{x^2}$ → $\boxed{=}$，显示样本方差为：$s^2 = 266.23$．

课堂练习

从西瓜地里随机摘取 10 个西瓜，称重结果如下（单位：kg）．

$$3.1, 2.5, 2.3, 2.2, 2.4, 2.5, 2.1, 2.2, 2.5, 2.7 .$$

（1）求样本均值，并说明其意义；

（2）求样本方差及标准差，并说明其意义．

小试牛刀 10.4

A 组

1．已知一个样本如下．

$$50, 30, 20, 13, 12, 25, 22, 15, 21, 33,$$

$$40, 31, 19, 32, 45, 34, 24, 13, 18, 16.$$

（1）根据样本情况填写表 10-10；

表 10-10

分组	频数	频率
10.5～18.5		
18.5～26.5		
26.5～34.5		
34.5～42.5		
42.5～50.5		
合计		

（2）画出频率分布直方图．

2．工商部门抽检某企业生产的一批零件，随机抽取了 10 件，零件的质量在 (50 ± 1) g 范围内为合格．检测结果如下．

$$51.0, 50.2, 49.9, 48.0, 51.1, 50.0, 49.1, 49.8, 50.0, 51.0 .$$

（1）判断这批零件的合格率；

（2）求样本均值．

3．某软件开发公司给自己开发的一款软件做了一次用户满意度调查，从收回的 3 000 份问卷中，随机抽取 20 份，答卷中满意度评分如下．

$$90, 85, 88, 97, 78, 75, 88, 93, 92, 95,$$

$$85, 93, 70, 65, 99, 93, 87, 89, 78, 95.$$

（1）求用户对软件的满意率（80 分及以上为满意）；

（2）求样本均值.

4．科研人员在研究抗旱玉米的生长时，从田中随机选取了20株，测得株高如下（单位：cm）.

50，51，48，32，61，45，52，60，49，33，

52，50，46，42，31，55，51，62，49，31.

求样本均值、样本方差及标准差.

5．在一次跳远选拔比赛中，甲、乙两名运动员各进行了10次测试，成绩如下（单位：m）.

甲：5.85，5.93，6.07，5.91，5.99，6.13，5.88，6.05，6.00，6.19，

乙：6.11，6.08，5.83，5.92，5.84，5.81，6.18，6.18，5.85，6.20.

如果你是教练，你选哪位选手去参加正式比赛？

6．某班一次语文测验的成绩如下.

86，95，96，59，99，93，93，58，79，85，

98，84，97，64，89，95，73，68，95，91，

99，73，69，98，87，89，78，86，75，72.

（1）求及格率；

（2）求平均分；

（3）列出频率分布表；

（4）绘制频率分布直方图.

B组

收集生活中的一组实际数据进行分析.

10.5 一元线性回归

10.5.1 相关关系

生活中的数学

在农业生产中，为了让农作物生长得更好，需要定期施肥，在一定范围内，施肥量越大，农作物产量就越高．但是，施肥量并不是决定农作物产量的唯一因素，因为农作物产量还会受到土壤质量、降雨量、田间管理水平等因素的影响.

那么施肥量与农作物产量之间存在的关系属于什么样的关系呢？

知识精讲

上述施肥量与农作物产量之间的关系是人们在生产中根据经验得出的规

律，由于还有其他因素的影响，所以其关系存在不确定性，我们并不能像研究函数关系那样，知道施肥量，就能确定农作物的产量．

变量之间的这种非确定性的相互依存关系称为相关关系．其特点是，当一个变量（或 n 个变量）的取值一定时，另一个变量的取值虽然与之存在着密切的关系，但却无法完全确定．

头脑风暴

相关关系和函数关系有哪些异同点？

课堂练习

请举出一些生活中常见的相关关系的实例．

10.5.2　一元线性回归

生活中的数学

火灾事故发生时，若消防队能在最快的时间内赶到现场救援，火灾造成的损失也会相对较少，因此火灾发生地与消防站之间的距离 x（单位：km）与火灾造成的损失 y（单位：千元）之间存在相关关系．

表 10-11 所示为 10 起火灾事故的损失及火灾发生地与最近消防站的距离．

表 10-11

火灾发生地与最近消防站的距离 x/km	3.4	1.8	4.6	2.3	3.1	5.5	0.7	3.0	2.6	4.3
火灾损失 y/千元	26.2	17.8	31.3	23.1	27.5	36.0	14.1	22.3	19.6	31.3

观察这组数据，你能发现这二者之间存在什么规律？

知识精讲

对于上述引例中的相关关系，我们可以建立直角坐标系 xOy，用 x 轴表示距离（单位：km），用 y 轴表示损失（单位：千元）．上述样本中的每对距离与损失组成的有序数对 (x, y) 对应于平面上的一个点，这些点组成的图形称为散点图，如图 10-3 所示．

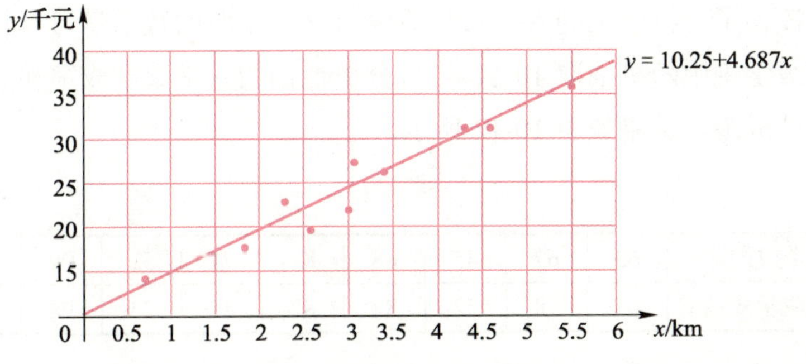

图 10-3

可以看出，所有散点都大致分布在图中画出的一条直线附近．在图中，这样的直线可以画出很多条，而我们希望找出其中的一条，它能很好地反映 x 和 y 之间的关系，这条直线就称为回归直线，其方程为

$$y=\hat{a}+\hat{b}x. \qquad (10\text{-}7)$$

式(10-7)称为 y 对 x 的一元线性回归方程．其中，$\hat{a}$ 和 $\hat{b}$ 称为回归系数．$\hat{a}$，$\hat{b}$ 的计算公式较为复杂，我们一般利用计算器或其他软件完成计算．

计算器辅助

用计算器求一元线性回归方程

我们利用 CASIO *fx*-82*ES PLUS A* 型函数计算器，以本节“生活中的数学”里的数据为例来介绍利用计算器求线性回归方程的方法，具体步骤如下．

（1）将计算器设置为统计计算（STAT）状态．

按一次 [MODE] 键，屏幕显示：[1：COMP 2：STAT 3：TABLE]，按 [2] 进入统计计算状态．

（2）输入数据．

在上一步的基础上，按 [2] 进入线性回归计算（A＋Bx）指令，依次输入数值和 [=]，即 3.4→[=]→1.8→[=]→4.6→[=]→2.3→[=]→3.1→[=]→5.5→[=]→0.7→[=]→3.0→[=]→2.6→[=]→4.3→[=]，然后用中间光标键把输入位置移到 Y 下的第一位置，依次输入数值，即 26.2→[=]→17.8→[=]→31.3→[=]→23.1→[=]→27.5→[=]→36.0→[=]→14.1→[=]→22.3→[=]→19.6→[=]→31.3→[=]→AC．输入时，注意 x 量和 y 量要对应起来．

（3）显示计算结果．

① 依次按键：[SHIFT]→[1]→[5]→[1]→[=]，显示回归系数：$A\approx10.250$．

② 依次按键：[SHIFT]→[1]→[5]→[2]→[=]，显示回归系数：$B\approx4.687$．

因此，火灾损失与距离之间的一元线性回归方程为

$$y=10.25+4.687x.$$

课堂练习

某学校为了分析学生的入学数学成绩对高一年级的数学学习有什么影响，在高一年级学生中随机抽取 10 名学生，分析他们的入学数学成绩和高一年级期末数学考试成绩，结果如表 10-12 所示．

表 10-12

入学数学成绩 x	63	67	45	88	81	71	52	99	58	76
高一期末数学成绩 y	65	78	52	82	82	89	73	98	56	75

试求高一期末数学成绩 y 关于入学数学成绩 x 的一元线性回归方程．

小试牛刀 10.5

A 组

1．某商店统计了近 6 个月某商品的进价 x 与售价 y（单位：元），对应数据如表 10-13 所示．

表 10-13

进价 x/元	3	5	2	8	9	12
售价 y/元	4	6	3	9	12	14

求 y 对 x 的一元线性回归方程．

2．炼铝厂测得所产铸模用的铝的硬度 x 与抗张强度 y 的数据如表 10-14 所示．

表 10-14

铝的硬度 x/HBW	63	53	70	84	60	72	51	83	70	64
抗张强度 y/Pa	288	293	349	343	290	354	283	324	340	286

求 y 对 x 的一元线性回归方程．

B 组

已知某种商品的销售额 y 与广告费 x（单位：万元）的一组统计数据如表 10-15 所示．

表 10-15

广告费 x/万元	20	25	30	15	20	35	40	45	50	35
销售额 y/万元	250	300	340	230	270	360	370	370	450	320

（1）求 y 对 x 的一元线性回归方程；

（2）广告费每增加一万元，商品销售额平均约增加多少万元（精确到 0.001）？

（3）当广告费为 60 万元时，商品销售额估计为多少万元（精确到 0.001）？

总章复习 10

百炼成钢

A 组

1．选择题．

（1）一个书包里有 5 本不同的漫画书，另一个书包里有 4 本不同的教材，从两个书包中任取一本书的取法共有（　　）种．

A．9　　B．20　　C．10　　D．5

（2）一个容量为 n 的样本，分成若干组，已知某组的频数和频率分别是 4 和 0.25，则 n 的值为（　　）.

A．4　　B．1　　C．12　　D．16

（3）要考察某学校学生的视力状况，从各个班中随机抽取一名学生，共选出 20 名学生，这 20 名学生的视力情况是（　　）.

A．总体　　B．个体

C．样本　　D．样本容量

（4）某补习班对新来的一批学生进行英语摸底测验，学生的考试成绩如下（满分 100 分）.

85，93，67，91，99，63，88，65，60，69，

61，68，83，92，84，81，68，68，85，62．

样本均值是（　　）.

A．75.8　　B．76.6　　C．80　　D．90

（5）第（4）题的标准差是（　　）.

A．76.6　　B．159.2　　C．12.62　　D．20

2．填空题.

（1）某事件在一定条件下必然会发生，这事件称为____________.

（2）为了考察某试验田内作物的株高情况，从田中随机选取了 15 株作物进行株高测算，则其中的总体为____________、个体为____________、样本为____________、样本容量为______.

（3）某公司 A，B，C 三种型号产品的产量分别为 600，900，1 200，现用分层抽样法抽取 18 个产品进行检验，则 A，B，C 三种型号的产品应依次抽取____个、____个、____个.

（4）________________________称为样本方差.

（5）________________________称为样本标准差.

3．某学校为了解高三学生上学所用交通工具的情况，随机抽取了 50 名高三学生进行调查. 其中，有 24 人是骑自行车上学的，试求从该校高三年级中任选一人恰好是骑自行车上学的概率.

4．果农摘了 3 000 个苹果，随机选了 30 个进行称重，平均每个苹果的质量为 155 g，请估算所摘苹果的总重量.

5．某班女生的身高测量结果如下（单位：cm）.

168，159，169，160，158，170，172，164，165，175，

179，173，169，168，163，166，170，160，155，164．

（1）列出频率分布表；

（2）绘制频率分布直方图.

6. 某射击爱好团体要从甲、乙两人中选出一人代表队伍参加比赛，甲、乙两人进行了一次队内测试，每人进行十次射击，成绩（环数）如表 10-16 所示.

表 10-16

甲	9.0	9.8	10.1	8.9	8.0	9.5	9.9	10.2	10.3	9.1
乙	7.9	10.8	8.0	9.8	10.5	10.2	9.4	9.2	8.9	8.8

试用样本均值、样本方差判断谁的成绩更好.

7. 在某种产品表面进行腐蚀刻线试验，得到腐蚀深度 y 与腐蚀时间 x 之间的一组观察值如表 10-17 所示.

表 10-17

腐蚀时间 x/h	5	10	15	20	30	40	50	60	70	90
腐蚀深度 y/mm	6	10	10	13	16	17	19	23	25	29

求腐蚀深度 y 对腐蚀时间 x 的线性回归方程.

B 组

1. 从 0，1，2，3，4 这五个数中，任取两个数，求取出的两数中一个是奇数、一个是偶数的概率.

2. 有人收集了 10 年内某城市的居民年收入 x（即此城市所有居民在一年内的收入总和）与某种商品的销售额 y 的有关数据，如表 10-18 所示.

表 10-18

第 n 年	1	2	3	4	5	6	7	8	9	10
年收入 x/亿元	32.2	31.1	32.9	35.8	37.1	38.0	39.0	43.0	44.6	46.0
商品销售额 y/万元	25.0	30.0	34.0	37.0	39.0	41.0	42.0	44.0	48.0	51.0

（1）求 y 对 x 的一元线性回归方程；

（2）居民年收入每增加一亿元，商品销售额平均约增加多少万元（精确到 0.001）？

（3）如果这座城市的居民年收入达到 50 亿元，商品销售额估计为多少万元（精确到 0.001）？

巅峰对决

1. 甲、乙两人独立地破译一个密码，设两人能破译的概率分别为 p_1， p_2，求恰有一人能破译的概率（用 p_1， p_2 表示）.

2. 为了解某校学生学习我国优秀传统文化的情况，随机抽取该校 100 名学生调查他们一周课外阅读古诗文的时间，根据所得调查结果，得到如表 10-19 所示的频数分布表.

表 10-19

分组（单位：h）	0～0.5	0.5～1.0	1.0～1.5	1.5～2.0	2.0～2.5
频数	10	30	30	20	10

（1）用事件发生的频率来估计相应事件发生的概率，试估计该校学生一周课外阅读古诗文的时间不低于 1 h 的概率；

（2）若每组中各个学生阅读时间用该组的中间值（如 0～0.5 的中间值为 0.25 h）来估计，试估计该校学生一周课外阅读古诗文的平均时间．

数学的现代化 信息技术应用

扫一扫

利用 Excel 软件作统计

利用 Excel 软件作统计

这里我们通过实例，介绍两种利用 Excel 2017 软件作统计的方法：绘制频率分布直方图和求一元线性回归方程．

1．绘制频率分布直方图

某班一次语文测验的成绩如下．

99，73，69，98，87，89，78，86，75，75，

97，84，97，64，89，95，73，68，95，91．

作出频率分布直方图，并求出样本均值、样本方差和样本标准差．

操作步骤如下．

（1）输入数据．

① 新建 Excel 工作表，在单元格 A2～A21 中依次输入这组数据．

② 作出一个表格，将样本数、样本最大值、样本最小值、最大与最小值之差、组距、分组数、数据分段、频数、频率、频率与组距之商（频率/组距）、样本均值、样本方差、样本标准差均在表格中体现出来，如图 10-4 所示．

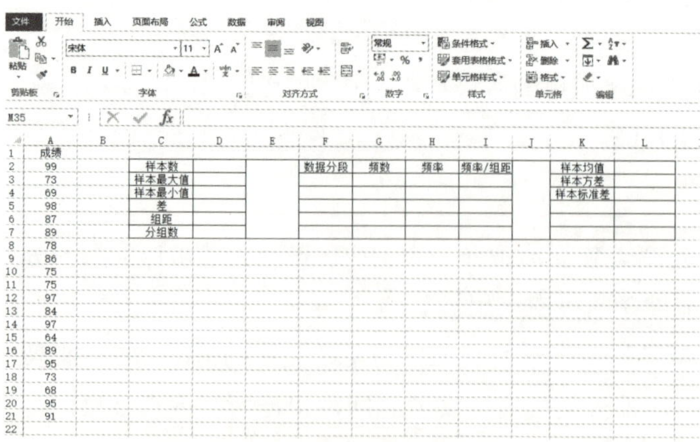

图 10-4

（2）编辑输出区域内容.

① 样本数（即参考人数）.

在单元格 D2 中输入“=COUNTA(A2:A21)”.

② 样本最大值.

在单元格 D3 中输入“=MAX(A2:A21)”.

③ 样本最小值.

在单元格 D4 中输入“=MIN(A2:A21)”.

④ 最大值与最小值之差.

在单元格 D5 中输入“=D3−D4”.

⑤ 组距.

根据自己的需要设置组距，将数值输入进去即可，这里我们设为 5.

⑥ 分组数.

在单元格 D6 中输入“=D5/D6”.

⑦ 数据分段.

根据自己设定的组距，将数据分段情况填写在 F2 至 F9 中.

⑧ 各组频数.

选中单元格 G3 至 G9，输入“=FREQUENCY((A2:A21)，{68,73,78,83,88,93})”，按“Ctrl+Shift+Enter”进行确认，各组的频数就会显示出来.

注意：花括号中的数字是数据分段后各段的临界整数值，例如，63.5～68.5 阶段取 68，68.5～73.5 阶段取 73，依次类推，但不包括数据的最大值和最小值.

⑨ 频率.

在单元格 H3 中输入“=G3/D2”，在单元格 H4 中输入“=G4/D2”，在单元格 H5 中输入“=G5/D2”，在单元格 H6 中输入“=G6/D2”，在单元格 H7 中输入“=G7/D2”，在单元格 H8 中输入“=G8/D2”，在单元格 H9 中输入“=G9/D2”，即可显示各组的频率.

⑩ 频率/组距.

在单元格 I3 中输入“=H3/D6”，在单元格 I4 中输入“=H4/D6”，在单元格 I5 中输入“=H5/D6”，在单元格 I6 中输入“=H6/D6”，在单元格 I7 中输入“=H7/D6”，在单元格 I8 中输入“=H8/D6”，在单元格 I9 中输入“=H9/D6”，即可显示各组的频率与组距之商.

⑪ 样本均值.

在单元格 L2 中输入“=AVERAGE(A2:A21)”.

⑫ 样本方差.

在单元格 L3 中输入“=VAR(A2:A21)”.

⑬ 样本标准差.

在单元格 L4 中输入“=SQRT(L3)”.

全部输入完成后，即可得到所有的数据，如图 10-5 所示.

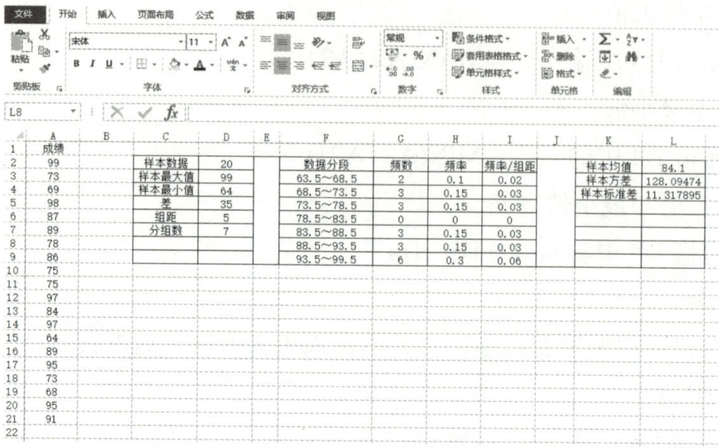

图 10-5

（3）绘制频率分布直方图.

① 生成直方图.

同时选中单元格 F3 至 F9，再按住“Ctrl”键，同时选中 I3 至 I9，选择“插入”→“柱形图”→“二维柱形图”→“簇状柱形图”选项，即可得到对应的柱形图，如图 10-6 所示.

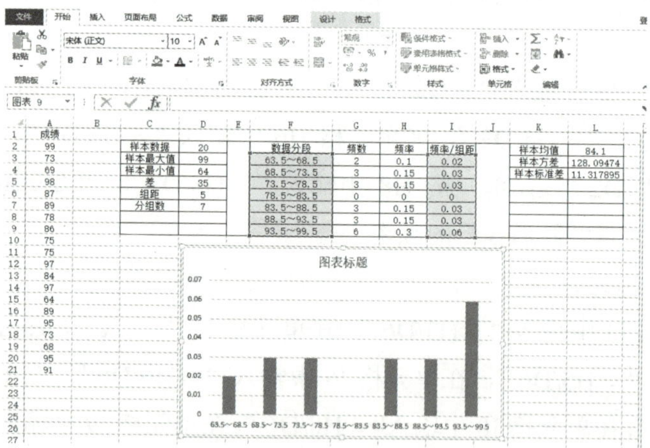

图 10-6

② 调整直方图.

右击柱形图中的一个矩形内部，选择 “设置数据系列格式”，在右侧出现的对话框中，将分类间距改为“0”.

单击直方图，图的右侧会出现三个符号，选择“+”，勾选其中的“坐标轴标题”，在出现的文本框中填入对应的坐标轴标题，并更改图表标题．此时，就得到了对应的频率分布直方图，如图 10-7 所示．

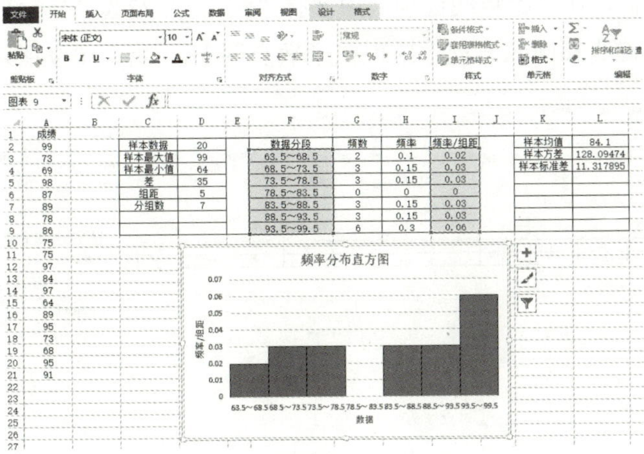

图 10-7

2．求一元线性回归方程

求表 10-20 所示一组数据的一元线性回归方程．

表 10-20

x	25	34	28	46	57	45	32	76	65	44
y	101	120	98	125	140	110	109	200	185	130

操作步骤如下．

（1）将这组数据录入到 Excel 工作表中．

（2）生成散点图．

① 选中数据区域，选择“插入”→“散点图（X、Y）或气泡图”→“散点图”选项，工作表中就会出现一个对应的散点图，如图 10-8 所示．

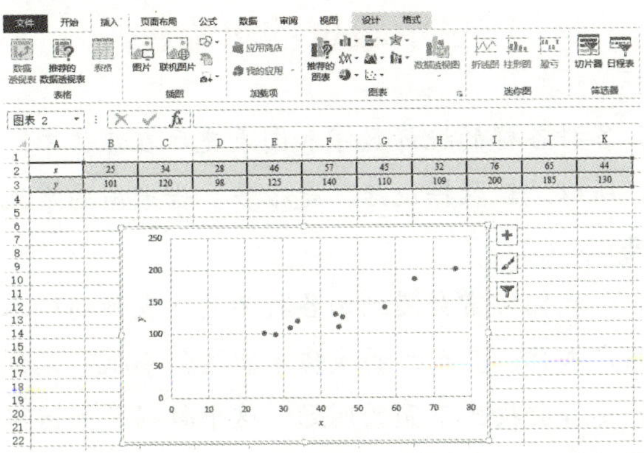

图 10-8

② 添加趋势线.

选中散点图上的点，右击后选择“添加趋势线”，右侧会出现“设置趋势线格式”的对话框，在“趋势线选项”中选择“线”，并勾选“显示公式”，这样就可以看到回归直线和回归方程都出现在了散点图上，如图 10-9 所示.

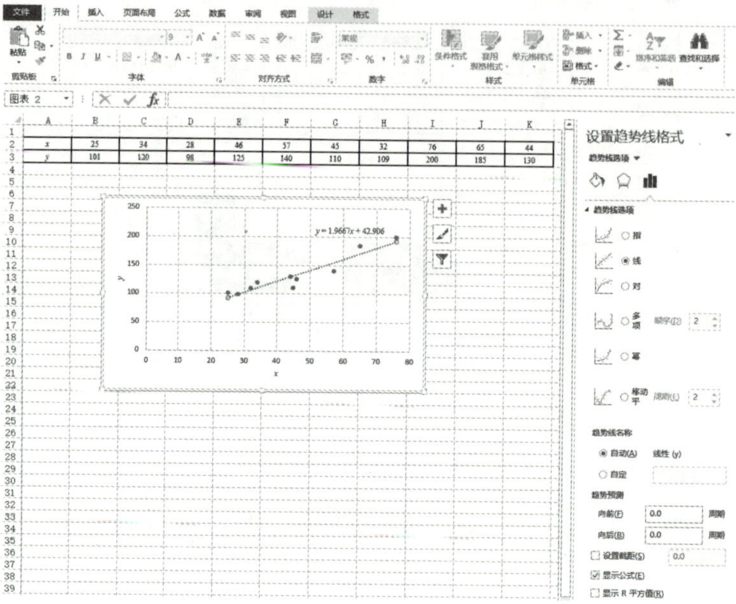

图 10-9

由此可知这一组数据的线性回归方程为 $y=1.966\,7x+42.906$.

做一做

1. 利用 Excel 软件完成“小试牛刀 10.4”的第 4 题和第 6 题.
2. 利用 Excel 软件完成 10.5.2 节的“课堂练习”.

趣味阅读

广告中数据的可靠性

在数字时代，各种各样的统计数字和图表充斥在媒体中. 由于数字给人的印象具体且直观，所以“让数据说话”是很多广告采用的常见手法，但广告中的数据真的可靠吗?

在各类广告中，我们常常会遇到由各种不具代表性的样本得出的结论. 例如，某淡斑护肤品广告称，其产品的淡斑率能达到 90%，见到这样的广告，你会有什么想法? 你是否会提出下面的问题：这个数据是如何得到的? 这种护肤品在多少人身上做过试验（即样本容量是多少）? 样本是如何选取的? 假设这种护肤品只在 5 个人身上做过试验，样本容量为 5，那么通过这 5 个人的试验数据来推断总体是不可信的.

若某除螨吸尘器公司的广告说："现代研究证明，99%以上的家庭中都充斥着螨虫……"，很多人听到这种说法都会下意识觉得自己的家里很不干净，充斥着螨虫，很想马上买一台除螨吸尘器将家里打扫干净，可见广告的作用有多么强大．但是，这里的"99%以上"是如何得到的？研究共检测了多少家庭？这些家庭是如何挑选的？若检测的家庭处于卫生状况很差的地方，这个数据就不适用于卫生状况较好的家庭.

若某化妆品广告声称："本化妆品能有效消除皱纹，3 天让你焕颜新生."此广告已经精确到了具体的天数，但是"焕颜新生"是一个很模糊的概念，这样的数字可以让人信任吗？试验是在什么样的人身上做的？试验的人数又是多少？

学习了本章内容后，我们可以在购买商品时作出更谨慎的选择．当我们再见到广告中的数据时，可以在心中多提几个问题，如得到数据的试验样本是否全面、有代表性；样本数量是否足够；得出结论的判断标准是否明确等．之后我们可以从商品说明等渠道对这些信息进行确认，以判断广告中的数据是否可靠；若无从得知这些数据背后的信息，在购买这些商品时就需要三思而后行了.